50 autores-chave
de filosofia

Dados Internacionais de Catalogação na Publicação (CIP)
(Câmara Brasileira do Livro, SP, Brasil)

Grissault, Katy
50 autores-chave de filosofia ...e seus textos incontornáveis / Katy Grissault ; tradução de João Batista Kreuch. Petrópolis, RJ : Vozes, 2012.

ISBN 978-85-326-4303-2

1. Filosofia 2. Filósofos I. Título.

11-14181 CDD-100

Índices para catálogo sistemático:

1. Filosofia 100

Katy Grissault

50 autores-chave de filosofia

...e seus textos incontornáveis

Tradução de
João Batista Kreuch

Petrópolis

Título original francês: *50 auteurs-clés de philosophie ...et leurs textes incontournables!*

Rua Frei Luís, 100
25689-900 Petrópolis, RJ
Internet: http://www.vozes.com.br
Brasil

Editoração: Fernando Sergio Olivetti da Rocha
Projeto gráfico: Sheilandre Desenv. Gráfico
Capa: Érico Lebedenco

ISBN 978-85-326-4303-2 (edição brasileira)
ISBN 978-209-186059-6 (edição francesa)

Editado conforme o novo acordo ortográfico.

Este livro foi composto e impresso pela Editora Vozes Ltda.

Sumário

Apresentação

A quem se destina esse pequeno guia?

Este guia apresenta o essencial da produção filosófica de uma forma intencionalmente prática e viva.

Destina-se àqueles e àquelas que desejam adquirir conhecimentos fundamentais ou renovar o que aprenderam como estudantes. Constitui, assim, uma fonte de informações sintéticas para o candidato a qualquer exame ou concurso para os quais seja necessária uma base mínima de cultura filosófica.

Mas tivemos em vista, igualmente, aqueles e aquelas que devem prestar provas de filosofia em níveis de graduação, ou outros tipos de exames semelhantes. Este pequeno guia proporcionará a cada um o material essencial de que precisa para enriquecer sua bagagem.

Como utilizar este guia?

Este livro é construído de maneira estritamente cronológica. Segue a ordem dos séculos e, dentro de cada século, a ordem de nascimento dos autores.

Cada capítulo se apresenta da mesma maneira, a saber:

- Diversas páginas de "Coordenadas" indicam as características essenciais do século ou período em questão.
- Uma cronologia coloca em relação os autores, encerrando essas coordenadas históricas.
- Uma seção é consagrada, em seguida, a cada um dos autores, incluindo elementos de sua biografia, suas teses essenciais, seguidas de um extrato de uma de suas obras-chave.
- Cada extrato é objeto de uma apresentação seguida de um comentário indicado pelas palavras: "Chaves textuais". Esse comentário chama a atenção do leitor para as características do texto que se segue, à semelhança do que faria um guia turístico diante de uma obra de arte ou um monumento. O estudante de filosofia poderá encontrar nesses comentários os elementos principais para um trabalho ou mesmo ideias e exemplos interessantes para aprofundar em uma dissertação ou um exame oral.
- No final do volume constam um índice temático e um índice dos autores.

Advertência

Nós fizemos uma opção pela brevidade, a fim de que o leitor fosse realmente encorajado a estudar o guia por inteiro. Podemos dizer que aqui está contido aquilo que é, expressamente, *proibido ignorar* em matéria de filosofia. Dessa forma, tivemos que fazer escolhas cruéis. Algumas exclusões poderão decepcionar leitores especializados. Nesse caso, contamos com a sua compreensão, cientes do fato de que a ausência dos autores que aqui se encontram os teria decepcionado ainda mais!

Antiguidade

Coordenadas

A Antiguidade é o período que vai do século VI a.C. ao ano 476 d.C. (data da queda do Império Romano). Período fecundo, ele estabelece as bases do conhecimento racional, bem como da reflexão ética e política. É neste período que nasce a filosofia ocidental e que se elaboram as doutrinas que marcarão toda a história da filosofia até nossos dias.

Os pré-socráticos: a emergência do discurso racional

• O início do conhecimento racional: a rejeição do mito

A filosofia aparece no século VI a.C. com aqueles que, mais tarde, serão designados como "pré-socráticos" (os predecessores de Sócrates). Antes de tudo, a filosofia se elabora a partir de uma ruptura com os modos anteriores de explicação do mundo e, mais particularmente, em oposição à explicação mitológica dos fenômenos. Se quisermos compreender a natureza é preciso romper com a explicação irracional que se apoia no divino. Os pré-socráticos elaboram, portanto, uma obra científica se considerarmos que seu propósito é explicar o mundo não mais a partir de um princípio misterioso e transcendente, mas a partir da própria razão, apelando a um olhar crítico sobre a mitologia.

• As escolas jônicas

É na Jônia (ou Iônia), em Mileto e em Éfeso, sobretudo, que aparecem esses novos discursos racionais. Os pré-socráticos nos oferecem uma cosmogonia (explicação da formação do universo). Chamamo-los de fisiólogos (autores de um discurso – *logos* – sobre a natureza – *fisio*) porque eles procuram explicar a natureza a partir de um princípio material único e fonte de todas as coisas.

Em Mileto, **Tales** (por volta de 625 a 546 a.C.) é considerado o primeiro dos pré-socráticos e, nesse sentido, é como que o pai da filosofia. Matemático (devemos a ele o famoso "teorema de Tales"), astrônomo brilhante que ficou rico graças aos seus conhecimentos dos astros, ele elabora uma explicação natural do mundo: a água é o princípio primeiro de todas as coisas. Para **Anaxímenes** (586-526 a.C.), é o ar que representa o elemento originário, ao passo que para **Anaximandro** (610-545 a.C.), esse seria um princípio indeterminado, o Ilimitado (o *apeiron*). Resta certo que os filósofos da Escola de Mileto se caracterizam por este esforço para compreender a origem e a organização do universo não mais em referência aos mitos, mas vinculando, antes, a um princípio originário natural a existência de todas as coisas.

Esse é igualmente o propósito de **Heráclito** de Éfeso, que entende o fluxo e o vir a ser como manifestações de um princípio único, o fogo. Segundo essa filosofia da mobilidade universal, tudo está em oposição e não é senão uma só coisa. Aqui nascem as premissas da dialética que os pensadores do século XIX, principalmente, revisitarão.

• Os filósofos italianos

Na Itália é igualmente um princípio único que se procura estabelecer, porém não um princípio material, mas sim espiritual.

Pitágoras (século VI a.C.) considera que o mundo é ordenado pelos números: diante da permanente instabilidade que vê no homem, ele se empenha em pensar uma unidade original e organizativa.

Parmênides pertence à Escola dos Eléatas. Ele leva à filosofia uma de suas essenciais exigências: trata-se de pensar o ser a partir de um discurso lógico em que os argumentos, rigorosamente concatenados, permitem evitar o erro. O Um é o Todo e o princípio, eterno imóvel e imutável.

Assim vemos nascer aqui a exigência filosófica da unificação e da explicação racional de todas as coisas, o questionamento relativo à origem primeira e ao princípio da organização do *cosmos*.

A filosofia clássica (séculos V e IV a.C.)

• Os sofistas

Os pré-socráticos colocaram as bases da constituição de um saber autônomo. Tal saber repousa na palavra e no uso do discurso. Mas desde o século V a.C. surge uma nova forma de utilização da linguagem com os **sofistas**, que verão aí não mais um meio para atingir o verdadeiro, mas um instrumento de poder, declarando assim o homem como medida de todas as coisas.

• Sócrates e Platão: a razão universal

É a esse convencionalismo e esse relativismo que se opõem **Sócrates**, de um ponto de vista prático (o que é a virtude?) e **Platão**, seu discípulo, de um ponto de vista teórico (como garantir a verdade do discurso?). Se considerarmos Sócrates o verdadeiro pai da filosofia, é porque ele determina as exigências do diálogo filosófico e dá à filosofia toda a sua magnitude: ela é tanto um questionamento teórico quanto um questionamento prático. A razão, considerada algo universal, democratiza-se (mesmo o escravo pode alcançar o mundo das ideias) e se torna o padrão da reflexão ética e política.

O ser humano deve libertar-se da ilusão gerada pelo mundo sensível a fim de alcançar a realidade inteligível, modelo de todas as coisas, eterna e incorruptível.

• Aristóteles: a constituição de um saber enciclopédico

Este idealismo será recusado por **Aristóteles**, que procurará explicar o real por si mesmo, mostrando que é dentro da própria coisa que se encontra seu princípio de explicação. Pensador enciclopedista, Aristóteles elabora uma filosofia sistemática e cientificamente embasada que procura dar conta da experiência humana em todos os seus aspectos. Dele originam-se inúmeros conceitos que influenciarão toda a história da filosofia ocidental.

O período helenístico: O questionamento ético

• O declínio das cidades gregas

As filosofias de Platão e de Aristóteles têm um engajamento político: elas visam educar o cidadão e consideram que a moral não pode ser compreendida independentemente do engajamento do indivíduo na cidade.

Mas quando as cidades gregas declinam, principalmente depois da morte de Alexandre o Grande em 323 a.C., são as questões de ordem ética que se impõem, e então se assiste ao divórcio da moral e da política.

• A emergência de novas sabedorias: estoicismo e epicurismo

O estoicismo e o epicurismo se apresentam como sabedorias com vistas à felicidade. Mas esta não deve ser buscada na cidade, e sim como tarefa do próprio indivíduo, uma questão privada. É no ascetismo e na limitação dos desejos que o ser humano encontra o caminho que conduz à ataraxia (não perturbação).

O fim da Antiguidade: filosofia e teologia

• O surgimento do cristianismo

Em meados do século I o cristianismo se propaga pela Síria, Ásia Menor, na Grécia e, finalmente, em Roma sob Nero. Se **Plotino** é o último pensador pagão, seu neoplatonismo parece fazer ecoar o cristianismo, pois é o divino, o Uno, o princípio supremo, que ele interroga.

• A filosofia cristã

Com **Agostinho**, pensador tardio da Antiguidade, começa a se desenvolver a filosofia cristã, abrindo caminho aos pensadores medievais. Teologia e filosofia serão reunidas em sua obra: não exclusivas, a razão e a fé entram em diálogo.

Assim, da emergência do discurso racional à tentativa de reconciliá-lo com um pensamento sobre o divino, a Antiguidade constitui um período de intensa atividade intelectual produtora de pensamentos influentes e de conceitos sempre presentes na filosofia ocidental. Ela é também, correlativamente, o lugar dos fundamentos da Matemática (os Elementos Euclidianos)*, da História* (a Enquete de Heródoto) *e das Ciências naturais.*

Quadro cronológico

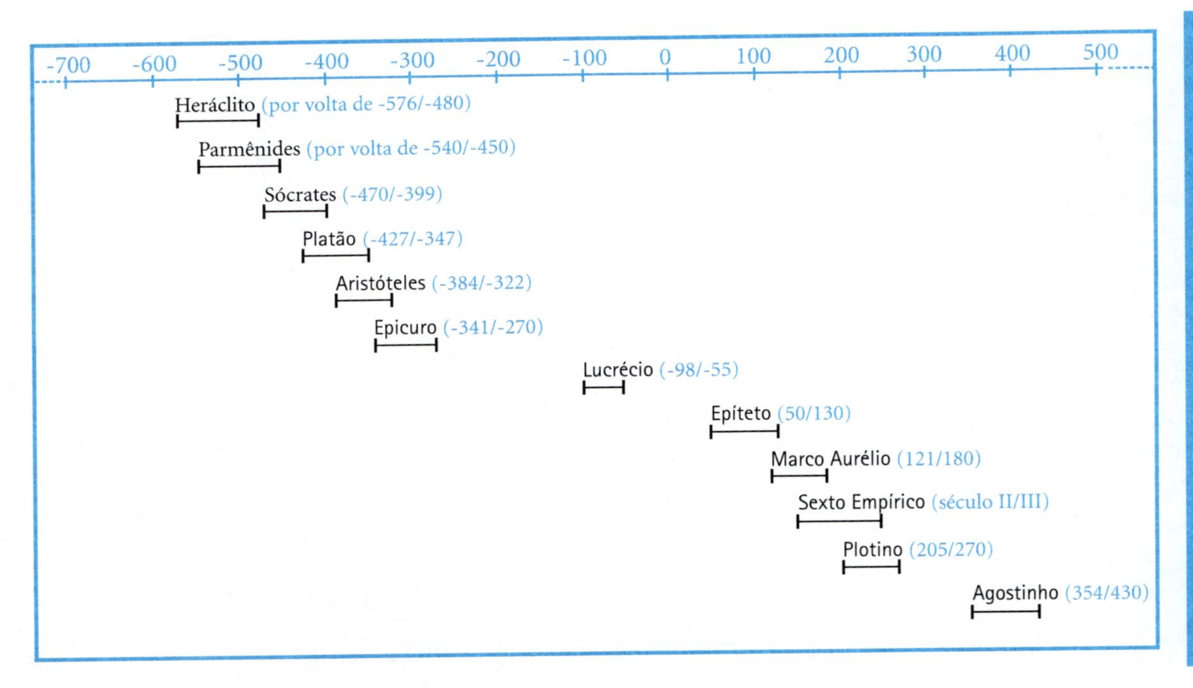

HERÁCLITO DE ÉFESO

Século VI-V a.C.

"Tudo flui" (*Fragmentos*).

Elementos biográficos

• *Um personagem incomum*

Este célebre pré-socrático, independente e rebelde, de caráter melancólico, levou uma vida de eremita. Conhecido por seu orgulho, tratava com desdém as pessoas, que ele considerava crianças caprichosas.

• *O senso do trágico*

Contemporâneo das guerras médicas que contrapõem os gregos aos persas, ele assiste à queda das cidades mais prósperas da Ásia Menor, como Mileto e Éfeso. Daí se compreende seu apego ao trágico e a importância que ele atribui à guerra e às lutas em sua maneira de compreender o mundo.

• *O senso de independência e de mistério*

Embora possamos vincular seu pensamento ao da Escola de Mileto, ele afirma não ter sido aluno de ninguém, e entende que tudo deve ser aprendido por si mesmo.

É cognominado de "Obscuro", antes de tudo porque seu texto não tem pontuação (o que o torna, dirá Aristóteles, difícil de ler), mas também porque, desprezando a estupidez e desejando não ser vulgarizado, ele cultiva o mistério na formulação de suas teses.

Teses essenciais

Heráclito abre o caminho para a filosofia tentando explicar o mundo não mais em referência a um princípio místico e sobrenatural, mas de maneira racional, buscando a origem de todas as coisas em um princípio material único.

Ele torna sua a questão que, antes dele, tinha interessado aos membros da Escola de Mileto e, em particular, a Tales e Anaximandro: o que é que subsiste ao vir a ser incessante das coisas?

• *O mobilismo universal*

O que subsiste, nos diz Heráclito, é a instabilidade, o vir a ser. Se o mundo é uno, é, no entanto, também um perpétuo vir a ser, tudo está em permanente mudança, tudo é instável, nada permanece idêntico ao que é.

Sua concepção se opõe neste ponto à dos eléatas, à de Parmênides, que nega a realidade do vir a ser e supõe a unidade e a identidade do Ser.

• *O fogo, princípio de todas as coisas*

Se Tales via na água o elemento originário do cosmos, para Heráclito é o **fogo** que constitui o princípio universal, o elemento constitutivo do mundo. Tudo é apenas transformação do fogo que Heráclito denomina igualmente "o Uno" ou "coisa sábia".

Por ser o que constitui o universo, o fogo também é aquilo que o ameaça de deslocação, aquilo que o destruirá ao final do **Grande Ano**, o período de aproximadamente 10.800 anos. Vê-se como o pensamento de Heráclito é um pensamento trágico: "O fogo, ao vir, julgará todas as coisas e tomará posse de tudo" (*Fragmentos* 66).

Mas, note-se que este abrasamento do universo significa ao mesmo tempo seu fim e o princípio de sua regeneração: é a imagem de um **tempo cíclico** que Heráclito nos oferece. O universo estaria sujeito ao **Eterno Retorno** do mesmo. O Grande Ano designa o período de tempo ao termo do qual os eventos são levados a se reproduzirem.

• *O conflito perpétuo*

O fogo é ao mesmo tempo guerra e razão. **Guerra**, primeiramente: no mundo, os contrários se enfrentam constantemente. Esse **conflito dos contrários** é imanente à natureza do Uno. Tudo nasce da luta, esse trágico invólucro da existência.

Mas o fogo também é **razão**, harmonia, *Logos*, e aquilo que assegura o equilíbrio dos contrários. A guerra obedece a uma lei racional.

Tudo, portanto, é ao mesmo tempo uno e contrário. Esta concepção da tensão imanente a toda harmonia, este pensamento da unidade dos contrários no vir a ser inspirará a dialética do século XIX, sobretudo a de Hegel, que se proclama discípulo de Heráclito. Ele influenciará igualmente Nietzsche, que o designa como o mais surpreendente dos pré-socráticos pela força e a modernidade de seu pensamento.

• *A sabedoria*

A sabedoria consiste, então, em compreender a ordem da desordem, ou seja, **viver de acordo com a racionalidade do vir a ser**. É sábio aquele que sabe que o *Logos* governa o mundo na fluidez do tornar-se cíclico. "A sabedoria consiste em nada mais que em uma coisa: conhecer o Pensamento que governa tudo através de todas as coisas" (*Fragmentos* 41).

O pensamento, o *Logos*, que se substancializa no Fogo, é a própria racionalidade do mundo, é o verbo transcendente, o Sentido, do qual Heráclito se afirma o mensageiro.

Uma obra-chave: *Fragmentos*

• *Contexto*

Heráclito parece não ter escrito mais que um poema, intitulado *Sobre a natureza*, do qual só temos alguns trechos esparsos reunidos sob o título de *Fragmentos*. Trata-se de 136 fragmentos que foram divididos em três partes: uma falando do universo, outra sobre a política, e a última sobre a teologia. O estilo proverbial e aforístico de Heráclito faz com que sua filosofia tenha que ser sempre de novo descoberta e interpretada.

• *Extrato*

Não se pode entrar duas vezes no mesmo rio.

Nem tocar duas vezes uma substância transitória em um mesmo estado, pois ela se dispersa e se reúne de novo pela presteza e rapidez de sua metamorfose: a matéria, sem começo e sem final, ao mesmo tempo nasce e morre, surge e desaparece (*Fragments*. Paris: PUF, 1986).

Chaves textuais

O incessante fluir...

• A afirmação do movimento universal: tudo muda, nada permanece. A impossibilidade de entrar duas vezes no mesmo rio: a água não é a mesma na segunda vez, ela mudou e o ser humano também.

• Não há, portanto, jamais uma segunda vez, já que nada pode ser idêntico à "primeira" vez.

...na unidade

• Mas, ao mesmo tempo, Heráclito afirma a eternidade do mundo cuja matéria não tem começo nem fim.

• Transformação perpétua da matéria que, contudo, se mantém: unidade e harmonia dos contrários que se engendram mutuamente em um vir a ser cíclico.

• A contradição, a luta dos contrários, é o princípio de todas as coisas.

PARMÊNIDES

Século VI-V a.C.

"Com toda necessidade, é preciso pensar e dizer que é o Ser" (*Sobre a natureza*).

Elementos biográficos

• *A Escola dos Eléatas*

Parmênides é o mais eminente representante da Escola dos Eléatas. Esse pré-socrático, ao estabelecer a unidade e a imobilidade do Ser, opõe-se a Heráclito, que afirmava que tudo é um tornar-se e uma luta de contrários.

Seu discípulo, Zenão de Eleia, defenderá a negação do movimento por meio da evidenciação dos paradoxos.

• *As origens do pensamento de Parmênides*

As raízes de seus pensamentos são controversas. Ele teria sido aluno de Xenófanes, mas em suas concepções podemos identificar também influências pitagóricas.

Teses essenciais

Parmênides, pai da ideia de Ser, influenciará Platão em seu pensamento sobre o inteligível e o sensível. Este último escreveu, além disso, um diálogo chamado Parmênides *no qual examina as dificuldades colocadas por esta concepção do Ser.*

• *O Ser é, o Não Ser não é*

Somente o Ser é; o Nada não é absolutamente. Para Parmênides, a identidade caracteriza o Ser. Assim, dizer que o Ser é equivale a dizer que **apenas aquilo que é imóvel, eterno e imutável é**. Não há lugar algum aqui para o movimento e a contradição.

Dois caminhos se apresentam para quem procura a verdade. O primeiro leva à verdade do Ser, afirmando que o Não Ser não é. O segundo, enganoso, é o caminho da opinião que se ampara na experiência sensível.

Nossa percepção primeira vai ao encontro da concepção imobilista: nossos sentidos não dão a visão de uma perpétua mudança. Parmênides se coloca contra a experiência sensível (tema amplamente retomado por Platão). A experiência sensível é enganosa e pertence à ordem das aparências. Este segundo caminho, que consiste em dar crédito aos sentidos, não pode conduzir à verdade.

O primeiro caminho, metodológico é aquele que caracteriza o pensamento verdadeiro. Indo além das aparências, o pensamento distingue racionalmente o Ser.

• *A afirmação da hegemonia da razão*

Parmênides instaura a primazia do pensamento racional sobre a enganosa evidência sensível: com ele nasce a exigência filosófica da racionalidade. O pensamento de Parmênides e dos Eléatas se distingue do pensamento de Heráclito e dos Milesianos porquanto entende o princípio de todas as coisas como realidade inteligível (o Ser é o Uno e o Todo), ao passo que os segundos o concebem como um princípio de ordem material.

Uma obra-chave: *Sobre a natureza*

• *Contexto*

Esse poema de Parmênides expõe as duas vias de investigação que podem ser concebidas. A primeira parte da obra, "A via da verdade", apresenta o caminho que conduz ao Ser. A segunda, "A via da opinião", mostra que é necessário desconfiar dos hábitos e dos sentidos.

• *Extrato*

Resta-nos apenas um caminho a percorrer: o Ser é. E há uma vastidão de sinais de que o Ser é incriado, imperecível, pois somente ele é completo, imóvel e eterno. Não se pode dizer que ele foi ou será, pois ele é ao mesmo tempo inteiro no instante presente, uno, contínuo. Com efeito, que nascimento poderíamos lhe atribuir? Como e por meio de que justificaríamos seu desenvolvimento? Não te permitirei dizer, nem mesmo pensar, que seja por meio do Não Ser. Não se pode dizer nem pensar que o Ser não seja. Porque, se ele viesse do nada, que necessidade teria provocado sua aparição mais cedo ou mais tarde? Na verdade, o Ser não tem nem nascimento nem começo. Assim, portanto, é necessário que ele seja absolutamente ou não seja de forma alguma (*De la nature*. In: *Les penseurs grecs avant Socrate.* Paris: Flammarion, 1964 [Coll. "GF"]).

Chaves textuais

• *Afirmação da existência do Ser*

- Dizer que o Ser não é seria contradizer-se: a razão lógica vem em auxílio do pensamento. Com Parmênides nascem a argumentação e a exigência de uma concatenação rigorosa dos argumentos, um método que permite evitar o erro.

• *A eternidade e a imobilidade do Ser*

Se o Ser tivesse sido criado, de que teria se originado, visto que somente ele é? Ele não pode ser engendrado: teríamos que supor sua existência antes que ele existisse, o que é contraditório.

Por volta de 427-347 a.C.

"Maravilhar-se: eis aí um sentimento que tem tudo a ver com o filósofo. Com efeito, não é outra a origem da filosofia" (*Teeteto*).

Elementos biográficos

• *Sócrates: a figura do mestre*

Descendente da alta nobreza ateniense, com uma promissora e brilhante carreira política diante de si, Platão se encontra com Sócrates, de quem se torna aluno. Abandona, então, suas aspirações políticas e se volta para a filosofia.

Em seus escritos, Platão coloca Sócrates em situação de diálogo com diversos interlocutores. Desse modo, é difícil, em sua obra, distinguir as ideias socráticas das platônicas.

É por meio de tais diálogos e pelos escritos de Xenofonte que conhecemos aquele que denominamos tradicionalmente como "pai da filosofia".

Ateniense, Sócrates nasceu em 470 a.C. de um pai escultor e uma mãe parteira com quem gostava de fazer comparação ao afirmar que ele, por meio de seus incessantes questionamentos, era também uma espécie de "parteiro das mentes", da verdade que os seres humanos têm dentro de si. Acusado de corromper a juventude e de impiedade, Sócrates foi condenado a beber a cicuta, um veneno mortal, e morreu em 399 a.C.

• *A virada: a idade da maturidade*

A morte de Sócrates tem uma influência considerável na vida de Platão: a partir desse momento ele escreve para compreender como a justiça pôde ser tratada com descaso na cidade.

Em 387 Platão funda a Academia, a escola de filosofia de imenso sucesso que levará suas doutrinas adiante até o século VI d.C. Aristóteles foi seu aluno.

Do considerável conjunto de suas obras, podemos citar principalmente o *Mênon*, a *Apologia de Sócrates*, o *Banquete*, a *República*, o *Teeteto*, e *Timeu*.

Teses essenciais

Platão escreveu Diálogos, e isto não foi por acaso. Sócrates, com efeito, passava a maior parte de seu tempo em diálogos com seus interlocutores. Marginal, encarna a figura típica do crítico que ironiza as opiniões recebidas da multidão. Fiel aos ensinamentos de seu mestre, Platão considera a opinião como o maior obstáculo à posse da verdade. Ser sábio é saber que nada se sabe.

• *O método: a maiêutica, a arte de trazer as mentes à luz*

Sócrates assume para si a máxima gravada no frontal do templo de Delfos: "Conhece-te a ti mesmo". Com efeito, o conhecimento de sua própria ignorância é necessário a toda busca pela verdade.

Na *Apologia de Sócrates* Platão apresenta Sócrates dirigindo-se a seus concidadãos pouco antes de sua condenação. Em seu discurso, Sócrates conta que, um dia, o oráculo de Delfos afirmara a um de seus amigos que Sócrates era o mais sábio dos homens. Inicialmente surpreso, ele que repetia não ter nada a ensinar, compreendeu então que, na verdade, o que havia de mais sábio nele era exatamente **a consciência de que nada sabia.**

Sob esse aspecto ele se opõe aos **sofistas**, mestres itinerantes de sua época, que se propunham ensinar a retórica aos jovens ávidos de poder político, e consideravam o discurso um meio de persuasão e de dominação. Para Platão e Sócrates, o *logos*, a palavra, deve ser vetor de saber, não de dominação.

Sócrates questiona e critica a opinião de seus interlocutores a fim de levá-los a descobrirem a verdade. A **maiêutica** é essa arte de fazer nascer nas mentes a verdade que existia dentro de cada um de seus interlocutores. Ela se serve da **dialética**, um movimento ascendente por meio do qual a mente passa da multiplicidade do sensível à unidade da ideia, das aparências à realidade. A célebre "Alegoria da caverna" (*República*, VII) configura em imagens essa ascensão dialética.

• *A dicotomia: mundo sensível e mundo inteligível*

Se os homens são facilmente seduzidos pelas opiniões, isso acontece porque eles se apegam em seus julgamentos, às **aparências**, procedentes do **mundo sensível**, o mundo acessível aos sentidos. Ora, o mundo sensível, marcado pela matéria, é o lugar da particularidade, da mudança, da aparência. Esse mundo não é mais que uma **pálida cópia do mundo inteligível**, o mundo das **ideias**, daquelas realidades verdadeiras, **modelos** de todas as coisas.

Esse **dualismo**, que admite a existência de dois mundos, concilia as concepções contrárias de Parmênides (segundo o qual o Ser é imóvel) e de Heráclito (que afirma o vir a ser incessante de todas as coisas).

O mundo inteligível, exclusivamente ligado ao espírito, deve se compreender como o lugar da **verdade** imutável, eterna e absoluta. Saber, por exemplo, o que é a justiça em si supõe ir além dos exemplos particulares de julgamentos justos (sempre incompletos e imperfeitos, que dão apenas uma visão parcial e infiel da justiça), a fim de identificar a ideia mesma de justiça da qual qualquer ato justo participa.

A teoria da reminiscência

Tal ascensão somente é possível por causa da **reminiscência** (lembrança): a alma se recorda das ideias que estão nela e que foram esquecidas no momento de sua encarnação no corpo. Pois, se podemos descobrir aquilo que não sabemos ainda, é porque possuímos dentro de nós, escondido, o objeto de nossa busca.

A política: a busca da ordem

Escandalizado pela condenação injusta de Sócrates, Platão aborda o problema político em seus diálogos e apresenta uma concepção inovadora de governo, fundamentada na ordem e no respeito da hierarquia. Na *Sétima carta*, ele reconhece que "todos os Estados atuais, sem exceção, são mal governados [...]. É somente pela filosofia que se pode discernir todas as formas de justiça política e individual".

Assim como na alma humana se distinguem três partes, uma desejosa (a sensibilidade), outra irascível (a vontade) e a última, finalmente, razoável (a mente), a cidade ideal deveria compreender uma tripartição entre os produtores, os guardiões da cidade e os magistrados filósofos. Apenas o sábio é apto para governar. Nasce então a concepção do **filósofo-rei**. Uma cidade na qual cada um cumprisse seu papel em função de sua classe seria uma cidade harmoniosa e ideal.

A **justiça** se compreende como ordem, harmonia, tanto na cidade quanto na própria alma: "o homem justo instaura uma ordem autêntica em seu interior, assume o comando de si mesmo, [...] estabelece um acordo perfeito entre as três partes de sua alma" (*República*).

A arte: uma imitação enganadora

A obra de arte é uma imitação enganadora e fonte de ilusão. Ela é apenas uma **cópia da cópia**. De fato, o leito pintado pelo artista é uma cópia do leito feito pelo artesão que, por sua vez, é uma cópia da ideia de leito.

Enquanto imitação, portanto, a arte deve ser banida da cidade ideal: "a arte de imitar está, assim, distante do verdadeiro e, se ela pode reproduzir tudo, isto se deve, parece, ao fato de apenas tocar uma pequena parte de cada coisa, e esta parte é nada mais que um fantasma" (*República*).

Uma obra-chave: *Mênon*

Contexto

No *Mênon*, Sócrates pergunta ao seu interlocutor, Mênon, sobre o que é a virtude. No entanto, o verdadeiro intuito do *Mênon* não é instruir sobre as características da virtude, e o diálogo não levará a nenhuma resposta satisfatória sobre essa questão. O interesse primeiro desse diálogo é mostrar quais são as exigências da dialética e como deveria ser conduzida uma verdadeira reflexão filosófica.

• *Extrato*

A Sócrates, que lhe pergunta sobre o que seja a virtude, Mênon responde da seguinte maneira:

Mênon: Isto não é difícil de te responder, Sócrates. Se é, inicialmente, sobre a virtude de um homem que tu queres falar, é fácil dizer que ela consiste em gerir bem os assuntos da cidade e, assim procedendo, fazer o bem aos seus amigos e o mal aos seus inimigos, e, ao mesmo tempo, cuidando para não sofrer, por sua vez, mal algum. Se, porém, se trata da virtude de uma mulher, não é difícil responder-te que ela deve administrar bem sua casa, protegendo o que existe nela e obedecendo ao seu marido. Outra é a virtude de uma criança, menina ou menino, outra ainda a de um idoso, e outra, se desejares, é a do homem livre ou do escravo. E há diversas outras mais, de maneira que não é absolutamente embaraçoso a quem quer que seja dizer o que ela é: pois, de acordo com a idade, o tipo de ocupação, cada um de nós tem, para cada função uma virtude particular. Eu penso, Sócrates, que o mesmo também acontece com relação ao vício.

Sócrates: Parece, Mênon, que eu sou mesmo um felizardo: eu te pergunto a respeito de uma virtude apenas e tu me dás um enxame inteiro. Mas, para aproveitar a imagem do enxame que tomei emprestada, se, ao ser perguntado a respeito da natureza da abelha, tu me tivesses respondido que existem muitas delas e de diversas espécies, então o que terias dito se eu te perguntasse, em seguida: é precisamente como abelhas que tu dizes que elas são numerosas, de muitas espécies e diferentes umas das outras? Ou elas em nada são diferentes como abelhas, mas com relação a outros aspectos, por exemplo, por sua beleza, tamanho, ou outras qualidades semelhantes? Dize-me, nesse caso, qual seria a tua resposta?

Mênon: Eu responderia que as abelhas, enquanto abelhas, não se diferem umas das outras.

Sócrates: Se eu acrescentasse: Mênon, dize-me, por favor, em que consiste isso pelo que as abelhas não têm diferenças entre si e são todas a mesma coisa; terias condições de me dar uma resposta satisfatória?

Mênon: Sem dúvida.

Sócrates: Pois bem, o mesmo acontece com as virtudes. Por mais que existam várias e de muitas espécies, todas elas têm um elemento comum por meio do qual elas são virtudes; e é esta característica que deve ter em vista aquele que for responder a quem o interroga, para lhe explicar o que é a virtude.

(*Ménon*. Flammarion, coll. "GF", 1964).

Chaves textuais

O erro de Mênon

- Ao tentar definir a virtude, ele, na verdade, não faz mais do que dar exemplos de virtudes particulares.
- Ele ainda está fechado dentro da opinião e julga pelas aparências. Em sua resposta, ele se remete às evidências ilusórias e caóticas do mundo sensível: as virtudes.

A exigência de Sócrates

- Não são exemplos o que ele quer, mas a própria essência da virtude.
- Se é possível denominar "virtude" todas essas atitudes descritas por Mênon, é porque todas elas possuem, para além de suas diferenças, alguma coisa em comum que é a virtude.

O método socrático

- Recorre à imagem das abelhas para uma melhor compreensão dos interlocutores (exigência do diálogo filosófico).
- Simplesmente questionando-o (e não impondo seu pensamento), Sócrates faz com que Mênon admita seu erro.
- Mesmo que as abelhas sejam diferentes umas das outras (pelo tamanho, a beleza...), elas possuem, no entanto, alguma coisa em comum que é sua natureza de abelha.
- Igualmente, é preciso identificar aquilo que todas as virtudes possuem em comum, a fim de descobrir o que é a virtude em si mesma: é preciso passar do sensível (particular, diverso e transitório) ao inteligível (universal, unificado e imutável).

384-322 a.C.

"O homem é, por natureza, um animal político" (*Política*).

Elementos biográficos

• *Uma educação platônica*

Aristóteles nasce em Estagira, na Macedônia. Seu pai é o médico pessoal de Amintas III, avô do futuro Alexandre Magno, de quem Aristóteles será o preceptor.

Com cerca de dezessete anos ele vai para Atenas e entra na Academia, a escola fundada por Platão, tornando-se um de seus alunos mais brilhantes. O próprio Platão o chamaria de "A inteligência".

• *O preceptor*

Com a morte de Platão, em 348, ele deixa Atenas para fundar, na Ásia Menor, uma escola platônica, mas fica ali apenas por três anos.

Em 342 Aristóteles se torna preceptor do jovem Alexandre, então com a idade de treze anos, na corte de Filipe de Macedônia. Ele deixa essa função por volta de 335, quando Alexandre sucede a seu pai.

• *O Liceu*

Decide, então, retornar a Atenas para criar aí sua própria escola de filosofia, o Liceu, que passa a concorrer com a Academia. O Liceu é também conhecido como *Peripatos* (passeio), porque Aristóteles dá suas aulas caminhando pelos jardins. Seus discípulos, por isso, são conhecidos pelo nome de "peripatéticos".

Em 323, após a morte de Alexandre, Aristóteles, ameaçado pelo partido antimacedoniano e acusado de impiedade (como o fora Sócrates...), prefere abandonar Atenas.

Ele morre em 322, deixando uma obra considerável que exerceu forte influência sobre o pensamento árabe e sobre a filosofia cristã medieval. Entre suas principais obras podemos mencionar a *Poética, Ética a Nicômaco*, a *Metafísica* e a *Política.*

Teses essenciais

Embora apenas parte de sua obra tenha chegado até nós, Aristóteles é um dos pais fundadores não somente da metafísica e da lógica, mas também da zoologia (ele foi um dos primeiros a classificar as espécies animais e a recolher metodologicamente informações de observação).

A invenção da lógica formal

Aristóteles é o primeiro a determinar as propriedades do raciocínio, independentemente de seu conteúdo. Colocando em evidência o **silogismo** demonstrativo, raciocínio que, a partir de duas premissas, permite chegar a uma conclusão necessária, Aristóteles põe as bases de uma lógica formal, isenta de todo conteúdo. A forma do silogismo é a seguinte:

Todo A é B (premissa maior)

C é A (premissa menor)

Portanto, C é B (conclusão)

Hegel dará ênfase, sobre isso, ao mérito de Aristóteles: "É um mérito imortal de Aristóteles ter [...] reconhecido e determinado formas que o pensar assume em nós" (*Lições sobre a história da filosofia*). Mostrando quais são as formas do pensamento racional e como elas podem ser pervertidas, Aristóteles estabelece as condições da ciência, os instrumentos necessários ao estabelecimento do conhecimento.

Não se deve negligenciar a experiência

Aristóteles permanece apegado à experiência: se, por um lado, **a ciência é sempre do geral e do necessário**, e se é preciso transcender a esfera da opinião, como preconizado por Platão, por outro, não deixa de ser verdade que é somente pela **observação dos fatos** que se pode aceder aos princípios primeiros que governam o real. Contrariamente a Platão, que considerava necessário, para alcançar a verdade, afastar-se do sensível, Aristóteles defende um **método empírico**. Ele recusa a separação platônica entre mundo sensível e mundo inteligível. Se quisermos explicar alguma coisa, é dentro desta coisa mesma que devemos procurar a explicação, e não em algum lugar além, transcendente.

Nesse sentido, a lógica não deve, absolutamente, desatar-se do real: ela é o utensílio (o *organon*) do pensamento que deve permitir a identificação dos fatos em si e de suas causas. O rigor do pensamento, sua capacidade de manter uma demonstração fundada sobre premissas corretas, a previnem contra o erro.

A física

A lógica serve à ciência e, sobremaneira, ao estudo da natureza. Na *Física*, Aristóteles se interessa pela natureza e nos fornece uma verdadeira cosmologia. Se, por um lado, ele rejeita a concepção do mundo das Ideias como algo separado do *cosmos*, distanciando-se, nesse ponto, de Platão, por outro, distingue no universo, concebido como totalidade pronta organizada, duas regiões. A primeira constitui o **mundo supralunar**, no qual os astros possuem movimentos perfeitos e eternos, porque circulares. A segunda, o **mundo sublunar** (abaixo da lua), é o lugar da imperfeição, pois é dominado por uma diversidade de movimentos, principalmente os da corrupção e da geração.

É, portanto, pelo **movimento** que reina no mundo sublunar que Aristóteles se interessa, para mostrar, sobretudo, que o que caracteriza todo corpo natural é o fato de trazer em si o princípio de sua geração e de sua corrupção. A **natureza** não é o conjunto das coisas, mas um **princípio de produção**, a causa do desenvolvimento de um ser inerente ao próprio ser, constitutiva de sua essência.

- *Ato e potência: princípio de todo movimento*

É por meio dos conceitos de **potência** e de **ato** que Aristóteles explica todas as mudanças na natureza. Todo ser possui em si virtualidades que, enquanto não são efetivas, estão nele "potencialmente", e não ainda realizadas.

A passagem da potência ao ato é a realização dessa virtualidade. É dessa forma, por exemplo, que podemos dizer que um botão é uma flor em potência, e que essa existirá em ato apenas quando o botão tiver se aberto.

- *O vivente: aquele que possui em si o princípio de seu movimento*

Aristóteles coloca em evidência o fato de que todo ser vivo possui uma alma, que ele chama de **enteléquia**. Ela constitui o princípio de sua organização. As plantas têm uma alma **vegetativa**, os animais uma alma **sensitiva**, e os seres humanos uma alma **racional**. O ser humano não existe em ato (não é verdadeiramente ser humano), portanto, senão quando faz uso de sua razão.

A alma é o princípio de organização dos corpos, ela é sua **forma**, porém não uma forma transcendente, como em Platão. Intrinsecamente unida ao corpo, ela desaparece com ele. Essa visão unitária do ser humano constituirá, depois, para Tomás de Aquino, que tenta conciliar as teses aristotélicas com o cristianismo no século XIII, sua principal dificuldade.

A visão da natureza e do vivente proposta por Aristóteles é, sobretudo, uma visão **finalista**, principalmente quando ele escreve que "não é por ter mãos que o homem é o mais inteligente dos seres, mas é porque ele é o mais inteligente que ele tem mãos" (*Sobre as partes dos animais*): a constituição própria do ser vivo visa um fim. A natureza nada faz em vão.

• *As quatro causas*

Preocupado em encontrar utilitários conceituais aptos para explicar o real e responder à pergunta "por quê?", Aristóteles distingue quatro causas de todas as coisas. Com efeito, conhecer é, antes de tudo, ser capaz de identificar as causas. A causa **material**, primeiramente, é uma potencialidade pura que deve ser atualizada pela forma para ser alguma coisa (por exemplo, o mármore da estátua). A causa **eficiente**, em seguida, designa o agente transformador (por exemplo, o escultor). Quanto à causa **final**, essa remete ao fim que a transformação persegue (a manifestação da beleza). Enfim, a causa **formal** remete à forma do objeto (a ideia que o estrutura; por exemplo, a aparência de Afrodite no caso de uma escultura que a represente).

• *A metafísica*

"Todos os homens desejam naturalmente saber" (a *Metafísica*), e se interrogam quanto à origem e ao fundamento de todas as coisas. A metafísica procura responder a essa interrogação. Notemos que Aristóteles não emprega, ele mesmo, esse termo "metafísica": é Andrônicos de Rodes quem, ao editar, por volta do ano 60 a.C., as obras de Aristóteles, decide denominar assim as obras situadas depois da *Física*.

A metafísica é, acima de tudo, o **estudo do ser enquanto ser**, ou seja, daquilo que subsiste no ser para além de todas as mudanças que ele possa sofrer, ou ainda, o estudo daquilo que faz com que um ser seja um ser e não isto ou aquilo.

Ela visa, ainda, a estabelecer os **primeiros princípios e as primeiras causas**. Nesse sentido, é teologia, pois coloca em evidência a existência de um primeiro motor, origem de tudo o que é; dito de outra forma, Deus, Ato puro, Forma pura, que move sem ser movido, eterno, perfeito.

• *A moral: a felicidade como bem soberano*

O pensamento aristotélico é um **eudemonismo**: ou seja, ele concebe a **felicidade** como o fim supremo da vida, como o **bem soberano** (aquele ao qual estão subordinados todos os outros bens, aquilo que é buscado por si mesmo e não em vista de nenhuma outra coisa).

Para um ser, um bem constitutivo de felicidade é realizar sua natureza, exercer a **virtude** que lhe é própria (a virtude designa aquilo em vista do que se é feito; por exemplo, a virtude de um medicamento é curar). Ora, a virtude específica do homem consiste em exercer sua razão. Portanto, é conduzindo uma vida fundada na razão que o homem pode aceder à felicidade como bem propriamente humano, como atualização do homem. A vida feliz é, dessa forma, a **vida contemplativa**, e reside na atividade mais perfeita do homem.

No entanto, "uma só andorinha não faz verão" (*Ética a Nicômaco*): a felicidade demanda tempo e constância. Além disso, ela também depende de circunstâncias favoráveis, e pode se tornar inacessível por obstáculos exteriores.

Virtude e felicidade se acordam, portanto, e é por uma via razoável, prudente, praticante da justa medida, que se pode chegar à felicidade.

• *A política, fim da natureza*

Aristóteles não separa moral e política. Na realidade, é somente na cidade que o homem pode atualizar suas disposições para uma vida razoável e feliz. Sendo "por natureza um animal político", o homem não pode se realizar como tal senão dentro da cidade.

Esta é vista, de acordo com o princípio finalista, como um **fim da natureza**, pois somente ela permite o bem viver que supõe uma superação das tarefas materiais em proveito de uma atividade mais propriamente humana. Essa superação não pode ser a condição de todos, porque a produção é uma necessidade. Assim, Aristóteles justifica, por exemplo, a escravidão na medida em que, cumprindo seu papel, manifesta-se como necessária.

A prudência e a justa medida são as virtudes do homem político. Assim, Aristóteles critica a busca da acumulação de riquezas que é geradora apenas de vícios e vaidades. O regime ideal seria aquele que governa de maneira temperada e moderada a classe média.

Uma obra-chave: *Política*

• *Contexto*

Apegado aos fatos, Aristóteles o é também quando se trata de pensar a política. Procedendo de maneira descritiva e comparativa, ele analisa as formas de governo e a origem do Estado, que considera natural, a fim de propor meios de conservar e estabilizar as diferentes formas de governo e evitar a subversão.

• *Extratos*

O homem é [...] um animal cívico, mais social que as abelhas e outros animais que vivem juntos. A natureza, que nada faz em vão, não lhe reservou senão a ele o dom da palavra, que não deve ser confundida com os sons da voz. Estes são apenas expressão de sensações agradáveis ou desagradáveis aos quais os demais animais são, como nós, suscetíveis. A natureza lhes deu um órgão limitado a este único efeito; mas nós temos a mais, além do conhecimento desenvolvido, pelo menos o sentimento vago do bem e do mal, do útil e do nocivo, do justo e do injusto, objetos para cuja manifestação nos foi principalmente acordado o órgão da palavra. É o intercâmbio da palavra que caracteriza o vínculo de toda sociedade doméstica e civil (*Les politiques.* Paris: PUF, 1983).

Chaves textuais

• *O homem, um animal político*

- A política e a cidade não são, de forma alguma, o resultado de convenções ou de artifícios acidentais. Se a cidade existe, é porque ela representa o fim último da natureza.

- Assim, o homem não é verdadeiramente homem senão por sua atividade no seio da cidade. Ali ele encontra tanto as condições de sua existência quanto as condições para sua realização.

• *A palavra é distinta da voz*

- Prova da destinação política do homem: sua própria constituição, o fato de ele possuir a palavra, ao passo que o animal é dotado somente da voz.

A voz permite ao homem e ao animal gritar (e exprimir sensações, exteriorizar a dor ou o prazer).

- Muito mais que isso, a palavra veicula sentidos, valores (justo e injusto, bem e mal) que podem ser partilhados, e sobre os quais se pode discutir. Neste sentido, ela é o instrumento pelo qual se constrói uma comunidade.

• *A cidade, um fim natural*

- Ora, a natureza "nada faz em vão": se ela dotou o ser humano da palavra, é porque com isto ela visa a um fim. Se o próprio da palavra é permitir o intercâmbio de valores, o fim visado com isso é a constituição da cidade fundada sobre esses valores.

- É dessa maneira que se justifica a naturalidade da cidade: ela é natural porque, como se pode ver, o homem é dotado de tudo que é necessário à sua existência.

341-270 a.C.

"O prazer é o princípio e o fim da vida bem-aventurada" (*Carta a Meneceu*).

Elementos biográficos

• *As raízes do pensamento de Epicuro*

Nascido na Ilha de Samos, Epicuro segue as aulas de Panfílio desde os quatorze anos. Decepcionado com esse platônico, torna-se aluno de Nausífanes, discípulo de Demócrito de Abdera.

Demócrito (por volta de 460-380 a.C.) é o fundador do atomismo. É sobre a base de seus ensinamentos que Epicuro elabora sua concepção materialista do mundo e, particularmente, a ideia de que o mundo é constituído de átomos indivisíveis e de vazio.

• *Uma época conturbada*

Epicuro viveu em uma época politicamente caótica, e assistiu ao declínio das cidades gregas. Em 323 a.C. morre Alexandre, o Grande. Guerras e motins se sucedem, Atenas muda sete vezes de chefe político.

• *A Escola de Epicuro*

Epicuro decide retirar-se do mundo para conduzir uma vida ascética. Instala-se em Atenas para criar uma escola de filosofia, o Jardim. Ali ele vive em uma comunidade com seus amigos, denominados os "filósofos do Jardim", propagando uma vida simples e sábia, fundamentada na harmonia e na amizade.

Epicuro cria sua escola principalmente em reação aos modelos culturais veiculados pelas duas maiores escolas atenienses, que são o Liceu (escola fundada por Aristóteles) e a Academia (fundada por Platão). As duas escolas atenienses, reservadas a uma elite, pretendem formar o cidadão em vida de sua realização na cidade e se revelam, no entanto, inaptas para resolver os problemas políticos de seu tempo.

Epicuro propõe, então, um novo modelo de vida, visando o bem viver de maneira diferente da formação erudita e ligada à política. Pois o papel da filosofia é antes a condução dos homens pela via da sabedoria: o Jardim acolhe tanto personalidades ilustres quanto mulheres e escravos.

• *A figura do sábio*

Com uma serenidade a toda prova, Epicuro enfrenta com coragem os sofrimentos decorrentes de uma terrível doença renal. Sua vida inteira foi dedicada à amizade. Generoso, ele oferece em testamento aos seus próximos as condições para levarem uma vida decente.

De sua imensa obra (cerca de trezentos títulos), restaram-nos nada mais que algumas máximas e três cartas, a *Carta a Heródoto*, a *Carta a Pítocles* e a *Carta a Meneceu*.

Teses essenciais

O epicurismo viria a ter uma ampla difusão. Não deixou indiferentes pensadores como Espinosa, Montaigne ou ainda Marx.

A filosofia epicuriana compreende três partes: a ***canônica****, primeiramente, interessa-se pelos critérios da verdade; a* ***física****, em seguida, trata da natureza; e a* ***moral****, por fim, expõe as condições de uma vida feliz.*

• *A canônica*

O objetivo da filosofia é a **felicidade**, compreendida como serenidade. Ora, toda serenidade repousa sobre a segurança, que pode ser obtida somente pelo **conhecimento**. A canônica pretende colocar as bases do conhecimento, penhor da verdade.

Pelo que diz respeito aos critérios do verdadeiro, a doutrina de Epicuro se opõe à de Platão. Este último considerava a sensação como fonte de toda ilusão e de todo erro. Os epicuristas, pelo contrário, afirmam que nossas **sensações**, longe de ser subjetivas e relativas, são aquilo por meio do qual nós temos acesso ao real. Elas são, portanto, enquanto dados concretos dos sentidos, o critério da verdade, aquilo que nos coloca em contato com a natureza.

Nós não podemos demonstrar que as sensações são equivocadas. Elas procedem de emanações de **simulacros** (partículas finas) dos objetos que tocam os sentidos. Os simulacros teriam uma estrutura idêntica à do objeto, de modo que é a própria realidade que nós percebemos.

• *A física: tudo é átomo e vazio*

Epicuro elabora uma **física materialista e atomista**: tudo são átomos e vazio. O vazio infinito e imaterial permite visualizar a possibilidade do movimento. Os átomos são os elementos materiais últimos, minúsculos e indivisíveis, que se movem no vazio. Eles são inacessíveis aos sentidos.

Nós percebemos, por outro lado, os **grupos de átomos** formados pelo encontro fortuito dos átomos. Portanto, existem duas espécies de corpos, os átomos e os corpos tais quais nós os conhecemos (os grupos). Se os átomos são a matéria infinita e eterna, os grupos são sujeitos à morte: eles se decompõem em elementos atômicos que, através de movimentos imprevisíveis, darão lugar a novas combinações e, assim, ao nascimento de novos corpos. Dessa maneira, **nada nasce de coisa alguma**, e nada desaparece absolutamente.

A física epicuriana afirma a infinitude do universo e a pluralidade dos mundos. Nosso mundo não sendo mais que uma combinação possível entre todos os mundos, não é incoerente pensar seu fim entendido como sua dissolução em elementos atômicos últimos.

Por tudo ser uma composição de átomos, **tudo é matéria**, mesmo a alma e os deuses. Por esse **materialismo** Epicuro se opõe ao idealismo de Platão e ao finalismo de Aristóteles. Rejeitando a noção de destino desenvolvida pelos estoicos, ele explica os fenômenos naturais pelo princípio de **causalidade** e pela existência do **acaso**.

• *A física nos fundamentos da ética*

A física coloca as bases de uma ética que conduz ao bem viver. Vivendo em uma época tumultuada, Epicuro não para de procurar uma resposta prática à infelicidade humana. Tal resposta não se encontra no estabelecimento de um projeto social, como em Aristóteles, mas na realização de uma moral privada.

Mas, para conseguir ser feliz, continua sendo necessário ser livre, e frequentemente deduz-se dos sistemas materialistas a impossibilidade da liberdade. Ora, a doutrina epicuriana situa a liberdade no centro de sua moral. Assim como na natureza, existe aí a contingência: o homem experimenta sua **liberdade**, sua capacidade de ser causa primeira, de se autodeterminar.

O que torna o homem infeliz é a esperança do irreal. Compreende-se, assim, como a física, ao permitir um conhecimento da natureza, seja a base da ética.

• *O quádruplo remédio*

Para cuidar dos males da alma Epicuro propõe um quádruplo remédio.

> 1) Se todas as coisas são de natureza material, os deuses não têm nenhuma influência sobre nossa vida, mas se bastam a si mesmos (a noção de divindade inclui a de perfeição e, portanto, de autossuficiência). Eles são indiferentes aos assuntos humanos. Não é preciso temê-los e podemos nos libertar das superstições de todo gênero.

2) A morte, compreendida como decomposição do corpo em elementos atômicos, é ausência de sensações e, portanto, não é nada para nós (cf. o texto logo a seguir). O atomismo nos liberta do temor da morte.

3) Nós podemos enfrentar a dor. Se ela for insuportável, ela leva à perda da consciência e assim acaba. Enquanto a sentimos, é porque podemos suportá-la, sendo que o pensamento do prazer pode, ademais, atenuá-la.

4) Podemos atingir a felicidade por meio de uma vida prudente que sabe regular os desejos. A natureza nos ensina aquilo de que temos necessidade, e basta saber ouvir para atingir esse estado de contentamento e serenidade. Assim, distinguindo entre nossos desejos aqueles que são conformes à nossa natureza e aqueles que são inúteis, podemos assegurar a possibilidade de sermos felizes.

A felicidade, portanto, deve ser realizada neste mundo, e não ser esperada em um além hipotético e duvidoso.

O prazer: princípio da vida feliz

O que Epicuro defende é um **hedonismo**, ao afirmar que **o bem soberano é o prazer.** Porém, ele tem sido geralmente mal-entendido, como se pode perceber na linguagem corrente que designa com o termo "epicurista" a um *bon vivant*, um indivíduo voltado às suas satisfações de forma desregrada e excessiva. É verdade que, para Epicuro, o prazer é o que deve ser buscado, mas este não se identifica com a satisfação do menor de nossos caprichos. A felicidade é, antes de tudo, um estado de calma, de prazer estável, algo inconciliável com uma vida desenfreada.

A sensação, critério do verdadeiro, é igualmente o critério do bem. Prazer e dor são afeições que nos permitem saber se um objeto está em harmonia com nossa natureza. Viver feliz, por isso, é viver **de acordo com sua natureza**, evitando as tensões do desejo e todo sofrimento. É dentro deste objetivo que Epicuro distingue três espécies de desejos:

1) **Os desejos vãos** (ex.: desejo de riqueza) são fontes de angústia, e não são nem naturais (não respondem a necessidades de nossa natureza) nem necessários (podemos sobreviver sem satisfazê-los). A busca da felicidade, compreendida como **ataraxia** (ausência de perturbações na mente) e **aponia** (ausência de perturbações no corpo) exige a abolição deles. De nada serve desejar sempre mais, pois isto é apenas fonte de frustração e de problemas.

2) **Os desejos naturais e não necessários** (ex.: desejo sexual) devem ser satisfeitos com prudência e moderação.

3) **Os desejos naturais e necessários** (ex.: a fome) devem ser satisfeitos. Trata-se, portanto, de atingir a felicidade por uma simplificação da vida, renunciando a tudo o que é vão e supérfluo.

Uma obra-chave: *Carta a Meneceu*

• *Contexto*

A *Carta a Meneceu* expõe o essencial da ética epicuriana. Ela define as condições necessárias ao bem viver, os princípios que permitem atingir a ataraxia.

No texto a seguir, após ter mostrado que é um equívoco temer os deuses, Epicuro se volta ao segundo dos nossos temores sem fundamento, o medo da morte.

• *Extrato*

Habitua-te a pensar que a morte não é nada para nós; pois todo bem – e todo mal – está nas sensações: ora, a morte é a privação da sensação. Consequentemente, o correto conhecimento de que a morte não é nada em relação a nós faz com que a condição mortal da vida seja alegre, não por acrescentar um tempo infinito, mas por suprimir o desejo da imortalidade. Porque nada mais há de temerário na vida para aquele que compreendeu que nada há de temerário na não vida. É um tolo, portanto, aquele que diz que tem medo da morte, não porque sofrerá quando ela chegar, mas sim porque ela irá chegar um dia. Se a presença de algo não nos causa nenhum mal, angustiar-se por isso equivale a sofrer por nada. Dessa forma, o mais terrível dos males, a morte, não significa nada para nós, uma vez que, quando nós estamos presentes, ela está ausente, e quando ela vier, nós não existiremos mais. A morte, portanto, não tem relação nem com os vivos nem com os mortos, pois para uns ela não está presente e os outros não existem mais. Contudo, as multidões fogem da morte tanto por ser o pior dos males como pela cessação das coisas da vida. O sábio, ao contrário, não teme o não viver, pois nem lhe pesa viver, nem considera um mal não viver ("Lettre à Ménécée". *Lettres et Maximes*. Paris: PUF, 1987).

Chaves textuais

• *A sensação, critério do bem e do mal*

- Sensação: dor (critério do mal) e prazer (critério do bem).

- Princípio: a natureza nos mostra simplesmente (pela sensação) o que nos convém ou não. Para ser feliz é preciso se conhecer, escutar.

• *A morte não significa nada para nós*

- A morte, ausência de vida, é ausência de sensação, uma vez que a sensação é inerente à vida. Ela é, então, ausência de dor, e não pode nos afetar.

- O atomismo fundamenta a ética: compreendendo que a morte é a dissolução do corpo e da alma (o conjunto do que somos se decompõe em átomos), compreende-se que não há por que temê-la.

- Libertando-se deste temor, dá-se um passo rumo à ataraxia, pois o temor é um distúrbio da alma. O saber é condição necessária para a felicidade.

• *É tolice temer a morte*

- Ou a morte ainda não está presente e, nesse caso, é absurdo temê-la e não há razão para sofrer e ser infeliz por nada, ou

- A morte se faz presente, mas, então, não podemos sofrê-la porque não estamos mais vivos.

• *Por que as massas têm medo da morte?*

- As pessoas veem na morte "o pior dos males": sem ter consciência do que o corpo é, nem do fato de que a morte é a cessação da vida, as pessoas têm medo dela, sem razão.

- As pessoas enxergam a morte como "a cessação das coisas da vida", e pensam que a morte representa a privação de todas as coisas boas que se pode gozar estando vivos. Porém, isso é porque não souberam encontrar o contentamento.

- O homem sábio, ao contrário, atingiu um estado de completude e de satisfação, e não é atormentado pelo desejo vão da imortalidade. Ele não deixa sua vida com um sentimento de privação. Viver mais tempo não lhe traria nada mais do que ele já tem.

- As pessoas devem meditar para se libertarem desses temores que atormentam sua alma.

LUCRÉCIO

98-55 a.C.

"Pretender que os deuses quiseram preparar o mundo e suas maravilhas para os homens é pura insensatez" (*Sobre a natureza das coisas*).

Elementos biográficos

• *A queda de Roma*

Assim como seu mestre Epicuro havia presenciado o declínio das cidades gregas, Lucrécio assiste em sua época ao declínio da República de Roma, devastada pela guerra civil e as crises sociais e econômicas. Ele assiste às premissas da queda da República romana que aconteceria no ano 27 a.C.

Teses essenciais

Lucrécio transmite em seu poema, De natura rerum, *a doutrina epicuriana, realizando uma crítica mais azeda e precisa do que seu mestre das superstições e explicações falsas dos fenômenos naturais.*

• *O naturalismo materialista de Lucrécio*

Da mesma forma que Epicuro que, dois séculos antes dele, havia elaborado uma física materialista baseada no atomismo, Lucrécio concebe o universo como sendo composto exclusivamente de átomos e de vazio. Os corpos que vemos são combinações de átomos e, se possuem formas diferentes, é porque essas combinações podem variar infinitamente.

Para explicar como os átomos podem dar origem à existência de corpos (aglomerados de átomos), somos obrigados a admitir que seus movimentos não são apenas retilíneos, pois se assim fosse eles nunca se encontrariam. Portanto, é devido à sua **declinação**, possibilidade que os átomos têm de desviar sua trajetória, que se procede a formação dos corpos. Esta declinação Lucrécio denomina também de ***clinamen*** (em latim: "inclinação". Notemos que em nenhuma parte nos textos de Epicuro nós encontramos referência ao *clinamen*, termo que, talvez, deva ser atribuído a Lucrécio).

• *A liberdade afirmada*

Assim, Lucrécio outorga à matéria uma **liberdade** que permite pensar da mesma forma a liberdade humana: a espontaneidade está presente tanto no corpo quanto no espírito, ele mesmo constituído de átomos. Tal princípio permite justificar a possibilidade, para o homem, de ser autônomo.

Isto é ainda mais verdadeiro porque a natureza, sendo material, não pode ser obra de uma vontade divina transcendente; nunca pode ser objeto de um projeto divino, mas lugar do acaso e da necessidade. Lucrécio rejeita, assim como Epicuro, a ideia de destino que implicasse a submissão do homem à fatalidade.

• *A sabedoria no conhecimento*

A moral de Lucrécio está próxima da moral de Epicuro: é somente libertando a alma dos tormentos que suscitam medos e desejos supérfluos que o sábio pode atingir a **ataraxia**, a serenidade do espírito, isento de toda agitação.

O homem deve procurar a **felicidade** desapegando-se do que é supérfluo, libertando-se das paixões que agitam sua alma. A finalidade da vida é o **prazer**, não aquele desregrado, de uma pessoa imoderada, mas o prazer em repouso, compreendido como ausência de dor.

O conhecimento racional da natureza é o meio pelo qual o homem pode purificar-se de seus medos, de suas ilusões, das superstições, enfim, de tudo aquilo que perturba sua alma e entrava o repouso tão desejado.

Lucrécio, visto dessa forma como um libertador, não cessa de denunciar a vaidade e a periculosidade das religiões e superstições que alienam o espírito humano.

Uma obra-chave: *Da natureza das coisas*

• *Contexto*

Única obra de Lucrécio, esse poema filosófico se compõe de seis cantos que, retomando as doutrinas de Epicuro, as enriquecem e lhes dão uma feição estética.

Fazendo a ordem dos cantos seguir a ordem da razão, Lucrécio propõe um naturalismo propício à sabedoria, já que o estudo da natureza não pode ser distinto da ética.

• *Extrato*

Sobre esse assunto eu preciso ainda dizer-te isto:

Em sua inevitável queda, com o peso que os conduz

Caem direto pelo vazio, em um tempo indefinido

Em lugares indefinidos, os átomos se tornam algo;

De onde se poderia dizer que o movimento alterou-se.

Sem esta inclinação, todos, como gotas de chuva

Tombariam de alto a baixo no vazio sem fim

Nenhum encontro haveria, nem um choque seria possível

A natureza, portanto, não teria criado nada jamais (*De la nature des choses*. Livro II. Paris: Aubier, 1993).

Chaves textuais

• *A inclinação dos átomos*

- O *clinamen*, ou, ainda, a declinação dos átomos, designa a possibilidade de os átomos se desviarem de uma trajetória retilínea durante sua queda no vazio.

- Há três causas do movimento dos átomos: a declinação, o choque e o peso.

• O *clinamen* como princípio de explicação dos corpos

- Sem a declinação não haveria possibilidade de existência dos corpos. Se os átomos não pudessem modificar sua trajetória, eles simplesmente cairiam no vazio de maneira retilínea, sem jamais se encontrarem e não poderiam, portanto, combinarem-se de maneira que formassem um aglomerado de átomos, um corpo.

• *Rejeição da estrita necessidade*

- Justificação da liberdade: a natureza não é regida por uma estrita necessidade. Possibilidade de movimento espontâneo e indeterminado que se faz em "tempos" e "lugares indefinidos".

- O indefinido é aquilo que não resulta de nenhuma providência, de nenhum destino. Lucrécio se opõe aos estoicos e afirma a existência do acaso na natureza.

- Consequentemente, o homem não está submetido ao destino, ele pode ser livre, pois é composto de átomos e os átomos são dotados de um movimento

EPÍTETO

50-130 d.C.

"O que perturba os homens não são as coisas, mas as opiniões categóricas que eles têm sobre as coisas" (*Manual*).

Elementos biográficos

- *Um antigo escravo*

Este filósofo estoico, filho de escravos, tem o nome grego *epiktetós*, que significa "adquirido recentemente". Com efeito, ele foi escravo a serviço de um amo brutal, Epafrodita. Diz-se que um dia este lhe haveria quebrado uma perna e que Epíteto lhe teria dito apenas: "Eu te havia avisado que você a quebraria" sem maiores lamentos (de onde o sentido do adjetivo "estoico"). Contudo, apesar de cruel, seu amo permite que Epíteto frequente as lições do estoico Musonius Rufus, que inspiraria sua filosofia.

- *A liberdade a serviço da filosofia*

Libertado, o ex-escravo abre uma escola de filosofia em Roma. Mas em 94 o Imperador Domiciano expulsa os filósofos de Roma e da Itália. Refugiado em Épire, Epíteto cria uma nova escola.

Seu ensinamento é unicamente oral: como Sócrates, ele mesmo não deixou nada escrito. É seu discípulo Arriano, futuro historiador e brilhante estadista romano, que transcreve suas aulas e nos transmite o pensamento de Epíteto através do *Manual* e das *Conversações*.

Teses essenciais

A vida do estoico é simples e modesta, ele encontra o caminho da sabedoria na resignação e na abstinência, fontes de indiferença e de libertação com relação às paixões alienantes. "Suporta e abstém-te", essa é a máxima que parece caracterizar melhor a atitude de Epíteto.

- *O estoicismo*

Especifiquemos o que é o estoicismo: é uma escola de filosofia extremamente vigorosa que perdurará durante seis séculos. Três etapas marcam sua história: **o estoicismo antigo**, fundado por Zenão de Cittium (332-262 a.C.), nos séculos IV e III a.C., o **estoicismo médio** nos séculos II e I a.C., e, finalmente, o **estoicismo imperial**, até o século II d.C., representado principalmente por Epíteto e Marco Aurélio.

Os filósofos do Pórtico (nome dado aos estoicos em referência ao lugar de origem da doutrina) ensinam e reelaboram constantemente uma doutrina moral visando a felicidade na sabedoria fundada sobre uma concepção racional da natureza. A intuição comum aos diversos representantes do estoicismo consiste em pensar que o homem, enquanto um ser inserido na natureza, deve **viver em conformidade com a natureza**. Modelo de sabedoria, de domínio de si, o estoicismo exercerá influência sobre pensadores como Montaigne, Descartes ou ainda Espinosa.

Um mundo ordenado

Na linha do estoicismo, Epíteto considera o mundo como submetido a uma ordem imutável, o **destino**, ao qual nada pode subtrair-se. Filho de Deus, razão que governa o mundo, o homem não pode mudar o curso das coisas (as circunstâncias materiais, doenças...), mas não deixa de ser senhor de si mesmo.

Nossa felicidade depende apenas de nós

A **moral** é a preocupação maior deste filósofo: o conhecimento da natureza, para ele, deve nos permitir viver bem. Para ser feliz, nos diz Epíteto, precisamos antes de tudo compreender **aquilo que depende de nós e aquilo que não depende** (veja o extrato do texto adiante).

E como aquilo que está relacionado aos nossos pensamentos, nossos julgamentos, nossos desejos e aversões está em nosso poder, e como, também, é a este domínio que pertence o que se relaciona com o bem ou o mal, a felicidade está em nosso poder. Porque são nossas representações ou frustrações que causam nossa infelicidade.

Diante disso, compreender que nós temos o poder de modificá-las ou aboli-las é também compreender que nossa felicidade, a tranquilidade de nossa alma (ataraxia), depende exclusivamente de nós mesmos. Por exemplo, "o que, para o homem, é o princípio de todos os males e de sua baixeza de alma e sua pusilanimidade não é a morte, mas muito mais o medo da morte" (*Conversações*).

A liberdade afirmada do sábio

Essa distinção entre o que depende de nós e o que não depende permite compreender como, apesar da existência de uma ordem implacável no mundo, o homem permanece absolutamente livre. Sua liberdade, na realidade, não consiste em uma superioridade ilusória sobre a natureza, mas em um **domínio sobre seus pensamentos.**

Por ser completamente parte da natureza, parte do cosmos, o homem deve aprender a viver em conformidade com esta ordem. É apenas aceitando o curso das coisas que ele pode superar a infelicidade.

Como uma filosofia da liberdade, o estoicismo é, também, uma filosofia da vontade. O sábio aceita para não sofrer, deve esforçar-se para ser feliz: "Não peças que as coisas que chegam cheguem como tu queres. Mas, antes, queiras que as coisas cheguem como chegam, e serás feliz" (*Manual*). Por ser capaz de se libertar daquilo que incomoda seu espírito através do domínio de seus pensamentos e desejos, o homem acede à felicidade vivendo em harmonia com a ordem do mundo.

• *A apatia: o domínio dos desejos*

A apatia é o que o sábio busca: a ausência de paixão, de afeição patológica da alma; é verdade que tal ideal requer um esforço de superação pessoal que causa admiração. Mas tal esforço não é impossível e Epíteto recomenda esse exercício constante para progredir até um autodomínio que coloque o homem acima dos falsos desejos portadores de infelicidade. A filosofia requer tempo e empenho.

Uma obra-chave: *Manual*

• *Contexto*

Nesta obra Epíteto dá os conselhos a serem seguidos em vista da libertação dos males que atormentam a alma. O filósofo deve saber autodominar-se e libertar-se dos desejos vãos. Para isto, antes de tudo, deve seguir uma regra essencial: distinguir o que depende de nós e o que não depende.

• *Extrato*

Entre as coisas, algumas dependem de nós, ao passo que as outras não dependem de nós. Aquelas que dependem de nós são a opinião, a inclinação, o desejo, a aversão: em uma palavra, tudo aquilo que é obra nossa. As coisas que não dependem de nós são o corpo, os bens, a reputação, as dignidades: em uma palavra, as coisas que não são obra nossa.

E as coisas que dependem de nós são naturalmente livres; ninguém pode impedi-las, nada pode prendê-las; mas as que não dependem de nós são impotentes, escravas, sujeitas ao impedimento, alheias a nós.

Lembra-te, portanto, que, se tu acreditas serem livres as coisas que, por sua natureza, são escravas, ou próprias para ti as coisas que te são alheias, tu estarás amarrado, aflito, atormentado, e acusarás deuses e homens. Porém, se crês ser teu apenas aquilo que é teu, e alheio aquilo que é, de fato, alheio, então ninguém jamais te forçará a fazer alguma coisa, ou te impedirá de fazê-lo. Tu não reclamarás de ninguém nem a ninguém acusarás; não farás involuntariamente sequer uma ação; ninguém te prejudicará e não terás inimigo algum, porque nem mesmo poderias sofrer algum tipo de prejuízo (*Manuel.* [s.l.]: Delagrave, 1876).

Chaves textuais

• *O que não depende de nós*

- É aquilo que depende de circunstâncias exteriores, e que não pode ser mudado. É o que não nos pertence, e sobre o que não temos nenhuma influência.

- Por exemplo, "o corpo, os bens, a reputação, as dignidades" dependem do destino ou ainda do julgamento dos outros. É preciso aprender a aceitar as coisas como elas são.

• *O que depende de nós*

- É aquilo que é obra nossa, sobre o que podemos e devemos assumir como nosso.

- Assim, "a opinião, as inclinações, o desejo, a aversão" são obra nossa: elas dependem do nosso espírito e de nossa vontade.

- As coisas em si mesmas não são nem boas nem más, mas nossa avaliação delas é que lhes atribui uma coisa ou outra. Portanto, é preciso aprender a olhar o mundo de outra forma e compreender que somos nós que atribuímos um valor aos acontecimentos.

• *Uma distinção capital*

- Fazer essa distinção é capital: ela condiciona o acesso à sabedoria e à serenidade.

- O insensato, desejando coisa diferente do que existe, não distingue o que depende dele e o que não depende. Torna-se escravo de suas opiniões, de seus desejos, de seus julgamentos. Fica alienado.

- Ao contrário, o sábio, indiferente aos acontecimentos que não podem incomodá-lo (ele sabe que não está em seu poder mudá-los), coloca-se acima de todo transtorno (angústia, inquietação, desejo não satisfeito...). Ele é livre.

MARCO AURÉLIO

121-180 d.C.

"Nunca mais discutir sobre esse assunto: 'o que deve ser um homem de bem?', mas sê-lo" (*Pensamentos para mim mesmo*, X, 16).

Elementos biográficos

- *Um filósofo...*

Marco Aurélio, filósofo estoico da época imperial, descobre com paixão as *Conversações* de Epíteto e decide, aos doze anos, vestir o manto dos estoicos e adotar seu modo de vida frugal.

- *...que se tornou imperador*

O Imperador Adriano afeiçoou-se desse jovem. Ele somente consentiu em aceitar Antonino, o marido da sobrinha de sua mulher, mediante a condição de que este designasse, por sua vez, Marco Aurélio como seu herdeiro.

Imperador admirado e apreciado por todos por sua bondade e inteligência, Marco Aurélio procurou cumprir muito bem suas funções. Preocupado com a defesa de seu império, e ao mesmo tempo aspirando à paz e ao estudo, ele se verá obrigado a passar grande parte de sua vida lutando contra as invasões bárbaras que se sucedem, bem como administrar as catástrofes (fomes, pestes, revoltas de generais...) que fragilizam seu império. É nos campos de batalha que ele redige seus *pensamentos para mim mesmo*, verdadeiro retrato espiritual de um comandante de exércitos preocupado em guardar viva sua reflexão sobre o sentido da vida.

Esforçando-se para fazer reinar a justiça, Marco Aurélio põe em prática os conselhos da filosofia do Pórtico. Assim, descreve Renan sua admiração pelo imperador filósofo: "Com Marco Aurélio a filosofia reinou. Durante um momento, graças a ele, o mundo foi governado pelo melhor e o maior homem de seu século" (*Marco Aurélio ou o fim do mundo antigo*).

Teses essenciais

Marco Aurélio retomará inúmeras teses de Epíteto. Ao redigir para uso próprio suas notas pessoais, ele aplica os exercícios espirituais aconselhados pelo estoico. Sua originalidade se encontra justamente nesta intimidade da escrita e no envolvimento, este cuidado de agir em conformidade com a doutrina e viver com dignidade.

• *O deus interior*

O que nos permite viver bem e garante nossa capacidade de atingir a serenidade, apesar das vicissitudes da vida, é o **deus interior**, ou ainda **mestre interior**, esse **gênio** que nos guia rumo ao bem: a **razão**. Assim Marco Aurélio defende o cuidado de si mesmo, a busca da sabedoria e a virtude que tal deus interior possibilita.

A razão sendo algo comum a todos implica que sejamos, em nossas atividades, respeitosos, justos e amáveis para com nossos semelhantes. **Cidadão do mundo**, o homem pertence à comunidade dos seres razoáveis e, portanto, deve interessar-se pelo bem comum acima de tudo, deixando de lado, se necessário, seu egoísmo: é preciso, assim, compreender que "aquilo que não é útil ao enxame, também não o é à abelha". Compreende-se, então, por que Marco Aurélio, apesar de sua posição, despreza as honras e a busca da glória. Ele manifesta um profundo **senso de igualdade**.

• *Devemos viver conformes à natureza*

Como estoico, Marco Aurélio destaca o vínculo que liga o homem à natureza. O ser humano faz parte desse Todo que é a natureza, na qual ele vê a **Razão universal**. Dessa forma, a sabedoria exige que se viva em conformidade com o deus interior, parcela dessa Razão universal.

É, portanto, dentro do império de si mesmo que consiste a verdadeira autonomia que leva à sabedoria. Marco Aurélio procura incessantemente encarnar esse domínio de si mesmo, algo que, segundo seus contemporâneos, ele conseguiu fazer com sucesso.

• *A preeminência do presente*

Da obra de Marco Aurélio se depreende certo cuidado com relação à fragilidade da vida humana. Não possuímos nenhuma ascendência ou poder sobre o passado nem sobre o futuro. Consequentemente, o que conta é somente a atividade realizada no presente. A existência humana é precária e é, portanto, no presente que a virtude se deve manifestar. Daí a necessidade de interrogar-se constantemente e procurar dominar seu julgamento.

A pequenez da existência humana diante da grandeza do cosmos, de que ela não representa mais que uma ínfima parte, deve conduzir à modéstia e à consciência de que a morte não é trágica, mas necessária à renovação do mundo. Não há razão alguma para temer; ela é algo do **destino**, da **providência**, algo que o sábio deve aceitar. É preciso, antes, usufruir dos acontecimentos e não tentar, inutilmente, alterar a ordem do mundo.

Uma obra-chave: *Pensamentos para mim mesmo*

• *Contexto*

Este conjunto de reflexões realizadas dia após dia nos campos de batalha revela um senso de dever sem comparação. Com essas notas Marco Aurélio busca conciliar a exigência do "viver bem", a busca da sabedoria e da serenidade, com as vicissitudes e a precariedade da existência humana. Mais particularmente, este extrato analisa o medo da morte e a pequenez da existência humana.

• *Extrato*

Mesmo que tu pudesses viver três mil anos, ou dez mil que fossem, lembra-te, contudo, que ninguém vive outra vida senão a que tem, e nem outra senão a que perde. Por isso, a vida mais longa e a mais curta dão no mesmo. Pois o presente é igual para todos; e é igual, também, aquilo que perece. E a perda se mostra assim, instantânea, já que não se pode perder nem o passado nem o futuro. Pois, de fato, como poderiam tirar-vos aquilo que não possuis? De todas as coisas, é preciso lembrar-se: primeiro, que as coisas são eternamente semelhantes e começam sempre de novo, e não importa que vejamos as mesmas coisas durante cem ou duzentos anos ou durante um tempo infinito; depois, que a perda é a mesma, quer morramos em idade avançada ou em poucos anos: o presente, com efeito, é a única coisa da qual se pode ser privado, pois é a única coisa que possuímos, e não perdemos aquilo que não temos ("Pensées pour moi-même". *Les Stoïciens*. Paris: Gallimard/La Pleiade, 1962).

Chaves textuais

• *A duração da vida não tem importância*

- Marco Aurélio combate aqui o conceito usual segundo o qual viver mais longamente equivale a viver melhor.

- Não é a quantidade de tempo o que conta, mas a qualidade.

- Com efeito, o passado e o futuro não nos pertencem, não existem; apenas o presente existe, o que significa que, perdendo a vida, perdemos o presente, igual para todos.

• *O medo da morte não tem fundamento*

- Serenidade do sábio que não tem esperança de condições melhores, nem tem medo da morte, apenas compreende sua necessidade, sua conformidade em relação ao destino.

- A morte não é uma coisa ruim: a Razão Universal governa o mundo e cada ser participa desse desenvolvimento, chamado a renovar-se seguindo o mito do eterno retorno.

Séculos II e III

"A toda razão podemos contrapor outra razão igualmente forte" (*Esboços pirronianos*).

Elementos biográficos

• *Um médico filósofo*

Filósofo, médico e astrônomo grego, Sexto Empírico teria nascido em meados do século II em Mitilene e vivido em Alexandria e Atenas.

Empirista, carrega a denominação "Empiricus" porque praticava a medicina fundamentando-se na experiência própria de cada um de seus doentes. Considerava as circunstâncias particulares como a idade ou ainda as doenças anteriores dos seus pacientes, rechaçando a aplicação cega de teorias gerais.

• *Um historiador da filosofia*

Sexto Empírico foi o dirigente da Escola Cética de 180 a 210. Além das teses do cético Pírron, ele examina e nos faz descobrir nos *Esboços pirronianos* e em seus tratados *Contra os dogmáticos* e *Contra os professores* as doutrinas dos principais filósofos gregos. Ele nos transmite informações inéditas e realiza um verdadeiro trabalho de historiador da Filosofia Antiga.

Teses essenciais

Sexto Empírico contribuiu para a difusão das teses céticas e, sobretudo, das do fundador do ceticismo, Pírron de Elis (365-275 a.C.).

• Contra o dogmatismo

O que mais Sexto Empírico combate é, primeiramente, o dogmatismo e, acima de tudo, o estoicismo. Examinando as teses contrárias, ele prova sua inanidade, não dando razão a nenhuma delas. Os argumentos pelos quais os metafísicos pretendem defender suas doutrinas se equiparam, sendo que nenhum parece mais legítimo que os outros. A incerteza é reconhecível.

O verdadeiro é tão precioso que afirmar qualquer coisa sem fundamento chega a ofender. Por isso se requer a prudência: "Algumas razões que eu examinei, utilizadas para estabelecer uma asserção dogmática, parece-me que encontra uma outra razão oposta a ela, que estabelece também um dogma, e que é igual ao primeiro" (*Esboços pirronianos*).

O ceticismo

Cético, Sexto Empírico reivindica a suspensão dos julgamentos, das asserções, a ***épochè*** (estado de dúvida): uma vez que o verdadeiro é de difícil acesso, é necessário rejeitar todas as asserções que não possam ser fundamentadas. É a fragilidade do espírito humano que põe em evidência o ceticismo. Certamente o verdadeiro existe, mas não podemos ter certeza de atingi-lo, e também devemos suspender nossas asserções.

Se não podemos ter certeza de atingir o verdadeiro, é porque, antes de tudo, não podemos, contrariamente do que afirmam os **empiristas**, confiar em nossos sentidos: as sensações variam de um indivíduo a outro e, portanto, são relativas. É ainda porque, diferentemente do que admitem os **racionalistas**, a razão não pode resolver as contradições dos dogmáticos e se encontra diante de dificuldades insuperáveis em sua busca pela verdade.

O fim do ceticismo: a ataraxia

Alguns criticam o ceticismo no aspecto em que ele conduziria a uma passividade com relação ao mundo, de modo que tudo poderia parecer vão: a que serve buscar a verdade, se ela é inalcançável? Como, inclusive, conceber a possibilidade da ação por parte de uma mente que recuse toda certeza? Sexto Empírico, consciente dessas críticas, responde.

Ele não convoca a um ceticismo "preguiçoso", mas a uma prudência salvadora. Superando todos os dogmas, o cético se dá a possibilidade de atingir um estado de quietude, uma paz da alma que se chama **ataraxia**. Esta consiste na ausência de toda perturbação do espírito. Se, portanto, devemos ser céticos, é em vista dessa serenidade. "O cético visa a serenidade em questão de opinião" (*Esboços pirronianos*).

A moral do cético: a consciência da relatividade

De um ponto de vista moral, Sexto Empírico preconiza uma vida em conformidade com os costumes em vigor, consciente, contudo, da relatividade desses costumes. O ceticismo não condena, portanto, inevitavelmente à inação, mas promove tolerância e moderação, atitudes propícias à serenidade.

Obra-chave: *Esboços pirronianos*

• *Contexto*

Nesta obra Sexto Empírico propõe uma introdução ao ceticismo. Ele apresenta os princípios fundadores e analisa de maneira crítica a pretensão dos filósofos de atingirem a verdade absoluta.

• *Extrato*

Tomando o termo de princípio ou de causa por fim ou causa final, nós dizemos que o princípio, ou a causa, ou o fim do ceticismo é a esperança que o filósofo cético possui de chegar, por meio dessa espécie de filosofia, à *ataraxia*, quer dizer, à isenção da perturbação, ou à tranquilidade da alma. Pois os grandes gênios, que foram os autores dessa disciplina, vendo que tal igualdade de afirmações, que eles observavam nas coisas, os perturbava, começaram a examinar o que poderia haver de verdadeiro ou de falso nas coisas, a fim de obter uma disposição isenta de perturbação, pelo discernimento que poderiam fazer das coisas. Mas se se perguntar o princípio sobre o qual o cético se funda principalmente para duvidar de tudo, trata-se do seguinte: que toda razão pode ser contradita por uma razão oposta do mesmo peso e o mesmo valor. Este princípio nos leva a reconhecer que não existem dogmas, nada que se possa afirmar ou negar dogmaticamente e com garantia (*Esquisses Pyrroniennes.* Livro I. Paris: Seuil, 1997).

Chaves textuais

• *O fim do ceticismo: a ataraxia*

- A ataraxia: ausência de perturbação (inquietude, angústia...) da alma, serenidade de espírito. Esse é o fim visado pelo cético.
- O meio para alcançar esse fim é a suspensão do julgamento (sentença dogmática): não ter opiniões falsas, ideias angustiantes, liberar a mente daquilo que poderia perturbá-lo.
- A dúvida definitiva: não é preciso afirmar nada.

• *A crítica do dogmatismo*

- O dogmatismo coloca argumentos em favor de sua tese. Mas, a esses argumentos, pode-se objetar argumentos contrários e de mesmo valor (igualmente legítimos). O ceticismo parece ser uma atitude mais coerente.

• *O princípio do ceticismo*

- Compreender e aceitar que nenhuma das teses contrárias pode ser considerada superior é se libertar das hesitações e crenças nocivas.

- O ceticismo: arte de viver.

• *O ceticismo não leva à preguiça*

- Rejeição da acusação de preguiça e de inação: o cético é, antes de tudo, aquele que examina, que busca a verdade (*skepsis*, em grego, significa "exame").

- Não é, primeiramente, aquele que "duvida": a *époché* é um **resultado** necessário face à tomada de consciência da fragilidade dos conhecimentos.

Cerca de 205-270

"É no mundo inteligível que se encontra a realidade verdadeira" (*Enéadas*).

Elementos biográficos

• *Uma vida de filósofo*

Nascido no Egito, Plotino estuda com o filósofo platônico Ammonius Saccas antes de seguir o Imperador Gordiano em uma campanha militar contra os persas para estudar as sabedorias indianas e persas. Ele se instala em Roma em 244 para criar aí uma escola que viria a ter imenso sucesso.

Seu ensinamento é exclusivamente oral durante dez anos. A pedido de seu discípulo mais célebre, Porfírio, ele decide escrever. No entanto, indisposto a reler seus livros, ele encarrega Porfírio de revisar e publicar seus escritos.

• *Uma vida exclusivamente ascética*

Com horror por tudo que se refere ao corpo, Plotino levou uma vida excessivamente ascética, recusando todo cuidado corporal, a ponto de colocar sua saúde em perigo. Nunca concordou que fizessem uma estátua dele, ou mesmo seu retrato, tendo em conta que a única coisa importante é o discurso, não o corpo ou a imagem sensível.

Contudo, considerado por aqueles que se aproximavam dele como um homem sábio, um guia e diretor de consciência, ele viveu rodeado de crianças que lhe foram confiadas. Porfírio, em sua *Vida de Plotino*, o descreve como "doce, disponível a todos aqueles que, de uma maneira ou de outra, puseram-se em relação com ele".

Teses essenciais

Partindo de conceitos platônicos, os quais ele revisita de maneira original, Plotino funda o ***neoplatonismo****, filosofia que exerceria uma grande influência sobre o pensamento medieval. Sua doutrina remete, além disso, às questões e argumentos desenvolvidos pela filosofia estoica, marcantes em sua época, mas se inspira igualmente na filosofia aristotélica.*

• *O Uno, princípio de todas as coisas*

Como Platão, no *Parmênides*, obra de referência dos neoplatônicos, Plotino afirma a existência de um **mundo inteligível** para além do **mundo sensível** (mundo acessível aos sentidos). O princípio supremo do qual procedem as realidades inteligíveis e as realidades sensíveis é o **Uno,** ou ainda, segundo o termo platônico, o **Bem**.

Mas o Uno, existindo em todas as coisas, existe, contudo, para além delas, é anterior a elas e a toda determinação ontológica[1], como também é inefável[2], imóvel, eterno, não engendrado, desprovido de toda qualidade que o multiplicaria.

Assim, somente podemos invocá-lo, dizer o que ele não é, sem poder dizer positivamente o que ele é. É um absoluto incognoscível, uma pura transcendência de onde procedem todas as coisas e de onde elas obtêm sua unidade.

Portanto, não é o pensamento que pode se identificar ao Uno e se unir ao Bem, mas a alma através de uma experiência mística dependente do desejo e ao amor; a **contemplação** se compreende como fusão da alma e do Bem. É reencontrando em si mesmo a unidade de onde procedemos, voltando-nos ao Uno, que podemos nos unir a ele e ter dele uma percepção compreensiva, mas jamais explicativa.

• *As três hipóstases*

O mundo contém três **hipóstases**, isto é, três princípios que permanecem sob a mudança das coisas, três realidades primeiras e verdadeiras, inteligíveis e incorporais: o Uno, o intelecto e a alma.

Tudo nasce e procede do Uno, cuja mais elevada emanação é o **intelecto** (o *noûs*), lugar inteligível constituído de um conjunto de realidades inteligíveis, das **formas**. Ele pensa todas as coisas e é o ser e a vida.

Do intelecto procede a **alma**, causa e princípio organizador do mundo sensível que é uma imagem do mundo inteligível. Dela procedem as almas individuais.

Assim, o Uno é como o sol que, por sua irradiação, gera tanto a luz como a sombra, sem, no entanto, confundir-se com elas: ele é fonte e princípio de unidade de todas as coisas. Para designar esse processo de geração pelo qual as hipóstases "vêm" umas das outras, permanecendo no entanto distintas, fala-se de **processão.**

• *A conversão*

A **matéria** é o último grau ontológico, último reflexo do Uno, fonte do **mal**. Ela é ausência de forma, privação, falha de ser de que a alma deve se

1. Ontológica: relativa ao ser.

2. Inefável: que não se consegue dizer.

libertar a fim de voltar-se para o Uno e conhecer o **êxtase**, a contemplação fusional do Bem. É por isto que o ser humano deve se libertar do seu corpo, dominá-lo. A alma deve superar as limitações corporais e encontrar em si mesma seu princípio: deve se purificar para progredir rumo à contemplação.

Uma obra-chave: *Enéadas*

• *Contexto*

Plotino havia encarregado Porfírio de colocar em ordem e corrigir seus escritos. Este último organiza sua obra em cinquenta e quatro tratados repartidos em seis *Enéadas*, reunidas em três volumes. O primeiro volume (*Enéadas* I a III) trata de ética, de física e de cosmologia. O segundo (*Enéadas* IV e V) é consagrado à alma e ao intelecto. Enfim, o último volume trata do Uno.

Assim, ler as *Enéadas* na ordem proposta por Porfírio é formar-se passando das questões mais simples às mais complexas. A leitura deve permitir a conversão da alma que, libertando-se do sensível, torna-se capaz de contemplar o Uno.

• *Extrato*

O Uno é anterior a *qualquer coisa*.

É por isso, na verdade, que ele é inefável: o que quer que você diga, estará dizendo *alguma coisa*; ora, aquilo que está para além de todas as coisas, que está além da venerável Inteligência, o que está além da verdade que está em todas as coisas não possui um nome; porque um nome seria algo diferente dele; ele não é uma dentre as muitas coisas e não tem nome algum porque nada pode ser dito dele como de um sujeito [...]

Então, como falar dele? Nós podemos falar dele, mas não conseguiremos expressar o que ele mesmo é. Não temos dele nem conhecimento nem pensamentos. Como falar dele se nem mesmo o identificamos enquanto tal? É que, sem identificá-lo com o conhecimento, mesmo assim não ficamos absolutamente sem identificá-lo; identificamo-lo o suficiente para falar dele, mas sem que nossas palavras o alcancem nele mesmo. Dizemos aquilo que ele não é, e não aquilo que ele é (*Ennéades*. Livro V. Paris: Les Belles Lettres, 1967).

Chaves textuais

• *A simplicidade do Uno*

- O Uno: princípio primeiro de onde tudo procede, portanto, anterior a qualquer coisa, imóvel, perfeito e simples. O Uno é somente ele mesmo, e não "alguma coisa".

- Com efeito, aquilo que é *alguma coisa* designa o que pode receber uma determinação e, então, é múltiplo. É o que é isto ou aquilo, o que é predicável.

• *O Uno não tem nome*

- Caráter inefável do Uno: nada pode ser dito dele, está além da linguagem.

- Pois, se ele é simples, não pode ser multiplicado sem que se traísse sua natureza. Ora, dizer alguma coisa de um ser é determiná-lo, é dividi-lo em seus atributos, distinguir nele um sujeito ("ele") e o predicado ("é isto ou aquilo"): há limites na linguagem;

• *O Uno é incognoscível*

- O Uno existe por si e sem atributo, o intelecto procede dele e se distingue dele.

- Ora, é pelo intelecto que se compreende o pensamento que distingue o sujeito e o objeto (um sujeito que pensa e um objeto pensado).

- Unidade absoluta do Uno: para além do intelecto, ele é simples e não conhece essa distinção em si mesmo entre sujeito e objeto.

• *Como então identificá-lo e dizer algo dele?*

- Não é por meio da **reflexão** que se acede ao Uno. Ele não é um objeto cognoscível.

- Mas se pode conhecê-lo pela **contemplação**, pelo olhar interior: a fusão da alma com o Uno (no qual ela retorna à sua unidade) é uma experiência compreensiva.

- Há a possibilidade de falar negativamente do Uno, mas não de lhe atribuir positivamente o que quer que seja sem desnaturalizá-lo.

- É pelo olhar interior e não pela razão que se contempla o Uno.

AGOSTINHO (SANTO)

354-430

"Crê, e compreenderás; a fé precede, a inteligência segue" (*Sermões*).

Elementos biográficos

• *Uma juventude na errância do desejo*

Agostinho nasce em Tagaste (na atual Argélia), de um pai pagão e mãe cristã. Viveu, inicialmente, uma vida dissoluta, como ele descreverá, mais tarde, em suas *Confissões*. Sua vida é marcada por uma busca, a busca de Deus, descobrirá depois ele, após ter cedido aos apelos da carne e às ilusões de diversas crenças que ele rejeita em seguida.

Embora sua mãe fosse profundamente ligada à religião católica, Agostinho acaba atraído para o maniqueísmo em um primeiro momento. Essa religião, fundada por Mani, distingue dois princípios que governam o mundo: o bem e o mal. Agostinho permaneceu no maniqueísmo durante nove anos.

Depois de interessar-se pela Nova Academia cética, sua vida será completamente transformada pelo neoplatonismo e as teses de Plotino. O itinerário de Agostinho é o de um intelectual atormentado cuja angústia não se aquietará senão através de seu encontro com Deus.

• *A conversão ao cristianismo*

Em 386 Agostinho se converte ao cristianismo. Batizado, em seguida ordenado padre, foi escolhido pelos fiéis de Hipona para substituir o bispo daquela diocese no ano de 395. É com devoção que ele cumpre suas funções episcopais. Defende sem cessar o cristianismo contra as diversas formas de heresia constituídas pelo maniqueísmo, o donatismo, o pelagianismo e o arianismo.

Morre em plena invasão bárbara, em uma Hipona assediada pelos vândalos, pouco antes da queda do Império Romano, que aconteceria no ano de 476.

Teses essenciais

Padre da Igreja, Santo Agostinho é o primeiro filósofo cristão a elaborar uma síntese filosófica e teológica do pensamento antigo (principalmente do platonismo) e do pensamento cristão.

Seu pensamento dominará o pensamento ocidental, sobretudo religioso, tanto na Idade Média (até o século XIII, principalmente) quanto na Renascença por meio dos reformadores como Lutero e Calvino.

O século XVII é, por excelência, o do agostinismo: ele inspiraria o jansenismo, mas também a autores tão diversos quanto Pascal, Bossuet, Malebranche ou, mesmo, Fénelon.

Perversão e conversão

Agostinho fez a experiência: o ser humano é fundamentalmente sujeito à falta, ao vazio que nada parece capaz de preencher. O desejo de bens sensíveis, sempre renovados e antagônicos, não pode ser satisfeito de forma absoluta: "eu ainda não amava, mas já gostava de amar, e buscava um objeto para meu amor", ele escreve nas *Confissões*. Essa insatisfação, nos diz Agostinho, é causada pela ***perversio*** (perversão), que consiste em andar errante, de desejo em desejo, sem jamais alcançar o absoluto. Ela é **desencaminhamento**, extravio de si mesmo.

Diante dessa insatisfação errante deve-se compreender que o Bem Soberano, o fim último de toda a vida, em que consiste a felicidade, e que Agostinho designa com o termo ***tranquilitas*** (tranquilidade), é a união com Deus.

A ***conversio*** (conversão) é, portanto, um retorno a Deus, verdadeiro objeto do desejo, ao mesmo tempo em que é um retorno a si mesmo, a unidade reencontrada na participação da vida interior na estabilidade eterna do Ser Absoluto, Deus. As *Confissões* atestam este caminho espiritual representado pela conversão de Agostinho.

É na interioridade da alma que se encontra a verdade

A interrogação a respeito da **consciência** e do conhecimento é central na obra de Agostinho. Para superar o ceticismo Agostinho segue um caminho comparável ao que seguirá Descartes no século XVII: é na certeza interior da consciência, em nossa intimidade mais profunda que se encontra o fundamento do saber. Claro, o erro a respeito das coisas exteriores é possível, mas a consciência de si mesmo depende da certeza, "pois se me engano, eu existo". Consequentemente, a interioridade contém a verdade: "em vez de ir para o exterior, retorna a ti mesmo: é no coração humano que a verdade habita".

No ser humano se encontram verdades seguras que não são oriundas da experiência sensível (por exemplo, o princípio de não contradição, os fundamentos da matemática...). Mas, se estas ideias não provêm da experiência, de onde elas vêm? A esta questão Agostinho responde com sua teoria da **iluminação**: elas emanam da irradiação de Deus. O Verbo divino, nosso **mestre interior**, é um guia que nos ilumina e que existe no mais íntimo de nosso ser.

Retomando a imagem neoplatônica da irradiação do Uno, Agostinho compara Deus ao sol, os objetos de conhecimento às coisas iluminadas, e o espírito aos olhos. Assim, devemos nos tornar aptos a ver.

A busca da verdade equivale ao conhecimento de si mesmo e à ascensão para o âmago da interioridade onde está Deus, fundamento da verdade. "Pois Tu estavas dentro de mim, enquanto eu mesmo estava fora de mim!", escreverá Agostinho ao final de sua ascensão, nas *Confissões*.

• *A relação entre razão e fé*

A razão, sozinha, não é capaz de conduzir à fé. A fé deve vir primeiro, a inteligência em segundo. A fé é entendida como adesão às Escrituras e autoridades transcendentes. No entanto, ela não exige a negação da razão.

Muito pelo contrário, o recurso à razão permite compreender e esclarecer a mensagem divina. "Compreende para crer, crê para compreenderes", tal é a fórmula que resume o pensamento agostiniano: a razão deve provisoriamente inclinar-se diante da fé que, por sua vez, ilumina a inteligência.

Portanto, não se trata nem de aderir cegamente a uma crença exterior, nem – o que seria impossível – alcançar Deus unicamente pelo uso da razão: Agostinho é o primeiro pensador a conceber tal complementaridade entre fé e razão.

• *O problema do tempo*

Se, como afirma o monoteísmo, Deus é eterno e, assim, transcendente ao tempo, como se poderá conceber um contato entre essa transcendência e o homem, submetido ao tempo e marcado pela finitude?

Diante das contradições descobertas pela mente ao analisar o tempo, Agostinho pensa a duração como produto da subjetividade.

O tempo é **experiência subjetiva**. Objetivamente, o passado não existe mais, o futuro não existe ainda, e o presente não só existe porque tende a não existir mais. A consciência do tempo que nos faz experimentá-lo como mais ou menos longo não é outra coisa senão uma **distensão da alma** que a memória (consciência do passado), a atenção (consciência do presente) e a antecipação (consciência do futuro), tornam possível.

Em Platão, o tempo designava a imagem pervertida e móvel da eternidade, lugar da queda, da imperfeição, radicalmente oposta à perfeição da eternidade. Ao contrário, Agostinho vê no tempo o lugar da redenção, o espaço de criação. O homem participa da eternidade voltando-se para Deus. Deus retira o homem da finitude e do nada.

• *A questão da existência do mal*

Mas se o homem é criatura de Deus, e se este é bondade e poder sem limites, como explicar a existência do mal? Diferentemente dos maniqueístas, Agostinho rejeita a ideia de uma potência por natureza má que faça frente à bondade de Deus. Não se pode admitir que o poder de Deus seja limitado.

O pecado original explica a tendência humana de praticar o mal. Livre, sua vontade nem sempre sabe escolher os bons objetos do amor. O homem não sabe distinguir entre **usar** e **desfrutar**: enquanto o pervertido vaga no uso dos bens materiais sem nunca encontrar satisfação, o convertido encontrou o verdadeiro objeto do amor e tem seu gozo em Deus.

O homem só pode livrar-se do mal mediante o favor da **graça**, dom de Deus, e não, como afirma Pelágio, por mérito de suas próprias forças e sua liberdade.

• *A história e a Cidade de Deus*

Na *Cidade de Deus*, Agostinho distingue duas "cidades" ou "reinos", constitutivos do mundo. A **cidade terrestre**, que caracteriza o "amor de si mesmo que menospreza Deus", procede da perversão. Inversamente, a **cidade celeste** se funda no "amor de Deus e o menosprezo de si mesmo". Ela remete à unidade das nações que respeitam a Deus, ela é o vínculo entre os homens, que transcende as fronteiras.

A **história** deve ser compreendida como a luta entre esses dois reinos. Santo Agostinho põe as bases de uma filosofia da história como **totalidade orientada**. A história não é um ciclo, mas é da ordem do devir e comporta um sentido, um progresso. Ela conduz a humanidade rumo à realização da cidade celeste como reconciliação dos povos no Reino de Deus.

Uma obra-chave: *As Confissões*

• *Contexto*

As *Confissões*, obra literária e filosófica com tônica biográfica, narram o itinerário espiritual de Agostinho. Pagão dado à sensualidade de uma vida desenfreada, em busca de um objeto que aplacasse suas angústias e insatisfações, ele percorre um itinerário rumo ao verdadeiro objeto do amor, Deus. As *Confissões* descrevem esta sua conversão ao cristianismo, com suas dificuldades e realizações.

- *Extrato*

O que é, portanto, o tempo? Se ninguém me perguntar eu sei o que é; mas no momento em que me perguntam e que eu tento explicar, já não sei mais. Contudo, eu ouso declarar o seguinte: que se nada acontecesse não existiria tempo passado; se nenhum evento surgisse, não haveria tempo futuro; e se nada existisse, não haveria tempo presente.

Como, então, esses dois tempos, o passado e o futuro existem, sendo que o passado não é mais e o futuro ainda não é? Quanto ao presente, se ele fosse sempre presente, se não se movesse na direção do passado, não seria tempo, e sim eternidade. Portanto, se o presente, para ser presente, deve unir-se ao passado, como podemos declarar que ele existe, ele que não pode ser senão deixando de ser? Desse modo, o que nos autoriza a afirmar que o tempo existe, é que ele tende a deixar de existir [...]" (*Confissões*. Livro XI. Paris: Flammarion, 1964 [Coll. "GF"]).

Chaves textuais

• *O problema do conhecimento do tempo*

- O tempo: uma noção familiar de que falamos frequentemente e que compreendemos por nós mesmos.

- Mas quando tentamos defini-lo, as dificuldades aparecem. Por simples que pareça ser esta noção, ela escapa, por sua vez, à análise e se revela complexa quando nos detemos sobre ela.

- **Primeiro paradoxo**: assim, o tempo é uma noção familiar e misteriosa.

• *O problema da existência do tempo*

- A mudança, o fato de as coisas passarem, parece garantir a existência objetiva (fora de nós) do tempo que vemos como algo irreversível e orientado.

- O tempo se compõe do passado, do futuro e do presente. Ora, a análise desses tempos nos leva a ver sua existência fora da consciência que temos deles. O passado não é mais, o futuro ainda não é. Quanto ao presente, é a mudança, sempre transformado em passado, e que nisso se distingue da eternidade.

- **Segundo paradoxo**: o tempo é (a mudança ocorre, nós a experimentamos), mas, ao mesmo tempo, ele não é (o que o constitui é da ordem no não ser).

- Agostinho conclui que o tempo existe apenas "em nosso espírito".

Idade Média e Renascença

Coordenadas

A Idade Média designa o período de mil anos que se estende desde a queda do Império Romano do Ocidente em 476 até a tomada de Constantinopla em 1453. Marcada pela dominação da religião monoteísta, principalmente cristã, no Ocidente, a filosofia medieval se esforça por reconciliar fé e razão. A Renascença, período compreendido entre a metade do século XV e o final do século XVI, verá o desenvolvimento de uma filosofia que se emancipa pouco a pouco da religiosidade para centrar-se no próprio homem.

A Idade Média

• *A acusação de obscurantismo*

Durante muito tempo descrita como um período de trevas no saber, a Idade Média desenvolve, no entanto, um pensamento propício ao surgimento da razão e à afirmação de uma reflexão em que o ser humano estará no centro.

É, principalmente, a partir do século X que a filosofia se desenvolve em razão da perda da cultura grega ocasionada pelas invasões bárbaras. A Alta Idade Média (período que vai do século V ao X) rejeita a hegemonia da razão. No entanto, isso não significa que tal período tenha sido marcado pelo obscurantismo. Ele marca o fortalecimento do cristianismo que dará origem a inúmeras ideias prolíficas

• *A contribuição do cristianismo*

Quanto ao pensamento sobre o universo e sobre o ser humano, o cristianismo renova a visão do mundo, contribui para a eclosão de novos conceitos que marcarão a história do pensamento. A ideia de um Deus único, perfeito, transcendente e todo-poderoso, bem como as noções de salvação e infinito, são fontes de reflexão que substituem a visão grega do universo fundada na razão e na natureza.

O ser humano medieval se pensa como criatura de Deus: positivamente, ele é o reflexo de Deus; negativamente, é o pecador portador de vícios. Essas duas visões antagônicas têm o mérito de prodigalizar ao ser humano um estatuto universal: com a religião, é permitido pensar o homem, uma vez que a mensagem evangélica se dirige a todos os homens sem exceção. Essas são as premissas do humanismo que se desenvolveria na Renascença.

A filosofia a serviço da teologia

A Idade Média é, por excelência, uma época que valorizou a Verdade Revelada, e a intuição pela qual todas as coisas são sinais de Deus. A fé contra a razão é, por exemplo, o credo professado por alguém como **Pierre Damien** (1007-1072), que rejeita a dialética (arte do raciocínio) em prol da fé, defendendo que o estudo se restringisse aos textos sagrados. A razão é apenas a arma perigosa e ímpia dos profanos.

Mas o século XII anuncia uma nova era. Então, **Santo Anselmo** (1033-1109), considerando a filosofia como serva da teologia, havia mostrado que a razão poderia por si mesma deduzir da ideia de Deus sua existência. **Abelardo** (1079-1142), em seguida, interroga a unidade das três grandes religiões monoteístas, promovendo tolerância e racionalidade. Tomando partido na **querela dos universais**, ele defende o nominalismo contra o realismo: os universais (as ideias gerais) não são realidades existentes separadamente das coisas, mas simples palavras, sendo todas as coisas apenas individuais.

Paralelamente, vê-se despontar o **humanismo**: é ao ser humano, criatura divina, que a criação se destina. Cada vez mais dessacralizada, embora ela permaneça durante muito tempo sendo considerada lugar de manifestações misteriosas, a natureza é concebida como criação de Deus obedecendo a leis universais. É isto que tornará possível, na Renascença, a emergência da ciência racional.

O desenvolvimento da autonomia da razão

Com o desenvolvimento do comércio entre Oriente e Ocidente a partir do século XII, a filosofia se renova: os escritos de Aristóteles e de seus comentadores árabes (Avicena e Averróis) e judeus (Maimônides) chegam ao Ocidente, traduzidos em latim. As universidades que florescem no século XIII permitem, igualmente, o desenvolvimento e a circulação sem precedentes do saber.

Convém mencionar a importância da filosofia árabe e a influência que ela exerce no pensamento ocidental que se desenvolve a partir do século XII. **Averróis** (1126-1198), leitor de Aristóteles, tenta fundar racionalmente um método de leitura crítica do Alcorão. Ele propaga assim uma leitura esclarecida que se opõe a qualquer interpretação integrista.

Alberto Magno, que foi mestre de Tomás de Aquino, contribui para a difusão das obras de Averróis e de Aristóteles no Ocidente.

Mas, a figura que se impõe entre as mais marcantes do século XIII é a de **Tomás de Aquino**, esse "doutor angélico" cuja doutrina se tornaria a oficial da Igreja. O tomismo, fiel à Escolástica[1], de que ele se tornará, em seguida, um dos maiores representantes, empenha-se por **conciliar fé e razão**, ensinamento bíblico e filosofia aristotélica. Distinguindo verdades da razão e verdades da fé, proclama a **autonomia da filosofia e da investigação racional**. Nesse sentido, ele é um dos primeiros pensadores modernos.

O século XIV é marcado pela emancipação da teologia. **Guilherme de Ockham**, nominalista, rejeita os universais e valoriza a noção de indivíduo.

A Renascença

• *Os fatos marcantes*

A Renascença começa na Itália, aonde migram os sábios gregos, quando Maomé se apoderou de Constantinopla. Um período de transição caracterizado por uma renovação intelectual e moral, ela assenta seus princípios nos escritos da Antiguidade. Principalmente, ocorre uma redescoberta do platonismo e dos escritos de Plotino. A Reforma protestante iniciada por **Lutero** (1483-1546) mina a autoridade da Igreja. Ao afirmar que a salvação vem exclusivamente pela graça, ela coloca o ser humano em uma relação pessoal e direta com Deus, liberando-o da submissão às autoridades espirituais.

O desenvolvimento da imprensa possibilita a difusão do saber e o desenvolvimento do espírito crítico.

• *O humanismo*

O pensador renascentista quer-se liberado de toda autoridade a fim de poder examinar de maneira crítica os sistemas teológicos e filosóficos.

Novos valores nascem: o sujeito está no centro das reflexões. Desobrigado da transcendência divina, ele se descobre autônomo e responsável. **Montaigne** (1533-1592) recoloca o centro do questionamento filosófico sobre a base do conhecimento de si mesmo.

A ideia de **dignidade da pessoa humana** aparece e, com ela, a da possibilidade da felicidade terrestre. Deus deixa de ser o único caminho para a felicidade, e a razão é outro.

Maquiavel (1469-1527) apresenta a questão dos fundamentos da política, das condições da manutenção do poder. Sua política realista promove a ideia de uma secularização do político.

---

1. A Escolástica designa a doutrina ensinada nas escolas monásticas, que procura conciliar fé e razão, desenvolvendo um método fundado no comentário do texto e na discussão.

O desenvolvimento das ciências

O ser humano quer compreender a realidade: o conhecimento científico experimenta uma renovação com **Copérnico** (1473-1543), que recoloca em causa o geocentrismo em favor do heliocentrismo.

Giordano Bruno (1548-1600) sacode a teologia trazendo novamente à discussão a noção de criação (o universo é infinito, existe uma pluralidade de mundos) em favor da concepção de um Deus imanente, como força presente na natureza, a própria Natureza.

A morte de Giordano Bruno na fogueira, que testemunha a resistência às ideias inovadoras da Renascença, marca o fim desta época, bem como a aparição da tolerância religiosa que, em 1598, reconhece a liberdade de culto aos protestantes com o Edito de Nantes. Da Idade Média ao fim da Renascença, o mundo cultural sofreu inúmeras mutações que trouxeram uma progressiva emancipação do sujeito humano.

Quadro cronológico

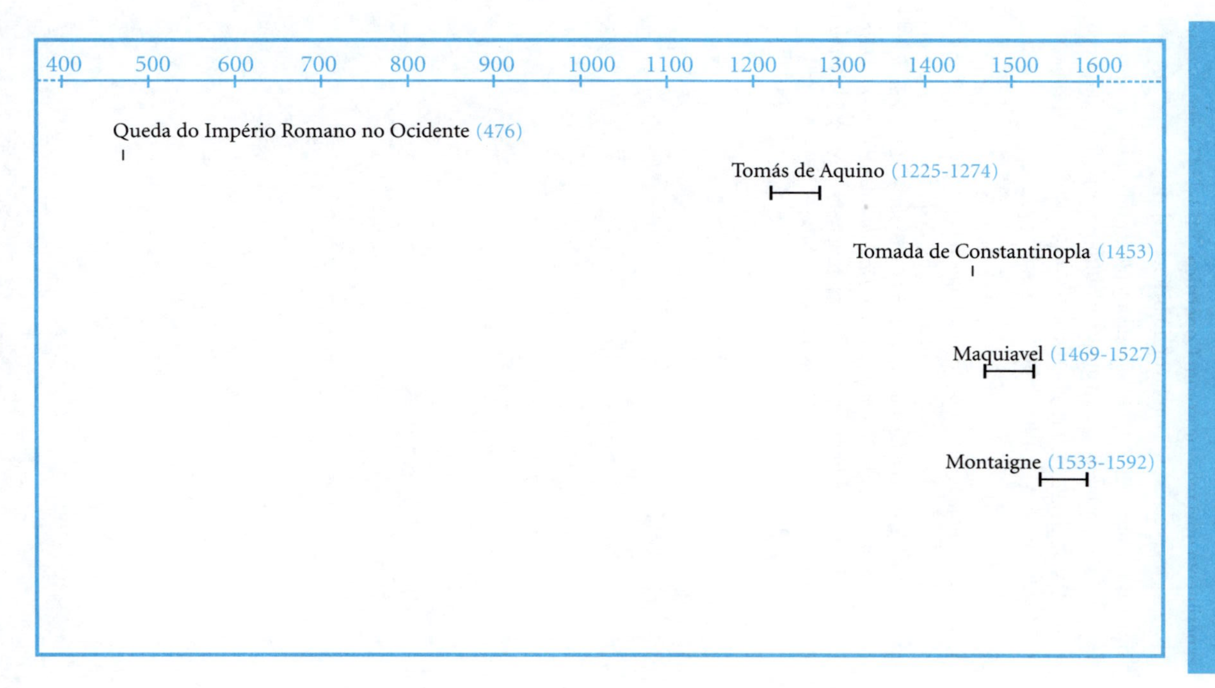

TOMÁS DE AQUINO (SANTO)

1225-1274

"Se resolvermos os problemas da fé unicamente pela via da autoridade, possuiremos, certamente, a verdade, porém em uma cabeça vazia!" (*Quodlibet*).

Elementos biográficos

• *Uma vocação controversa*

Tomás de Aquino foi educado pelos beneditinos do Monte Cassino antes de ingressar na Universidade de Nápoles. Aos dezenove anos integra a Ordem dos Frades Pregadores (Ordem dos Dominicanos), decidindo consagrar sua vida à oração, à pregação e ao estudo.

Sua família, desejando vê-lo abraçar uma carreira de mais prestígio, opôs-se intensamente a essa vocação a uma ordem mendicante (ordem que supõe um voto de pobreza e depende da caridade para viver), a ponto de mantê-lo preso por um ano inteiro.

• *Uma vida de universitário*

Libertado por sua família que, enfim, aceita sua opção, ele estuda em Paris sob a direção de Alberto Magno no colégio universitário dos dominicanos. Alberto Magno, teólogo e professor famoso, foi iniciador da difusão dos textos de Aristóteles no Ocidente, comentando-os e ensinando-os.

Tomás deve a ele seus conhecimentos das filosofias grega e árabe e, sobretudo, seu interesse pela filosofia aristotélica que, em seus *comentários sobre Aristóteles*, ele tenta conciliar com o cristianismo.

Em 1256, Tomás, que seguiu sua carreira de professor, é recebido como mestre de teologia na Universidade de Paris.

A época de Santo Tomás é a do nascimento e do despontar das universidades, esses centros de ensino para o desenvolvimento do saber. É nessas universidades de Paris, Colônia, Roma e Nápoles que ele partilhará seu saber durante toda a vida.

• *O "doutor angélico"*

Dominicano, santo e Doutor da Igreja, Tomás de Aquino sucumbe à doença após uma viagem que devia levá-lo ao Concílio de Lyon, aonde fora convocado como especialista em teologia oriental, com a finalidade de reconciliar a Igreja Romana e a Igreja Oriental.

Teses essenciais

Canonizado em 1323, Tomás de Aquino elaborou um vasto sistema teológico que teve grande influência sobre o pensamento cristão. Aquele que foi denominado "Doutor angélico" oferece, segundo o Papa Leão XIII, um pensamento digno de ser considerado como doutrina oficial da Igreja: o tomismo.

O século XIII descobre as obras de Aristóteles, e essas o levam a se interrogar sobre o problema da compatibilidade da razão e da fé. Filosofia e teologia são absolutamente incompatíveis? A inteligência deve abster-se e aceitar seus limites diante do Incompreensível?

A originalidade e a força de Santo Tomás consistem justamente nesse esforço por conciliar duas visões antagonistas que balançam o mundo medieval, a saber, a visão grega, herdada de Aristóteles, e o pensamento cristão.

• *A razão e a fé unidas em um mesmo projeto*

A **fé** designa uma adesão firme e incondicional à Palavra de Deus. No entanto, ela não deve excluir a **razão**, luz natural que nos vem de Deus.

A filosofia, lugar da razão, deve sustentar e reforçar a teologia iluminando sua autoridade. A teologia é certamente a ciência suprema, mas ela não poderia abrir mão da filosofia; assim, ambas não são exclusivas, mas complementares.

Resta dizer que cada uma tem seu domínio próprio e que **razão e fé devem ter papéis e competências bem distintas.** A fé diz respeito a toda verdade conhecida por revelação, toda verdade que a razão não poderia demonstrar. Os papéis respectivos da filosofia e da teologia são nitidamente distintos em Tomás de Aquino (bem mais do que na filosofia agostiniana, que concebe a razão como serva da fé), de tal modo que a filosofia se vê dotada de uma autonomia não desconsiderável. Tomás de Aquino é, neste sentido, o primeiro dos filósofos modernos: seu pensamento contribui para fazer da filosofia uma disciplina à parte, inteira e legítima.

• *Qual é o verdadeiro poder da razão*

Devemos reconhecer à razão uma autonomia no que diz respeito ao conhecimento da natureza. A filosofia tem seu valor próprio, não por quanto ela se dobre às exigências do dogma, mas por ela respeitar as exigências da razão. A razão opera legitimamente no domínio do experimentável e do demonstrável.

A razão também pode demonstrar certas verdades religiosas, no entanto, ela conhece limites. Com efeito, aquilo sobre o que não se pode fazer experiência ultrapassa o intelecto e não pode ser captado por ele. Todo raciocínio deve partir daquilo que é acessível aos sentidos. Ora, Deus não é objeto da experiência sensível.

Sua essência só pode ser conhecida por **analogia**, e não em si mesma: partindo da ideia de que o ser humano é criado à imagem de Deus, pode-se, em virtude dessa semelhança, atribuir a Deus determinadas qualidades. Mas tais qualidades, tomadas emprestadas do campo humano, não podem designar Deus senão analogamente (a "bondade" humana é diferente da "bondade" divina).

Assim, "parece totalmente evidente que uma parte das verdades inteligíveis divinas excede absolutamente a capacidade da razão humana" (*Suma contra os gentios*). A razão pode, contudo, refutar as heresias, as interpretações errôneas, e mostrar que essas verdades reveladas são coerentes, que elas "não são opostas à razão natural, para defendê-las contra o ataque dos infiéis" (*Suma contra os gentios*). A fé não deve ser cega.

As provas da existência de Deus

Mesmo não podendo compreender a substância divina, a fé pode elaborar, a partir da experiência, provas de sua existência.

Todas as coisas se movem no mundo. Ora, todo movimento tem uma causa que lhe é externa. E toda causa é, por sua vez, o efeito de uma causa antecedente. Não se pode ir ao infinito na cadeia das causas, e deve haver, portanto, uma causa primeira, um **primeiro motor**: Deus, causa originária de todas as coisas.

Além disso, a essência de todo ser (o que ele é) se distingue de sua existência (o fato de ele estar aí). Consequentemente, os seres não são deles mesmos (sua existência não está compreendida em sua essência) e não podem, portanto, dar a existência a si mesmos. Disso se segue que é de um outro que esses seres recebem sua existência. Aí também é preciso pensar uma causa primeira em que essência e existência são uma só coisa, um ser por si, cuja essência implica a existência: Deus.

O problema da imortalidade pessoal

Em seu projeto de integrar o aristotelismo à religião cristã, Tomás de Aquino se coloca em oposição com um outro grande comentador de Aristóteles, Averróis (1126-1198), que tentou conciliar a visão aristotélica e a religião muçulmana.

O debate chega, claramente, ao problema da **imortalidade da alma pessoal**: Averróis vê na concepção aristotélica a ideia que existe, no homem, um intelecto separado de sua alma pessoal, o mesmo para todos os homens, que sobrevive após a morte. Contudo, a alma individual de cada um não é, segundo ele, de modo algum imortal.

Tomás mostra, contrariamente, que nada sobrevive ao corpo. Claro que a alma e o corpo formam uma unidade: a alma é a forma que faz o corpo viver, e sem ela ele não passa de matéria inerte. Mas como justamente é a alma que confere ao corpo sua substancialidade, ela permanece substância após a morte do corpo.

• *Como conciliar criação e liberdade*

Mas se Deus é criador do mundo, como compreender que Ele tenha permitido a existência do mal e a liberdade por meio da qual o ser humano pode cometê-lo?

Se Deus é bom e todo-poderoso, Ele quis a felicidade do homem e fez a natureza humana dotada dos meios para alcançá-la. Tomás resolve a dificuldade da existência do mal mostrando que o homem é livre para recusar esta felicidade. Deus lhe deu a liberdade e, portanto, a possibilidade de escolher entre o mal e o bem, porque a própria possibilidade de escolher é um bem: o ser humano pode estar na origem de sua própria salvação.

O mal é a privação do bem; aquele que comete o mal procura seu próprio bem, mas de maneira errada. Assim, não é Deus que origina o mal, mas a própria criatura que erra por maus caminhos: o mal não é mais que o bem mutilado, um não ser cujo criador não pode ser o Ser.

• *Moral e política: a sabedoria da prudência*

A **liberdade** do homem se manifesta em sua capacidade de escolher racionalmente (veja o extrato a seguir). Diferentemente das coisas e dos animais, o homem, por sua razão, pode representar para si mesmo diversas modalidades de ação e agir de maneiras diversas. É, portanto, apto à **contingência** e, inclusive, pode afastar-se do melhor caminho.

A razão deve, contudo, ser fonte de sabedoria, de “prudência”. A prudência é uma inteligência prática iluminada pela fé. Ela se manifesta pela moderação, princípio que deve ser adotado em matéria de moral e política.

Esse princípio leva Tomás a afirmar que, quando uma lei não é justa, ela perde sua coação e não obriga em consciência. Ela pode, desde que isto não crie desordem maior, ser infringida.

• *A propriedade privada*

Dando um exemplo, o que justifica a propriedade privada não é a lei, mas sua necessidade para o bem comum. Ela pode ser desapropriada desde que seja para salvar os necessitados.

O roubo não existe, para falar francamente, no estado de necessidade: "servir-se de um bem alheio, tomado secretamente em um caso de extrema necessidade não constitui um roubo, na verdade, porque, devido à necessidade, o que tomamos para conservar nossa vida se torna nosso" (*Suma Teológica*).

Uma obra-chave: *Suma Teológica*

• *Contexto*

Esta síntese da doutrina sagrada à qual Tomás de Aquino dedicou o fim de sua vida visa reunir todo o saber teológico de sua época. Ela foi redigida com vistas à formação dos iniciantes.

• *Extrato*

O homem é livre; sem isso os conselhos, exortações, preceitos, proibições, recompensas e castigos seriam vãos.

Para evidenciar esta liberdade deve-se observar que alguns seres agem sem juízo, como, por exemplo, a pedra que cai; é assim com todos os seres privados do poder de conhecer.

Outros agem após uma apreciação, mas que não é livre, por exemplo, os animais: vendo o lobo, a ovelha percebe por um discernimento natural, mas não livre, que é preciso fugir; com efeito, tal discernimento é expressão de um instinto natural e não de uma operação sintética. É assim para todo discernimento entre os animais.

O homem, no entanto, age por julgamento, pois é por meio do poder de conhecer que ele avalia entre fugir ou perseguir alguma coisa. E como tal julgamento não é efeito de um instinto natural, mas um ato de síntese que procede da razão, o homem age por uma decisão livre que o torna capaz de diversificar sua ação. Com efeito, em relação ao que é contingente, a razão pode fazer escolhas opostas, como o demonstram os argumentos dos dialéticos e os raciocínios dos retóricos. Ora, as ações particulares são, em um sentido, contingentes; ademais, o julgamento racional pode avaliá-las de maneiras diferentes e não é determinado por um ponto de vista único. Consequentemente, é necessário que o homem seja dotado do livre-arbítrio pelo próprio fato de ser dotado de razão (Somme théologique. Livro I. In: *L'Être et l'Esprit*. Paris: PUF, 1964).

Chaves textuais

• *As diferentes modalidades do comportamento*

- As **coisas**, os seres minerais e vegetais "agem sem julgamento" e são sujeitos às leis da natureza, ao **determinismo** (princípio segundo o qual os fenômenos se encadeiam seguindo relações de causalidade necessárias). Eles não possuem liberdade nenhuma.

- Os **animais**, diferentemente das coisas, comportam-se instintivamente e podem reagir em função do que lhes convém. Mas o **instinto** é um comportamento pré-programado necessário, que não deixa espaço a nenhuma **contingência**. Os animais não fazem escolhas, portanto, não possuem liberdade.

- O **homem**, contrariamente, que realiza uma escolha por sua **razão**, pode agir de maneiras diversificadas; é um ser livre.

• *A afirmação do livre-arbítrio*

- A razão atesta a liberdade e o caráter indeterminado dos atos: ela permite avaliar, tomar um distanciamento, escolher entre diversas ações.

- É **contingente** aquilo que teria podido não ser, ou que teria podido ser de outra maneira. Contingente se opõe a **necessário**.

- A contingência é a condição da liberdade: se tudo fosse necessário, o homem não teria poder algum, e não faria mais que ser conduzido pelo curso dos acontecimentos.

• *Justificação da necessidade das regras morais*

- A liberdade do homem justifica a responsabilidade de cada um e a possibilidade da **moral** e, portanto, a utilidade dos conselhos, das exortações, dos preceitos...

- Punir um homem que agiu contra sua vontade não teria nenhum sentido. A moral supõe a **responsabilidade** que supõe, por sua vez, a **liberdade** como domínio de si e de seus atos, por meio da qual um ato é voluntariamente decidido e cometido.

1469-1527

"Que o príncipe cuide apenas de conservar sua vida e seu Estado: se conseguir isso, todos os meios que tiver empregado serão considerados honoráveis e louvados por todos" (*O príncipe*).

Elementos biográficos

• *A carreira política de Maquiavel*

Escritor e filósofo italiano, Nicolau Maquiavel nasce em Florença no dia 3 de maio de 1469; em 1494, depois que os Médicis foram cassados, Florença tornou-se uma república regida por uma constituição ao mesmo tempo democrática e teocrática.

Terminados seus estudos jurídicos, Maquiavel torna-se secretário da Segunda Chancelaria da República de Florença, encarregado dos negócios estrangeiros e do interior. Alto funcionário, é incumbido de missões diplomáticas. Sua carreira de secretário de Estado termina em 1512, quando os Médicis, de volta a Florença, retomam o poder. Ele é condenado a um ano de residência supervisionada fora de Florença. Suspeito injustamente de conspiração contra os Médicis, é torturado, temporariamente preso e entra em desgraça.

• *A desgraça e o exílio*

Por ocasião de sua saída das atividades públicas, ele escreve sua obra-mestra, *O príncipe*, e outras obras filosóficas, militares (*A arte da guerra*) e históricas, bem como peças teatrais.

A desconfiança dos Médicis em relação a Maquiavel diminui e ele faz um breve retorno à política. Mas os Médicis são novamente cassados de Florença. Maquiavel, posto à parte de qualquer função política, morre em 21 de junho de 1527.

Teses essenciais

Para compreender a concepção política de Maquiavel é preciso, antes de tudo, situá-la novamente em seu contexto histórico. Se, na Renascença, a Itália conhece um formidável crescimento cultural e econômico, por outro lado ela se fragiliza do ponto de vista político e militar.

A Itália é palco de querelas intestinas e não consegue unificar-se em um Estado soberano. Diante de uma Itália despedaçada, Maquiavel pretende pensar a ***possibilidade da fundação de um Estado único e forte***. Toda a sua filosofia gira em torno deste projeto político.

• *Uma nova concepção da política*

A visão medieval da política, herdada da filosofia agostiniana, será atacada por Maquiavel. Enquanto Agostinho concebe o poder político como garante da moralidade e da espiritualidade religiosa, em sua visão da história como caminho rumo à realização da cidade celeste, Maquiavel seculariza e dessacraliza a política.

A ideia nova é que o **Estado** aparece na pena de Maquiavel como o poder soberano que encarna o príncipe, garante da unidade e da perenidade das instituições.

A **autoridade política não deve ser fundamentada na religião**, ela adquire sua autonomia. A religião, meio a serviço da política, não é mais uma finalidade em si mesma, que a política deva realizar.

• *A virtude, o "gênio" do político*

O interesse de Maquiavel está sobretudo nos meios que permitirão conservar o poder e unificar de maneira estável o Estado. Ele não se pergunta sobre a finalidade do Estado, que são os bons governos, mas como conquistar e manter o poder.

Esta questão dos **mecanismos do poder** o leva a colocar em evidência o caráter técnico da política. Contudo, não se trata de "receitas" para serem aplicadas pelo homem político que Maquiavel apresenta, mas sim de conselhos ancorados nas experiências anteriores. Com efeito, as circunstâncias variam e o político deve saber adaptar-se à conjuntura, desapegar-se de regras estritas que poderiam, em certas circunstâncias, revelar-se ineficazes ou perigosas.

A ***virtú*** (que se traduz por "virtude", mas que não tem conotação moral) é o valor do homem político, sua capacidade de impor sua vontade à **fortuna**[2], e reduzir a parte imprevisível. O político valoroso é aquele que sabe agir corretamente no momento certo, aquele que demonstra audácia, coragem, determinação e prudência.

• *Uma política amoral*

A política está, nitidamente, separada da moral. O príncipe não deve preocupar-se senão com uma coisa: estabelecer e conservar a ordem no seio do Estado, estabilizar seu poder. Toda norma moral suscetível de

---

2. A fortuna não designa em Maquiavel o destino, a providência, ou o determinismo histórico, mas o curso aleatório dos acontecimentos, imprevisível, material primário com o qual o príncipe deve se preparar.

entravar ou fragilizar seu poder deve ser abolida. O príncipe deve saber usar da violência e da **força** (agir como o **leão**), mas, também, das **ardilezas** (como a raposa) para conquistar e estabilizar o Estado (veja o texto adiante).

No entanto, Maquiavel não é "maquiavélico". O que ele propõe não é o imoralismo. Ele considera que o príncipe deva mentir, oprimir, espalhar o mal pelo mal...

Somente que, quando uma decisão deve ser tomada, não é a moral que deve prevalecer, mas o interesse do Estado. **Moral e política estão ligadas a dois domínios estritamente distintos.** A política deve ser moralmente neutra, **amoral.** O que conta em uma boa política, isto é, em uma política eficaz, não é, necessariamente, uma política boa, no sentido moral.

• *O fim justifica os meios*

O fim: a estabilidade e a unidade do Estado. Os meios: todos aqueles que forem necessários, mesmo que sejam contrários à moral. O que importa é o Estado, e deve-se estar disposto a sacrificar tudo por ele.

Maquiavel não rejeita a moral por si mesma, mas somente a recoloca em seu lugar, separando-a de qualquer consideração política. Se o príncipe se vir obrigado a agir de maneira imoral, isto se justifica, somente, se for para salvaguardar o bem comum, e jamais o seu interesse privado.

É, portanto, em nome de um valor que transcende a moral, em nome do Estado e da política, que Maquiavel afirma a necessidade da artimanha, da violência e da mentira que manipula as aparências.

• *O príncipe deve pressupor a maldade do homem*

Se a política não pode fundar-se sobre a moral, se é necessário empregar a força e as artimanhas, é porque o homem pode ser imoral e mau, falso e mentiroso, pode ter a tendência a privilegiar seu interesse particular. A prova está no fato de que as leis não bastam para governar os homens.

Uma política que confiasse na natureza humana seria, consequentemente, um fracasso: "Quem quiser fundar um Estado e lhe dar leis deve pressupor a maldade dos homens" (*Discurso*).

• *O problema da liberdade e do direito*

Muitas vezes, pareceu ser o pensamento de Maquiavel um elogio aos tiranos. Ora, muito pelo contrário, Maquiavel considera a liberdade como o ideal da política: esta deve permitir garantir a integridade da República e evitar toda ingerência estrangeira.

Mas Maquiavel também é realista: de fato, na sociedade, o que há não são indivíduos, sujeitos de direito, mas grupos com interesses opostos: o direito não pode estar nos fundamentos do poder político, pois é a força que conquista o poder e introduz, em seguida, o direito.

Ver nessa concepção do direito um escândalo que negue a liberdade humana seria esquecer que a obra de Maquiavel se insere em seu tempo e se refere a uma Itália prestes a ser destruída. Não é o funcionamento de um Estado normal em tempos de paz que Maquiavel analisa, mas a possibilidade de fundar e de garantir um Estado forte e perene.

Certamente, aos olhos de Maquiavel, o Estado e as leis garantem a liberdade. Mas, em um mundo arruinado, a liberdade nunca é mais de quanto resulta da elaboração do direito por parte daquele que sabe se impor e congregar: não se pode governar ao mesmo tempo para os grandes e para o povo, no máximo se poderá manter a paz na heterogeneidade.

Uma obra-chave: *O príncipe*

• *Contexto*

Quando Maquiavel escreve esta obra, ele está excluído da vida política pelos Médicis. Isto não o impede de dedicá-la a Laurent de Médicis, chamado "O Magnífico", sob a forma de conselhos políticos que lhe permitiram, ademais, desvelar ao público os bastidores do poder. Assim, é igualmente ao povo e ao príncipe que Maquiavel se dirige.

Como unificar e estabilizar o Estado? Quais são os mecanismos que permitem se manter no poder? Maquiavel elabora nesta obra uma nova concepção da política, independente da moral e da religião, e relacionando-a mais à arte que à ciência.

• *Extrato*

Cada um compreende quanto seja louvável para um príncipe o ser fiel à sua palavra e agir sempre com franqueza e sem artifícios. Em nossos dias, contudo, vimos coisas grandes executadas por príncipes que faziam pouco caso desta fidelidade e que sabiam impor-se aos homens por meio da astúcia. Vimos tais príncipes levar vantagens sobre todos aqueles que consideravam a lealdade como base de toda sua conduta.

Pode-se combater de duas maneiras: ou com as leis, ou com a força. A primeira é própria do homem, a segunda é dos animais; mas como muitas vezes aquela não basta de modo algum, é-se obrigado a recorrer à outra: é preciso, portanto, que um príncipe saiba agir de acordo, como animal e como homem. [...]

O príncipe, tendo que agir como animal, terá que ser ao mesmo tempo raposa e leão: porque, se for apenas leão, não perceberá as armadilhas; se for apenas raposa, não poderá se defender dos lobos; e ele precisa, igualmente, ser raposa para conhecer as armadilhas e leão para espantar os lobos. Aqueles que se preocupam simplesmente em ser leões são muito inábeis (*O príncipe*).

Chaves textuais

• *A história como exemplo*

- Maquiavel afirma o valor da moral: a sinceridade é "louvável". Mas isso não significa que o político deva ser moral.
- Com efeito, com o exemplo do êxito político do imoral, Maquiavel demonstra realismo e afirma a independência da política em relação à moral.
- A mentira e a desenvoltura manipuladora das aparências são necessárias na política.
- Valorização do exemplo histórico em detrimento de preceitos universais: a política como arte e não como ciência.
- Referência aos antigos. Influência da Antiguidade no pensamento de Maquiavel.

• *O homem e o animal*

- A política como combate contra as paixões e os conflitos.
- Insuficiência da razão e da lei nesse combate: impossibilidade de governar humanamente por causa da maldade e animalidade humanas.
- Porém, o príncipe deve parecer justo e humano a fim de poder manipular os homens.
- Necessidade, para o príncipe, de agir "de acordo": referências à *virtú*, capacidade de adaptação do príncipe às circunstâncias.

• *A raposa e o leão*

- Agir como leão: agir usando a força. A força como meio de dominação e de conquista do poder. Necessidade da guerra e do uso da violência diante das invasões.
- Agir como raposa: usar da astúcia, fazer com que as aparências joguem a seu favor para manter seu poder. Necessidade da dissimulação e da estratégia na política.
- Insuficiência da força bruta que apenas gera violência e pode ser fragilizada. Complementaridade da força e da astúcia que a orienta.

MONTAIGNE

1533-1592

"Nossa grande e gloriosa obra-mestra é viver apropriadamente (*Ensaios*).

Elementos biográficos

- *Uma educação humanista*

Michel Eyquem de Montaigne recebeu de seu pai uma educação moderna e humanista. Desde cedo apaixonado pelos livros, leu os grandes autores da tradição clássica.

- *A amizade com Étienne de La Boétie*

Herdou de seu pai o exercício da magistratura na *Cour des Aides* de Périgueux. Quando esta foi suprimida, tornou-se conselheiro no Parlamento de Bordeaux.

Lá conheceu aquele que seria seu melhor amigo e teria um papel determinante em sua decisão de redigir os *Ensaios*, Étienne de La Boétie (1530-1563). Quando a morte levou seu amigo, Montaigne confrontou-se com a dor e a solidão.

- *A reclusão e a redação dos* Ensaios

Em 1570, Montaigne abandona sua função de magistrado para se retirar em uma torre do castelo familiar (sua "biblioteca"). Ele começa a compor os *Ensaios*. Os dois primeiros livros são publicados em 1580.

Enfermo, ele empreende uma longa viagem para se recompor nas estações termais mais famosas da Europa. Retirado da vida pública, dedica o fim de sua existência à correção e ao aperfeiçoamento de sua obra.

Teses essenciais

De Sexto Empírico e do pirronismo Montaigne preserva a ideia de uma fraqueza da razão e de uma limitação da linguagem. Os Ensaios *analisam as opiniões dos filósofos a fim de renunciar o orgulho da razão que pretende deter a verdade. Sua máxima "O que sei?" (Que sais-je?) atesta essa* ***recusa de todo dogmatismo.***

- *O ceticismo de Montaigne*

Não é possível termos certeza de ter alcançado a verdade. Esse ceticismo parece levar a um **relativismo** que pode parecer exasperador a quem não compreende o propósito de Montaigne: mostrando igualdade de valor de teses contraditórias, os *Ensaios* nos deixam na incerteza de um eu que se busca e confessa não poder extrair-se de sua subjetividade. Montaigne não elabora um sistema doutrinal, mas um pensamento ativo que não para de se reinterrogar, como o atestam os múltiplos acréscimos e correções no manuscrito original. O próprio título, *Ensaios*, sugere um pensamento que se testa, se julga e se retifica continuamente.

Com sua crítica ao dogmatismo e ao fanatismo Montaigne visa um **uso razoável da razão** que se harmonize com a vida real do homem médio. Longe de qualquer pretensão descabida, a razão desembaraça das ilusões e favorece uma vida feliz e simples ao convidar à tolerância e à indulgência.

• *A subjetividade e o eu*

Os *Ensaios* advertem o leitor: "sou eu que eu descrevo". Contudo, a obra não é uma autobiografia; aborda também problemas independentes da personalidade de Montaigne. Mas, com certeza, trata-se de subjetividade. Recusando-se a afirmar uma doutrina, Montaigne ensina que não existe objetividade, e todo saber é o saber de um sujeito.

Montaigne partilha da experiência socrática: conhecer-se a si mesmo. O exercício constante da inteligência, que se observa e se interroga, é a própria vida do pensamento e se constitui nesta busca de si mesmo sempre a renovar-se: o eu, distinguindo-se no vir a ser temporal, subtrai-se constantemente, de modo que "se encontram tantas diferenças entre nós e nós mesmos quanto entre nós e os outros".

Se "cada homem carrega a forma inteira da condição humana", isto só pode ser subjetivamente: apenas o indivíduo existe com todas as suas particularidades. **Nominalista**, Montaigne rejeita a ideia de uma natureza humana universal e única e destaca a diversidade e a riqueza do universo humano: o homem se apresenta como entidade polimórfica. Não existe o homem, mas homens.

• *É preciso saber viver apropriadamente*

Como se deve viver para viver bem? Sendo os homens diferentes uns dos outros e mudando ao longo da vida, não é possível impor-lhes nenhuma moral doutrinal. No entanto, Montaigne não rejeita toda avaliação moral: existe o bem e o mal; a amizade, a fidelidade e a honra são valores importantes. A morte atrapalha a felicidade devido à angústia que ela gera: deve-se aprender a viver com seu pensamento. Mas, nem por isso, existe um modo único que se imporia a todos. Apenas é preciso viver feliz e fazer aquilo que convém, às vezes, abandonando-se ao prazer presente, outras vezes meditando sobre a finitude. A diversidade humana requer uma arte de viver que se confunde com a arte de apreciar a vida e lidar com os acontecimentos.

Uma obra-chave: *Ensaios*

• *Contexto*

Obra surpreendente, os *Ensaios* revelam a modernidade de Montaigne, que edifica uma razão ao mesmo tempo tolerante e crítica a partir de uma busca do eu que somente se descobre na análise da diversidade das experiências humanas.

• *Extrato*

Pois eu acho, para voltar ao meu propósito, que não há nada de bárbaro e de selvagem nesta nação[3], de acordo com o que me contaram, senão pelo fato de que cada um chama de bárbaro aquilo com que não está familiarizado. Pois, de fato, parece que não dispomos de outro critério para a verdade e a razão além do exemplo e das ideias de opiniões e costumes do país em que estamos. Ali sempre existe a melhor religião, o melhor governo e o uso mais perfeito e pleno de todas as coisas. Eles são selvagens da mesma forma que nós chamamos de selvagens os frutos que a natureza, por si e por seu progresso ordinário, produziu: quando, na verdade, é antes àqueles que nós alteramos por meio de nosso artifício e desviamos da ordem comum que deveríamos chamar de selvagens [...] (*Essais*. Livro I. Paris: Gallimard, 1973 [Coll. "Folio"]).

Chaves textuais

• *O relativismo*

- Tudo é questão de perspectiva, de ponto de vista: o que parece selvagem para um não o parece a outro, que está habituado com aquilo.
- Relativismo cético: os critérios da verdade variam de um povo a outro.
- Tendência humana a julgar a cultura dos outros a partir da sua: é chamado "bárbaro" ou "selvagem" aquilo que é desconhecido ou não familiar.
- Inversão: todo povo qualificado de "bárbaro" por um outro poderia qualificá-lo da mesma forma.

• *A exigência da tolerância*

- Acentuação da diversidade dos costumes que visa negar o etnocentrismo pelo qual se estabelece uma hierarquia dentre os povos.
- Este pensamento irá, na época de Montaigne, ao encontro do pensamento comum que se crê no dever de "humanizar" os indígenas.
- Valorização da natureza onde alteramos os frutos com nossa técnica, nossos "artifícios": um Montaigne antiprometeico.

---

3. Montaigne se refere aqui ao Brasil, descoberto em 1500.

Século XVII

Coordenadas

O século XVII é, sem dúvida, o século da razão triunfante, sobretudo no campo científico que conhece uma verdadeira revolução. Da mesma forma, o homem se descobre como ser sensível: o empirismo virá se opor ao racionalismo inspirado nos escritos de Descartes e se prolongará até o século XVIII.

A partir da crise econômica e política de fundo, o que emerge é a noção de indivíduo, bem como a análise da política como ciência racional.

Ciência e técnica

• *Uma revolução científica*

Embora a atuação científica da Renascença já tivesse empreendido a dessacralização da natureza e o afastamento da visão aristotélica de um universo fechado e hierarquizado obedecendo ao princípio da finalidade e comportando espaços qualitativamente heterogêneos, é no século XVII que a ciência rompe definitivamente com essa concepção do *cosmos*.

Galileu (1564-1642) é um dos primeiros investigadores de uma nova concepção do universo que revoluciona a ciência. **A natureza é escrita em linguagem matemática**: ela obedece a leis matematizáveis. Longe de poder ser explicada pelo princípio da finalidade, ela obedece a uma ordem **mecânica**. Pai da física matemática, Galileu renova a concepção tradicional do mundo. Na linha de Copérnico, Galileu defende o heliocentrismo: a terra, longe de ser o centro do universo, gira em torno do sol. Mas as resistências permanecem diante dessa concepção contrária aos ensinamentos da religião. Acusado de heresia, ele teve que retratar-se contra sua vontade. No entanto, já se encontra colocado em questão o estatuto do homem como criatura privilegiada de Deus.

• *A ciência ao serviço da técnica*

Se a natureza é objeto de conhecimento, esta é a experiência que se apresenta, para **Francis Bacon** (1561-1626), como o meio privilegiado de investigação. Medida e observação orientam o olhar do cientista moderno.

Descartes (1596-1650), admirador de Galileu, fundamenta metafisicamente essa visão da natureza. A matéria se compreende como extensão. O universo é mecânico, massa de matéria sujeita a leis de que o espírito é obrigado a desvencilhar-se. A ciência se torna, então, a pesquisa das relações entre os fenômenos e abandona sua busca pelas causas primeiras.

Então é possível o **projeto da conquista da natureza**, de que Bacon já havia, em sua época, expresso a intenção: se a natureza não é nem divina nem sagrada, o homem pode pretender tornar-se seu "senhor e proprietário". A ciência se dota de objetivos práticos e se alia à técnica. O saber se torna meio de poder. O homem se descobre conquistador.

• *Uma nova organização do saber*

Os cientistas trabalham cada vez mais em colaboração, criando instituições científicas com a função de centralizar e desenvolver o saber. A *Royal Society*, na Inglaterra, a Academia das Ciências, na França, a Sociedade Científica, na Alemanha, são algumas dessas fundações que concorrem para os avanços científicos desse século.

Newton (1642-1727) levará a cabo este movimento no final do século XVII expondo, nos *Princípios matemáticos da filosofia natural* (1687), um conjunto de leis físicas que se imporiam durante cerca de 200 anos. Com Newton, a ideia de infinito, longamente debatida durante esse século, que acaba se impondo. A ciência se interessa pelo infinitamente pequeno tanto quanto pelo infinitamente grande, pois o infinito não é mais atributo exclusivo de Deus.

Desde então, diante dessa mutação do pensamento, a filosofia encontra novos caminhos e novas tarefas.

O problema do fundamento do conhecimento

• *O racionalismo*

O século XVII é o da razão **triunfante**: se a natureza é escrita em linguagem matemática, então a razão, **luz natural** fundada na veracidade divina, pode compreendê-la. Afirmando a universalidade da razão, Descartes antecipou a revolução que as Luzes virão a constituir. Mas ainda é preciso saber fazer uso dessa faculdade pela qual Deus se dá em nós: o **método** (caminho do pensar correto) se impõe como necessário. Assim nasce uma razão rigorosa e fonte de verdade.

Descartes, Espinosa (1632-1677), Malebranche (1638-1715) e Leibniz (1646-1716), que estão entre os racionalistas mais marcantes de seu século, desvalorizam a experiência, as informações dos sentidos, em prol da razão. Os sentidos nos enganam. Eles apenas nos permitem estabelecer verdades sobre acontecimentos. Por outro lado, a razão descobre as verdades universais. No entanto, aparecem divergências quanto à natureza do método que a razão deve adotar em sua busca pela verdade.

- *O empirismo*

Em face desta confiança total na razão, surgem outras correntes, especialmente o **empirismo inglês**, com Hobbes (1588-1679) e Locke (1632-1704), que afirmarão a **primazia da experiência** como fonte, garantia e limite de nossos conhecimentos.

Com o nascimento desse empirismo, Newton contribuirá ao seu desabrochar no século XVIII, afirmando que a ciência deve desfazer-se das hipóteses gratuitas em benefício de um método indutivo que, partindo da observação dos fatos, induz as leis gerais que os organizam.

Moral e política

- *O homem diante do questionamento moral*

Os novos dados da ciência obrigam o homem a renovar o pensamento sobre o seu estatuto. Em uma natureza mecanizada, deslocada do centro do universo, ele se encontra diante do infinito incompreensível e incomensurável. **Pascal** (1623-1662) elabora um pensamento pessimista consciente dos limites da razão e se opõe, enquanto jansenista, tanto ao racionalismo triunfante quanto à atitude crítica dos libertinos que anunciam o ateísmo de inúmeros pensadores do século seguinte. Às verdades da razão eles acrescentam as verdades do coração, induzindo a viver autenticamente sua fé.

Mas a moral pascaliana está longe de ser a única moral desse século. Embora a moral ainda se apoie fortemente na religião, não deixa de ser verdade que o homem se descobre como **sujeito** cuja unidade e sentido se revelam problemáticas.

As paixões, universais, não são mais estigmatizadas, mas objetos de exame. A natureza, mecanizada, não pode mais ser o modelo do sentido e da moralidade: a questão moral se torna propriamente humana, e por esse lado o empirismo e o racionalismo se confrontam, o primeiro fazendo do sentimento a origem da moral e o segundo procurando relacioná-la à razão. Abre-se, assim, **o questionamento sobre o fundamento dos valores morais.**

- *Os fundamentos do pensamento político moderno*

A crise política e religiosa que assola a Inglaterra dá lugar a uma guerra civil de violência extrema. **Hobbes**, que toma o partido de Charles I contra o Parlamento, elabora uma teoria política moderna fundamentada na antropologia. O **absolutismo** permite garantir aos cidadãos paz e segurança. Desvencilhada de toda submissão à religião, a política assume sua autonomia. O culto é assunto privado: pensador moderno, Hobbes promove a **laicidade**.

Espinosa vai no mesmo sentido em *Tratado Teológico-Político*. Ele encoraja a **tolerância** e defende a democracia, concebida como regime da razão.

Igualmente, **Locke**, defensor das liberdades, apregoa a tolerância positiva. Sua teoria política assenta as bases do **liberalismo**.

O século XVII renova a concepção do universo e do homem.
A razão fundamentada em Deus se impõe como faculdade de conhecimento. Mas, com o empirismo, é uma razão ligada à experiência que emerge, isto é, uma razão crítica. O espírito do exame livre pode, então, difundir-se, lutando contra todas as formas de obscurantismo e abrindo as portas ao Iluminismo.

Quadro cronológico

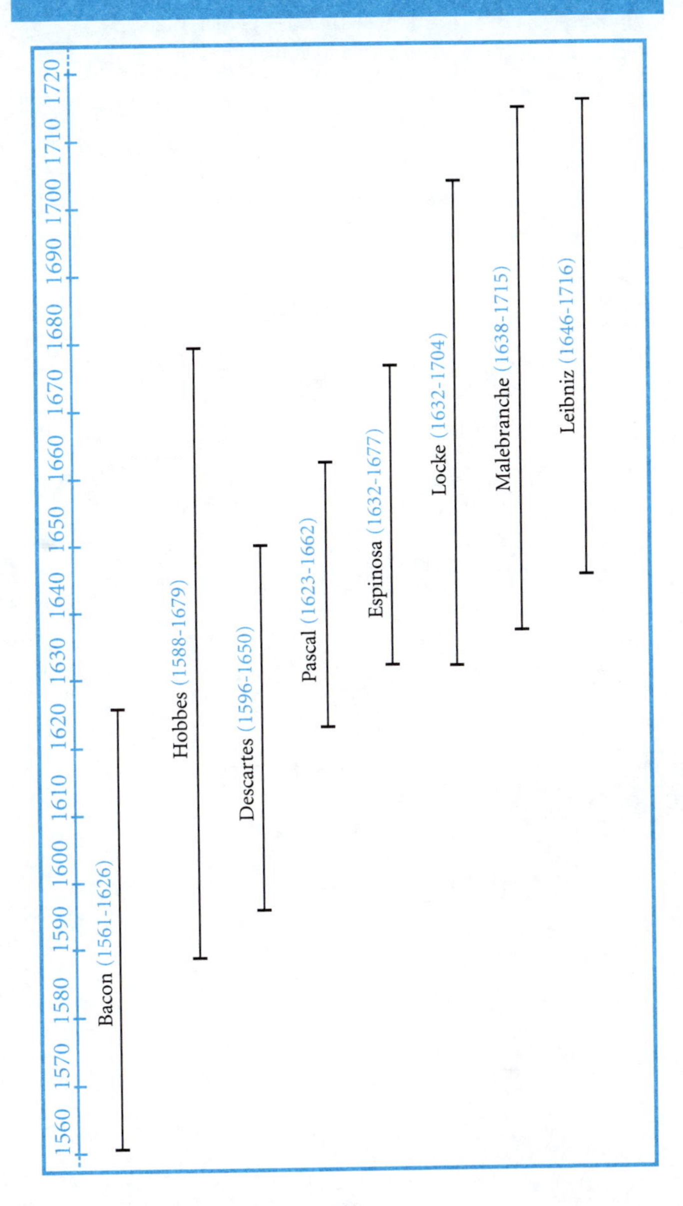

5 BACON

561-1626

"Só se pode dominar a natureza obedecendo a ela" (*Novum Organum*).

Elementos biográficos

• *Uma bela carreira política...*

Francis Bacon, filósofo inglês, foi iniciado na política por seu pai. Jurista por formação, é eleito para a Câmara dos Comuns, torna-se guarda dos Selos reais, depois *Lord High Chancellor* do reino.

• *...marcada pela corrupção*

Mas suas intrigas e complôs prevalecerão sobre sua carreira política e sua ascensão: acusado de corrupção, é privado de seu cargo de chanceler e excluído do Parlamento e da corte do rei.

Então, em conformidade com o método experimental que recomenda no *Novum Organum* (1620), ele começa a recolher uma grande quantidade de informações da história natural.

A história pretende que ele tenha sido vítima das experiências: desejando demonstrar as propriedades conservadoras do frio, ele teria morrido tentando expor na neve a carne de uma ave.

Teses essenciais

Bacon, pioneiro da ciência moderna, projeta uma imensa ***transformação no edifício científico*** *a fim de aumentar o saber e o poder que ele proporciona: "O fim de nosso estabelecimento é a descoberta das causas e o conhecimento da natureza íntima das forças primordiais e dos princípios das coisas, em vista de ampliar os limites do império do homem sobre a natureza inteira e executar tudo o que lhe for possível"* (A Nova Atlântida).

• *A ciência ao serviço do homem*

Reformar as ciências permitirá o progresso do saber e servirá para o bem-estar humano. A **verdade** se relaciona com a ideia de **eficácia** e deve levar à descoberta de novas técnicas. Esta nova concepção da ciência concreta, ativa, voltada para a utilidade, faz-se acompanhar de uma renovação da ideia de **natureza**, que não é mais compreendida como um objeto inacessível da especulação, mas como uma entidade mensurável e lugar de experiências.

• *A classificação das ciências*

Bacon coloca em correspondência as ciências e as faculdades humanas, e estabelece uma classificação das ciências.

A história corresponde ao trabalho da memória; a poesia remete à imaginação; a filosofia (que engloba a matemática e as ciências naturais) é a ciência da razão.

• *A teoria dos ídolos*

Antes de qualquer investigação, o entendimento deve libertar-se da influência dos **ídolos** (ou ainda **fantasmas**). Verdadeiros obstáculos à ciência, causas de seus erros, os ídolos são preconceitos, ilusões que nos levam a interpretar de maneira equivocada os fatos, e são obstáculos ainda mais perigosos para o conhecimento pelo fato de serem inerentes ao espírito.

Existem quatro gêneros de ídolos:

- **os ídolos da raça** (ou da tribo): estão relacionados com nosso antropocentrismo, pelo qual temos a tendência de apreender a realidade apenas de acordo com a medida humana.
- **os ídolos da caverna** designam os preconceitos e paixões individuais oriundos de nossa educação, de nossos hábitos...
- **os ídolos da praça pública**: os erros veiculados pela linguagem.
- **os ídolos do teatro**: os erros que nascem de teorias por demais sistemáticas de escolas filosóficas fascinantes, especialmente as aristotélicas e escolásticas.

A ciência faz generalizações com demasiada pressa e, algumas vezes, funda-se em princípios frágeis. Ela precisa dar-se o tempo para avançar gradual e prudentemente rumo à verdade. A interpretação metódica que se dedica a colocar por escrito suas experiências e classificá-las rigorosamente se revela mais benéfica do que a antecipação apressada.

• *O método indutivo*

O método que permite o progresso do conhecimento é o indutivo, mas ele depende de uma nova forma de indução, distinta da que foi herdada de Aristóteles, e que Bacon qualifica de "método infantil".

O método aristotélico consiste, em uma ordem indutiva, na enumeração dos casos particulares para extrair deles o geral. Ora, tal método parece precário: o primeiro exemplo contraditório que apareça basta para colocar em questão as conclusões alcançadas.

O cientista deve partir do real e da experiência, sem proceder por generalizações casuais e enumerações. O novo método experimental que Bacon defende supõe um trabalho rigoroso, ordenado, pelo qual as experimentações, **visadas**, dão lugar a observações que serão reunidas pelo pesquisador.

Essas observações minuciosamente recolhidas serão então comparadas com vistas a descobrir a forma do fenômeno. O cientista procede, em seguida, pela eliminação das propriedades, de modo que "reste no fundo do cadinho a forma afirmativa verdadeira, sólida e bem delimitada".

Assim, o saber é resultado de uma **experimentação instruída** (e não caótica ou cega). A razão e a experiência devem aliar-se na descoberta da verdade.

• *Os princípios da experiência crucial*

As experiências permitem testar uma teoria. Elas são denominadas cruciais quando permitem testar simultaneamente duas hipóteses contrárias. Uma sendo desmentida, a outra se encontra verificada. No entanto, nada garante que não exista uma terceira possibilidade: o estatuto da verdade descoberta dessa maneira continua problemático.

A descoberta da verdade supõe a paciência do cientista. Ela é "filha do tempo". Com Bacon nasce uma concepção nova da ciência e, especialmente, da física, isto é, nasce uma ciência experimental, tateante, gradual e paciente, cujo trabalho, na verdade, nunca se acaba.

• *A Atlântida: a utopia moderna*

No momento em que é demitido de suas funções políticas, Francis Bacon imagina, na *Nova Atlântida*, uma sociedade consagrada à ciência e à técnica, uma verdadeira "ilha da pesquisa", governada por um Estado que valoriza a segurança e a previdência. Pode-se ver aí o desejo do ex-chanceler de reformar a Inglaterra e preveni-la contra todo risco gerado por uma técnica descontrolada.

Uma obra-chave: *Novum Organum*

• *Contexto*

O *Novum Organum* ("novo instrumento", em oposição à lógica aristotélica) é um tratado de metodologia científica que renova a concepção do trabalho do pesquisador e coloca as bases da ciência moderna.

• *Extrato*

Os filósofos que se meteram a tratar das ciências se dividiam em duas classes, os empíricos e os dogmáticos. Os empíricos, semelhantes às formigas, contentam-se em ajuntar e em seguida consumir as provisões. Os dogmáticos, como aranhas, tecem teias cuja matéria provém de sua própria substância.

A abelha está entre uma e outra; ela tira a matéria-prima das flores do campo e dos jardins; depois, por meio de uma arte que lhe é própria, a elabora e digere. A verdadeira filosofia faz algo semelhante: ela não repousa unicamente, nem mesmo principalmente, nas forças naturais do espírito humano, e esta matéria que ela tira da história natural e das experiências mecânicas, não a lança à memória da mesma forma que a encontrou nestas duas fontes, mas, depois de tê-la elaborado e digerido, ela a deposita no entendimento. Assim, nosso maior recurso, aquele de onde devemos tudo esperar, é a estreita aliança dessas duas faculdades: a experimental e a racional, união que ainda está longe de ser formada (*Novum Organum*. Paris: PUF, 1986).

Chaves textuais

• *A crítica do empirismo e do dogmatismo*

- Erros dos filósofos: separar a razão da experiência. Crítica de duas atitudes contrárias e infrutíferas, o dogmatismo e o empirismo.

- O empirismo: aquele que coleciona sem método as observações, considerando a experiência a fonte única de todo conhecimento.

- Impossibilidade do progresso da ciência empírica: o conhecimento leva, simplesmente, ao reconhecimento, a submeter a nova experiência à antiga.

- O dogmático: considerando o espírito como única fonte de conhecimento, ele projeta do real os conceitos elaborados por seu espírito.

- A ciência dogmática, distante demais da experiência e do real, impede-se de conhecer as coisas, de fato.

• *O bom método: o da abelha*

- A fonte da ciência verdadeira e a experiência instruída, iluminada pela razão. A razão e a experiência devem se aliar.

- Metáfora: a abelha digere o pólen para fabricar o mel. Assim também o sábio usa a razão para fecundar a experiência que, por sua vez, pode fecundar a teoria.

- Papel da razão: trabalhar e digerir a matéria da experiência, compreendê-la, não somente guardar a lembrança (empirismo) ou inventá-la (dogmatismo).

• *A finalidade tecnicista da ciência*

- A aliança razão-experiência é fonte de esperança: o saber gera o poder, o método científico é avaliado por sua eficácia.

1588-1679

"O homem é um lobo para o homem" (*Carta-dedicatória* do *De Cive*).

Elementos biográficos

• *As viagens e os encontros*

Thomas Hobbes, depois de estudar em Oxford, torna-se preceptor e secretário de William Cavendish.

Em Paris, alia-se ao Père Mersenne e a Gassendi, e é apresentado aos escritos de Descartes, a quem envia "objeções". Mas, especialmente, descobre os *Elementos* de Euclides, que marcam uma virada em sua vida intelectual. Em Florença encontra Galileu, cujo rigor científico igualmente o impressiona. Estes modelos de racionalidade o inspirarão e o levarão a construir um verdadeiro sistema filosófico.

Ele foi secretário de Francis Bacon, que o fez descobrir os materialismos antigos, mas Hobbes deplorou sua falta de interesse pela matemática e a via dedutiva.

• *Um contexto histórico determinante*

Hobbes será marcado pela crise política e religiosa que assola a Inglaterra no século XVII. Colocando-se do lado do Rei Charles I, do qual defende a autoridade absoluta no conflito que o opõe ao Parlamento, acaba exilando-se na França em 1640.

Durante sua permanência na França, ele escreve suas duas principais obras: *De Cive* (Do cidadão), publicada em Paris em 1642, e o *Leviatan*, que será publicado em Londres em 1651. Acusado de ateísmo, ele entrará em inúmeras controvérsias com os pensadores de sua época, sem, no entanto, ficar sem partidários.

Teses essenciais

*Contemporâneo da Revolução Inglesa do século XVII, Hobbes interessou-se principalmente pela **política**. Chocado com a violência da guerra civil, ele procura assentar as bases de uma política forte que garantisse paz e segurança às pessoas. Hobbes, como **materialista**, quer estabelecer as bases de uma ciência política racional, que ponha em evidência seus **mecanismos**.*

• *A antropologia no fundamento da filosofia política*

Com Hobbes, não é mais a cosmologia ou a teologia (como no aristotelismo e no tomismo) que fundam a filosofia política, mas sim a **antropolo-**

gia. Teórico do **absolutismo**, no entanto, ele não pensa a política ligada à religião, e justifica o poder absoluto por princípios racionais. Rejeitando a herança aristotélica que vê no homem um animal político, ele analisa as causas da instauração do Estado e os mecanismos que permitem o controle do poder que leva à garantia da paz e da segurança dos homens.

Para compreender o funcionamento de um corpo complexo, deve-se, antes de tudo, decompô-lo em seus elementos mais simples a fim de distinguir sua natureza. Este princípio, herdado da física galena, Hobbes o aplica à política: sendo o Estado constituído de indivíduos, é a própria natureza humana que convém isolar, a fim de discernir o funcionamento do corpo social que os indivíduos formam. É preciso, primeiramente, interrogar a natureza humana, elaborar uma antropologia.

• *O estado de natureza: a "guerra de todos contra todos"*

Para analisar a natureza humana, Hobbes elabora um modelo teórico, uma hipótese fictícia, mas racional, a do estado de natureza. O **estado de natureza** designa o estado em que vivem os homens antes da instauração de qualquer organização social; é um estado concebido racionalmente, e não um estado historicamente verificado. Trata-se de compreender o que o homem é independentemente da sociedade e das transformações que ela opera sobre ele. A teoria do estado de natureza permite, assim, **distinguir a natureza e a cultura no homem.**

O **estado** não é a realização da humanidade, mas um **artifício** pelo qual o homem se extrai da natureza. Uma criação, além do mais, apartada de qualquer outra referência e, portanto, de toda legitimação religiosa. Então, trata-se de compreender as razões da passagem do estado de natureza ao estado civil.

O estado de natureza é um estado de "guerra de todos contra todos", onde reinam conflitos e violência. Dois princípios, com efeito, caracterizam o homem no estado de natureza. Primeiramente, sua incessante insatisfação, seu desejo sempre vivo, o impulso para o domínio dos outros. Como os homens são iguais, embora diferentes, e a manha pode substituir a força, nenhum deles se encontra em segurança. Portanto, no estado de natureza, "o homem é um lobo para o homem", como diz a célebre fórmula emprestada de Plauto. Ademais, e este é o segundo princípio, em tal estado, o homem teme a morte violenta e seu instinto de conservação o impele a proteger sua vida. A rivalidade se manifesta de modo tal que o estado de natureza se parece com um estado de insegurança permanente: "Enquanto os homens viverem sem um poder comum que os mantenha em respeito, eles ficarão nesta condição denominada guerra, e esta guerra é uma guerra de todos contra todos".

Direito natural e liberdade

No estado de natureza, o **direito natural**, direito proveniente da natureza, define-se como "a liberdade de cada um de usar como lhe aprouver seu próprio poder para preservar sua própria natureza" (*Leviatan*). A liberdade, nesse caso, define-se como ausência de obstáculos. No entanto, em virtude da igualdade natural e da inerência do desejo, as liberdades se entrechocam por não serem reguladas por um poder comum, e é como se, no fim das contas, ninguém tivesse direito a nada. Determinado homem quer se apropriar de uma maçã? Ele tem direito a isso, mas pode ser impedido por outro que a deseja também. Assim, constata-se a fragilidade de um direito dessa natureza, que não tem nenhuma garantia.

Por isso, a primeira **lei natural**, oriunda da razão consciente da insegurança presente em tal situação, nos prescreve a busca da paz a fim de salvaguardarmos nossa vida. É assim que o homem é chamado a sair do estado de natureza: apenas um poder comum que regule as coexistências pode garantir a sobrevivência dos indivíduos.

A instituição do Estado

O Estado procede de um **contrato**, por meio do qual cada um cede seu direito natural a um terceiro, o soberano, encarregado de instaurar e fazer reinar a paz e a segurança. Nesse contrato cada indivíduo cede seus direitos de maneira absoluta, com a condição de que os outros façam o mesmo. Hobbes formula assim os termos do contrato pelo qual cada cidadão está ligado aos outros: "Eu autorizo este homem ou esta assembleia e lhe entrego meu direito de me governar a mim mesmo, sob a condição de que você lhe entregue seu direito e autorize todas estas ações da mesma maneira".

Pelo contrato social os sujeitos se engajam uns com os outros e se tornam um **povo**. O soberano, em compensação, está acima do contrato, e não está submetido a ele. O soberano define o justo e o injusto e seus atos devem ser inquestionáveis e inquestionados. Cada um, com efeito, entrega-lhe sua liberdade. Para Hobbes, não há soberania que não seja absoluta.

A força do poder: a obediência dos indivíduos

Se um poder político verdadeiro é necessariamente absoluto, isso acontece porque é esse princípio que permitirá ao soberano **garantir a paz e a segurança**. Dessa forma, o soberano possui uma obrigação, apenas esta, de garantir a segurança dos indivíduos, sem o que a revolta seria justificável. Se nós obedecemos ao soberano, não é em virtude de sua força, de sua capacidade de nos obrigar a isso, mas a fim de lhe darmos o poder necessário para que instaure e mantenha a paz.

Isto não transforma Hobbes, no entanto, em partidário da monarquia absoluta: o soberano pode ser, indiferentemente, um homem, um conselho, ou ainda uma assembleia; o essencial é que sua soberania seja incontestada.

Hobbes pode ter sido acusado de totalitarismo, mas, longe de estender o poder político ao domínio da esfera privada – o que caracteriza todo poder totalitário – ele, na verdade, o entende como espaço de liberdade para usufruto de cada indivíduo. O poder político tem um aspecto obrigante, mas a obrigação visa apenas permitir a liberdade individual no espaço privado, sem que ela ameace a paz e a segurança.

• *A metáfora: o Leviatan é como um corpo*

Hobbes compara o Estado, esse "grande Leviatan", a um **corpo artificial**. A soberania é sua alma, o dinheiro seu sangue, a riqueza sua força, as colônias seus filhos. Os magistrados são suas articulações, as recompensas e as punições seus nervos. Os conselheiros constituem sua memória, as leis sua razão e sua vontade. A paz designa a saúde desse corpo, ao passo que os problemas civis são sinais de enfermidade, e a guerra civil, da morte.

Uma obra-chave: *Leviatan*

• *Contexto*

Preocupado em determinar os mecanismos do poder político para assentar as bases de um Estado bem protegido contra os problemas civis, Hobbes analisa aqui a essência e a natureza do poder político. Da natureza humana se deduzem os princípios próprios que garantem, pelo viés da soberania absoluta do governante, a paz e a segurança de cada um.

• *Extrato*

A natureza fez os homens com tamanha igualdade nas faculdades do corpo e do espírito que, embora se possa encontrar um homem claramente mais forte, fisicamente, ou mais ágil mentalmente do que outro, no entanto, analisando bem todos os aspectos, a diferença entre os homens não é tão considerável ao ponto de um deles poder reclamar para si uma superioridade que o outro não possa alegar possuir tanto quanto ele. Com efeito, no que tange à força corporal, o homem mais fraco tem capacidade suficiente para matar o mais forte, seja por meio de uma maquinação secreta, ou unindo-se a outros que se encontram sob o mesmo perigo que ele.

Quanto às faculdades do espírito [...], eu vejo entre os homens uma igualdade mais perfeita ainda do que a equivalência física. Porque a prudência não é outra coisa senão a experiência que, num mesmo período de tempo, é igualmente dispensada a todos os homens nas coisas a que eles se apliquem da mesma maneira.

[...] Desta igualdade de aptidões decorre uma igualdade na expectativa de atingir nossos fins. É por isso que, se dois homens desejam a mesma coisa, sendo que não é possível que ambos usufruam dela, eles se tornam inimigos; e, em sua busca por esse fim (que é, principalmente, sua própria conservação, mas às vezes sua satisfação), cada um se esforça para destruir ou dominar o outro (*Leviatan.* [s.l.]: Sirey, 1983).

Chaves textuais

• *Diferença e igualdade dos homens no estado de natureza*

- Há diferenças entre os homens: alguns são mais fortes, outros são mais astutos...

- Mas existe, ao mesmo tempo, uma igualdade entre eles: a astúcia pode fazer frente à força, igualdade, equiparação das aptidões corporais. Cada um pode pretender obter aquilo que deseja.

- Mais do que isso, existe ainda a igualdade de aptidões do espírito, podendo essas ser desenvolvidas pela experiência. A reflexão prática provém da experiência, das vivências.

• *Meu semelhante é meu inimigo*

- Mesmas capacidades e mesmos desejos levam a conflitos, ao desejo de dominação: o estado de natureza é um estado de guerra de todos contra todos.

1596-1650

"Penso, logo, existo" (*Discurso do método*).

Elementos biográficos

• *Uma educação jesuíta*

René Descartes estuda, inicialmente, junto aos jesuítas. Aluno vivaz e aplicado, mas de saúde frágil, ele recebe do colégio um tratamento especial, chegando para as aulas apenas às dez da manhã para a reflexão matinal que ele aprecia.

No *Discurso do método* ele menciona algo de sua infância e sobre a gênese de seu método, mostrando certa decepção com relação à filosofia escolástica que conhece no colégio. Apaixona-se sobretudo pelas ciências e, particularmente, pela matemática, "por causa da certeza e da evidência de suas razões".

• *Descartes, espectador do mundo*

Convencido do caráter instrutivo das viagens, Descartes percorre, uma depois da outra, a Itália, a Dinamarca, a Alemanha, a fim de instruir-se "no grande livro do mundo". Engajado como soldado, ele se coloca como espectador dos costumes dos homens, mais do que ator.

Em 1619 lhe aparecem em forma de sonhos as premissas de seu método, um meio de unificar os conhecimentos e fundar uma ciência universal (a *mathesis universalis*). Estas visões o tranquilizam em sua decisão de consagrar sua vida à ciência.

• *A Holanda, refúgio do filósofo*

Descartes se instala finalmente na Holanda, onde escapa da censura religiosa e das preocupações mundanas, a fim de se consagrar aos estudos. Quando Galileu é condenado pela Inquisição, Descartes renuncia a publicar o *Tratado do mundo*, no qual defende a teoria do movimento da terra.

As principais obras de Descartes são as *Regras para a direção do espírito* (1628), o *Discurso do método* (1637), as *Meditações metafísicas* (1641), os *Princípios da filosofia* (1644) e as *Paixões da alma* (1649).

Teses essenciais

Descartes é, sem dúvida nenhuma, o fundador do ***racionalismo*** *moderno ao afirmar a superioridade da razão, fonte de todo conhecimento. Guiado por um* ***método rigoroso****, o sujeito pode aceder por sua própria iluminação às ciências universais.*

• *O projeto: reformar o conhecimento*

Descartes teve muito cedo a intuição da possibilidade de fundar uma ciência universal. Com efeito, "o bom-senso" designa a **razão**, esta "luz natural", o poder de julgar corretamente e distinguir o verdadeiro do falso.

Afirmando a universalidade da razão, sem deixar de constatar as divergências de opinião, Descartes nos mostra quanto a razão, para alcançar a verdade, deve se desvencilhar dos preconceitos e opiniões que a ofuscam e munir-se de um **método** seguro a fim de fundamentar seu conhecimento.

• *A efetivação da dúvida*

Como as opiniões dos homens são tão diversas e estão mais ligadas ao provável que ao verdadeiro, convém, antes de tudo, em qualquer busca da verdade, rejeitar toda afirmação duvidosa. Portanto, Descartes busca o **indubitável**, aquilo de que não se pode, absolutamente, duvidar.

Por isso é preciso desconfiar daquilo que nos foi ensinado e dos costumes herdados e aceitar somente aquilo que se apresenta com a clareza da **evidência** indiscutível. A **dúvida metódica**[1] é o modo de chegar à verdade.

Eu não posso ter certeza a respeito daquilo que aprendi de meus mestres (isso é apenas conhecimento indireto), nem da existência dos corpos fora de mim (meus sentidos podem me enganar e poderia ser, ademais, que aquilo que eu acredito estar vendo ou tocando seja apenas um sonho). Mesmo as verdades matemáticas ($2 + 2 = 4$) parecem comprometidas pela hipótese da existência de um **gênio maligno**, um deus enganador que se satisfaz em manipular meus pensamentos.

• *O cogito cartesiano*

Quando a dúvida parece ter alcançado seu paroxismo, uma só certeza lhe resiste: eu duvido, logo, eu penso e, se eu penso, eu existo. Nem mesmo a hipótese de um gênio maligno consegue abolir esta certeza, porque, mesmo que ele me engane, eu ainda existo.

Portanto, é na consciência de sua existência que o sujeito encontra o indubitável, na enunciação do **cogito**: "Eu penso, logo, existo"[2]. Eu sou[3]

---

1. A dúvida metódica se distingue da dúvida cética por seu caráter provisório, ao passo que a dúvida cética consiste na suspensão definitiva do julgamento.

2. Em francês: "Je pense, donc je suis" ("Eu penso, logo, eu *sou*"), mas aqui a frase requer o sentido literal: "eu *sou*" [N.T.].

3. Trata-se novamente do "je suis", cf. nota anterior, que aqui só faz sentido traduzido como "eu sou" [N.T.].

"uma coisa pensante", e me descubro como tal antes mesmo de me descobrir como um corpo.

• *O dualismo*

O ser humano é, simultaneamente, alma, **substância pensante** imaterial, e corpo, **substância estendida** submetida ao mecanismo da natureza.

A alma é mais fácil de conhecer do que o corpo. O conhecimento perceptivo é secundário, pois é no espírito que se deve confiar para conhecer. Quando eu vejo um pedaço de cera se derreter, enquanto minha percepção me indica que esse pedaço de cera mudou de estado, meu espírito me faz saber que é sempre o mesmo pedaço de cera que tenho diante de mim. É meu espírito, e não os sentidos, que percebe a permanência.

• *A veracidade divina*

O problema que se coloca é o da conformidade entre meus pensamentos e a realidade objetiva: há o risco do **solipsismo** (literalmente, estar só consigo mesmo). É, portanto, preciso provar a existência de Deus, o garante da correspondência entre o pensamento e o ser.

Eu tenho em mim uma ideia de Deus, de um ser infinito e perfeito, que não posso ter produzido em mim mesmo, sendo eu finito e imperfeito. Assim, a existência, em mim, dessa ideia conduz a uma segunda certeza que será o fundamento do conhecimento e de sua conformidade ao real, ou seja, a certeza da existência de Deus, causa de sua ideia em mim, e da veracidade divina, um ser perfeito e todo-poderoso que não pode querer enganar o sujeito (isto seria um sinal de fraqueza).

Eu não posso, portanto, duvidar da razão "porque, primeiramente, aquilo que eu tomei há pouco tempo como regra, a saber, que as coisas que concebemos muito claramente e muito distintamente são todas verdadeiras, não se garante senão pelo fato de que Deus é ou existe, e de que é um ser perfeito, e que tudo que existe em nós vem dele". As **ideias claras e distintas**, evidências primeiras, são inatas e verdadeiras. É a partir de tais ideias que se deve elaborar o saber.

• *O método cartesiano*

O homem é, contudo, sujeito ao erro. Com efeito, "não basta ter bom espírito, mas o principal é aplicá-lo corretamente", coisa que nem sempre fazemos. Precisamos, portanto, de um **método**, um "caminho" que conduza o espírito de uma verdade a outra.

Quatro regras embasam o método: 1) **a evidência**: admitir somente aquilo que é indubitável, evitar precipitação e prevenção; 2) **a análise**:

dividir as dificuldades em quantas partes forem necessárias para resolvê-las; 3) **a síntese**: seguir uma ordem, ir do mais simples ao mais complexo de maneira rigorosa; **a enumeração**, ou recapitulação: recensear todas as intuições que se sucedem na dedução de maneira a não omitir nenhum anel da corrente.

Conhecemos, na verdade, por **intuição** (visão indubitável pela qual se apresenta a evidência das ideias claras e distintas) e **dedução** (concatenação lógica a partir das evidências). Esse método, que se inspira na matemática, é o meio pelo qual o filósofo chega a conhecimentos certos e evidentes.

• *Uma ciência mecanicista*

Se o homem é dual, corpo e espírito, o animal, contrariamente, e os corpos em geral, são concebidos como **máquinas**, autômatos, de maneira tal que a natureza é dessacralizada e mecanizada, disponível à análise matemática do estudioso. O ser vivo redutível à matéria e a seu mecanismo: eis o que torna a medicina e o estudo da anatomia realmente científicos.

Essa concepção da natureza e da ciência que a estuda legitima a esperança que o homem deposita na técnica, que pode nos tornar "mestres e senhores da natureza". O desenvolvimento da técnica e da medicina é concebido, de maneira bem moderna, como meio de aperfeiçoar as condições de vida. Mas o que Descartes defende aqui não é uma onipotência cega, mas depende totalmente do "como" que confere ao homem a responsabilidade pelo domínio e a gestão da natureza.

• *A moral*

Com a expectativa de encontrar as certezas necessárias ao estabelecimento de uma verdadeira moral fundada na razão, Descartes elabora uma "moral provisória". Com efeito, o saber é como uma árvore cujas raízes são a metafísica, o tronco a física, os galhos a mecânica, a medicina e a moral: portanto, é apenas de um saber já avançado que se deve deduzir uma moral verdadeira.

Em que consiste esta **moral provisória**? Em regras de prudência que permitam agir de maneira emergencial. Essas máximas, inspiradas no estoicismo, aconselham "julgar da melhor forma possível", mudar seus desejos em vez de querer mudar a ordem do mundo", obedecendo às leis e costumes de seu país e dedicar sua vida ao cultivo da razão.

As paixões da alma, que Descartes redige ao final de sua vida, vai mais longe. Ali ele aponta a necessidade do conhecimento das paixões, afeições da alma decorrentes do corpo. Empecilhos à busca da verdade, as paixões produzem representações confusas. Mesmo assim, elas não são de ordem patológica, e sim "de boa natureza" na medida em que favorecem a satisfação humana. A razão deve aprender a fazer bom uso delas, evitando o excesso e a desmedida.

A **generosidade** funda a moral e é sua virtude mais elevada. É dotado de generosidade aquele que sabe que a vontade é absolutamente livre e que está resolvido a usar bem dela, a conformar sua vontade ao que é razoável. Diferentemente dos estoicos, Descartes admite que a razão é, às vezes, impotente diante das paixões, mas saber disso permite ser indulgente em relação aos outros, bem como atuar no sentido de fazer bom uso de suas paixões.

Uma obra-chave: *Meditações metafísicas*

• *Contexto*

Descartes convida o leitor a fazer com ele um percurso que conduz da destruição das opiniões recebidas à reconstrução do saber. Insatisfeito com sua educação, com a consciência de ter "recebido uma grande quantidade de falsas opiniões por verdadeiras", ele começa a desfazer-se delas por meio da dúvida, iniciando "tudo de novo, desde os fundamentos", a fim de "estabelecer alguma coisa de firme e constante nas ciências".

O texto a seguir, extraído do começo da segunda meditação, apresenta-nos o primeiro resultado dessa dúvida radical (hiperbólica), mas provisória.

• *Extrato*

Eu parto da suposição, portanto, de que todas as coisas que vejo são falsas; persuado-me de que nada jamais existiu, de tudo que minha memória repleta de mentiras me representa; eu imagino não possuir nenhum sentido; considero que o corpo, a figura, a extensão, o movimento e o lugar são apenas ficções de meu espírito. Então, o que é que poderá ser considerado verdadeiro? Talvez nada mais, senão que nada existe de certo no mundo.

Mas, que sei eu, então, se não existe coisa alguma diferente daquelas que eu acabo de considerar incertas, de que não se possa ter a mínima dúvida? Não haveria algum deus, ou alguma outra potência que coloca tais pensamentos em meu espírito? Isto não é necessário, pois talvez eu seja capaz de produzi-los por mim mesmo. E então, eu mesmo, ao menos, não sou alguma coisa? [...]

Mas eu me convenci de que não havia absolutamente nada no mundo, que não havia céu algum, terra alguma, nenhum espírito ou corpo; assim, não me convenci também de que eu tampouco existia? Certamente que não; eu existia, sem dúvida, se me persuadi ou, simplesmente, se pensei alguma coisa. Mas existe um não sei o quê enganador muito poderoso e bastante astuto que emprega todo seu engenho em enganar-me constantemente. Não resta, portanto, dúvida alguma de que eu existo, se ele está me enganando. E por mais que ele me engane, nunca seria capaz de fazer com que eu não exista, conquanto eu pense ser alguma coisa. De modo que, depois de muito refletir nisso, e examinar seriamente todas as coisas, por fim, é preciso concluir e ter por constante que a proposição *Eu sou, eu existo* é necessariamente verdadeira todas as vezes que eu a pronuncio ou a concebo em meu espírito ("Méditation Seconde". In: *Méditations métaphysiques*. Paris: Flammarion, 1979 [Coll. "GF"].

Chaves textuais

• *A efetivação da dúvida*

- Projeto de Descartes: encontrar o indubitável.
- Dúvida sobre a informação dos sentidos e a existência das coisas materiais: os sentidos são fontes de ilusões (um bastão reto mergulhado parcialmente na água parece quebrado, por exemplo) e os sonhos pouco se diferenciam do estado de vigília (como ter certeza de que não estamos sonhando?).
- Caráter hiperbólico, radical da dúvida, que parece rejeitar toda afirmação.

• *A primeira certeza: eu sou, eu existo*

- Afirmação da existência do sujeito pensante: duvidar é pensar, portanto, é ser sujeito de seus pensamentos e, consequentemente, é ser uma criatura pensante.
- Impotência da hipótese de um gênio maligno, poderoso enganador, em questionar essa evidência: se ele me engana, eu continuo existindo, pois eu estou pensando que ele me está enganando.
- "Eu sou, eu existo": primeira evidência descoberta pelo espírito, fundamento da reconstrução do saber projetado por Descartes.

1623-1662

"Dois excessos: excluir a razão, não admitir outra coisa além da razão" (*Pensamentos*).

Elementos biográficos

• *Um gênio extraordinário*

Blaise Pascal, dotado, segundo Chateaubriand, de um "gênio espantoso", manifesta, desde a infância, aptidões incríveis para as ciências: aos doze anos, tendo sido privado dos livros de matemática por seu pai, que achava que ele estava deixando de lado o latim, Pascal reconstruiu sozinho a proposição 32 do livro I de Euclides. Aos dezesseis anos escreve o *Ensaio sobre as cônicas* e, aos dezoito anos, inventa a primeira máquina de calcular, a "Pascalina".

• *A importância da religião*

Com vinte e três anos, juntamente com sua família, Pascal converteu-se ao jansenismo, doutrina segundo a qual o homem obtém a salvação por favor divino e não por seus próprios esforços.

Conhece um período mundano de 1652 a 1654 em Paris. Mas a experiência mística que vive no dia 23 de novembro causa uma reviravolta em sua vida e decide sua vocação. De agora em diante consagrará sua vida a Deus.

Quando os jansenistas são atacados por heresia pelos jesuítas, Pascal os defende com panfletos carregados de ironia com o título *Les provinciales* (Cartas provinciais). Místico, apesar dos sofrimentos da enfermidade que o acompanha desde a juventude, ele chega a adotar o cilício como forma de mortificação corporal.

Confrontado durante seu período mundano com os libertinos, ele começa em 1657 a redigir uma *Apologia da religião cristã* para convencer os descrentes. Mas a enfermidade o consome e, ao morrer, com trinta e nove anos, o que ele nos deixa é um conjunto de notas fragmentárias, publicadas em 1670 sob o título de *Pensées* (Pensamentos).

Teses essenciais

Pascal, como leitor de Montaigne, usa o ceticismo para fazer apologia da religião cristã. Nada, à exceção de Deus, é sério.

- *A relatividade da justiça*

Pascal cultiva um certo **relativismo** em relação à justiça. Esta, para ele, deriva dos costumes: "Não se vê nada de justo ou de injusto que não mude de qualidade em virtude das mudanças do clima [...] Divertida, uma justiça determinada por um rio! Deste lado dos Pirineus, a verdade, do lado de lá, o erro".

Mas, na medida em que ela instaura uma ordem social, a justiça, mesmo relativa, é necessária e deve ser respeitada. A única justiça verdadeira é a divina. O homem, ser corrompido e passional, não pode edificar leis justas em si mesmas.

- *O homem, esse caniço pensante*

"Nem anjo, nem demônio", o homem é lugar de contrariedades, provadas pelas inconsequências de seu comportamento. Nele, razão e paixão se enfrentam. Pascal não cessa de denunciar **a miséria e a grandeza da condição humana**. O homem é miserável porque é privado de Deus, corrompido em decorrência do pecado original, mas é grande porque carrega em si parcelas da natureza de Adão antes do pecado. Para Pascal, o dogma religioso é o princípio explicativo para a condição humana.

O homem é um "caniço pensante": miserável enquanto **corpo**, frágil diante da infinitude da natureza, ele não é capaz, por sua razão apenas, de conhecer-se a si mesmo nem compreender os dois infinitos (o infinitamente grande e o infinitamente pequeno) que constituem o universo. Mas é um "caniço **pensante**", capaz de perceber sua finitude e a fragilidade trágica de sua condição. Nisso reside sua dignidade: "A grandeza do homem consiste no fato de ele saber-se miserável. Uma árvore não se sabe miserável".

- *O divertimento*

Reconhecer-se miserável, no entanto, implica confrontar-se com a angústia da morte, do vazio, do desgosto, e reconhecer a **vaidade** da existência. O homem escapa dessa angústia pelo **amor-próprio**, a tendência de centrar-se sobre si mesmo, e também por meio da **imaginação** que, ao atribuir aos seres qualidades inexistentes, preenche esse vazio insuportável. O **parecer** é mais importante para ele do que o ser na vida social. Esta é apenas ilusão: "A vida humana é apenas uma ilusão perpétua; estamos sempre nos enganando e nos adulando mutuamente". A imaginação, essa hóspede louca, é mestra do erro e da falsidade", que nos engana e nos impede de chegar à verdade.

Enfim, para escapar do pensamento de sua condição miserável, o homem volta-se para o **divertimento**. É divertimento toda atividade (jogo, trabalho...) que desvia o homem de si mesmo, do pensamento de sua trágica condição e do nada. Mas esta é uma ocupação inconsistente e ilusória: "Toda a infelicidade humana provém de uma coisa apenas, que é não saber permanecer em repouso em um quarto".

O divertimento impede a apreensão do presente, pois, sempre voltado para o futuro, para os objetivos que nós nos fixamos, não sabemos nunca aproveitar realmente o que está diante de nós no momento presente. Procurando o repouso e a felicidade pelo divertimento, nós nos condenamos a nunca encontrá-lo.

• *Grandeza e fraqueza da razão*

Não é a razão que nos permitirá vencer a angústia da qual pretendemos escapar por meio do divertimento. As duas grandes filosofias dignas desse nome aos olhos de Pascal, o estoicismo e o ceticismo, ambas se equivocaram. Epíteto supervalorizou os poderes da razão até ao orgulho, ao passo que Montaigne os subvalorizou ao ponto de justificar a lassidão. Ambos cometeram "dois excessos: excluir a razão, não admitir outra coisa além da razão".

Ora, "nós temos uma incapacidade de provar, invencível a todo dogmatismo. E temos uma ideia da verdade, invencível a todo pirronismo". A razão, marca de grandeza, é, no entanto, frágil, uma vez que ela não reconhece seus limites. Sujeita aos caprichos da imaginação e da memória, ela não é capaz de demonstrar tudo, como gostaria o dogmatismo. Ela deve reconhecer que "existe uma infinitude de coisas que a transcendem", e nisso está sua dignidade.

• *Verdades do coração e verdades da razão*

A razão, faculdade do universal demonstrada pelo **espírito de geometria**, pode, com efeito, demonstrar metodicamente, por **dedução**, algumas verdades. No entanto, ela requer, para suas demonstrações, bases, princípios primeiros, que denominamos ordinariamente axiomas sem os quais as demonstrações regressariam ao infinito. O **coração**, faculdade do **espírito de fineza**, distingue seu objeto imediatamente por meio da **intuição** (contrariamente à razão) e oferece por uma visão as **noções comuns**, princípios não demonstráveis que a razão toma como base de suas demonstrações.

Assim, a razão é segunda, não podendo demonstrar tudo por si mesma, contrariamente do que pretendia o projeto de Descartes. Às verdades estabelecidas dedutivamente pela razão convém acrescentar as verdades do coração, apreendidas imediatamente: "Nós conhecemos a verdade, não somente pela razão, mas também pelo coração".

A fé, Deus sensível ao coração, não à razão

Pascal distingue três **ordens**, três planos de existência. A **carne**, ordem dos corpos, é o lugar dos prazeres sensíveis, das atividades mundanas ligadas aos interesses materiais. A **ordem dos espíritos** tem relação com a atividade intelectual. Finalmente, a **ordem da caridade**, superior às duas primeiras, é a do amor desinteressado a outrem, inspirado no amor de Deus. Entre essas três ordens existe um abismo, uma distância infinita. Seria tirânico querer submeter uma dessas três ordens a um só juiz primordial.

Assim, pretender, como Descartes, reunir tudo sob a razão e tentar demonstrar a existência de Deus caracteriza um erro. Deus é sensível ao coração, não à razão; sua existência não é demonstrável. A fé, portanto, é uma revelação: "é o coração que sente Deus, e não a razão".

O Deus oculto de Pascal não se revela senão àqueles que o amam. A fé supõe uma submissão da razão e uma verdadeira conversão. Por isso, é preciso ultrapassar essa vida inconsistente feita de ilusão e divertimento a fim de conhecer-se na fé: "não é pelas agitações grandiosas de nossa razão, mas pela simples submissão da razão que poderemos realmente nos conhecer". Jesus, deus feito homem, é o modelo da dualidade unificada e reconciliada, é nele que o ser humano pode se conhecer.

A aposta

Como, porém, os libertinos não acreditam em Deus, Pascal se propõe convencê-los por meio da razão, transportando a situação do pari (jogo que seus contemporâneos conhecem bem, já que passam seu tempo jogando) ao plano metafísico: o homem deve escolher entre a existência de Deus e sua não existência (não há outra escolha, ele está "no barco").

Se apostar em Deus, o homem aposta sua existência finita e miserável (uma existência feita de prazeres inconsistentes) para ganhar uma felicidade eterna, infinita. Deve-se, portanto, apostar na existência de Deus: "Se você ganhar, você ganha tudo; se perder, não perde nada. Aposte, então, na sua existência, sem hesitar".

Uma obra-chave: *Pensamentos*

Contexto

Conjunto de notas fragmentárias visando defender a religião cristã para convencer os incrédulos, os *Pensamentos* são, nas palavras de Paul Valéry, obra "de uma das mentes mais brilhantes que jamais existiram".

• *Extrato*

347 – O homem não passa de um caniço, o mais frágil da natureza, mas é um caniço pensante. Não é preciso que o universo inteiro se arme para esmagá-lo; um vapor, uma gota d'água, pode matá-lo. Mas, mesmo que o universo o esmagasse, o homem seria ainda mais nobre do que aquilo que o esmaga, porque tem consciência de sua morte, ao passo que o universo nada sabe de sua vantagem sobre ele.

Toda a nossa dignidade consiste, assim, no pensamento. É nisso que devemos nos apegar, e não no espaço ou no tempo, os quais nem podemos preencher. Dediquemo-nos, portanto, a pensar corretamente: este é o princípio da moral. [...]

397 – A grandeza do homem consiste no fato de saber que é miserável. Uma árvore não sabe que é miserável.

Portanto, é miserável reconhecer-se miserável; mas é grandioso reconhecer que se é miserável (*Pensées*. [s.l.]: J.C. Lattès, 1988).

Chaves textuais

• *A fraqueza do homem: seu corpo*

- O homem comparado a um caniço: a ideia de fragilidade, de pequenez do homem enquanto corpo em relação ao universo infinito.

- Fraqueza do homem corporalmente desprovido de armas para se proteger diante de um universo que pode "esmagá-lo" e "matá-lo".

- Progresso da técnica é insuficiente: mesmo um micróbio infinitamente pequeno pode matar o homem.

• *A dignidade humana: seu pensamento*

- Valorização do pensamento: a consciência de si mesmo como fonte de dignidade e superioridade em relação a um universo não consciente de si mesmo.

- Dignidade humana proveniente de sua capacidade de evitar o divertimento e a ilusão e tomar consciência de sua miséria. Paradoxo: a consciência dá dignidade ao ser humano, mas também o faz infeliz.

- Princípio da moral: empenhar-se pelo bom pensar, isto é, desenvolver essa consciência de si, respeitar seu pensamento.

- O valor de um homem não depende de suas propriedades ou de seus títulos de nobreza, mas da atividade de seu pensamento.

1632-1704

"A experiência, este é o fundamento de todos os nossos conhecimentos" (*Ensaio sobre o entendimento humano*).

Elementos biográficos

• *A amizade com Shaftesbury*

Filósofo inglês, John Locke foi médico e conselheiro pessoal do Lord Ashley, futuro Conde Shaftesbury, personagem influente na corte de Charles II da Inglaterra. Quando Shaftesbury, já seu amigo, opõe-se ao absolutismo do governo, Locke o apoia em seu *Ensaio sobre a tolerância.*

• *A ameaça política e o exílio*

Quando Shaftesbury é acusado de republicanismo e demitido de suas funções por Charles II, Locke se exila na França e depois na Holanda, por não sentir-se mais em segurança em seu país de origem.

O início da guerra civil permite a Guillaume d'Orange aceder ao trono. Locke pode, então, em 1688, retornar à Inglaterra. Ocupa sucessivamente várias funções oficiais, antes de se dedicar, nos últimos anos de sua vida, à publicação de suas obras, das quais podemos citar a *Carta sobre a tolerância* (1689), o *Ensaio filosófico sobre o entendimento humano* (1690), e os dois *tratados do governo civil* (1690).

Teses essenciais

Que podemos conhecer? Qual é a extensão e quais os limites do conhecimento humano. Essas são as questões que preocupam John Locke, que se propõe, no Ensaio sobre o entendimento humano, *a "examinar nossa própria capacidade e ver quais objetos estão ao nosso alcance ou acima de nossa compreensão". Para isto, convém analisar como se formam nossas ideias, quais as suas origens.*

• *Uma filosofia empirista do conhecimento*

Locke recoloca em questão o ineísmo: nós não temos ideias inatas presentes naturalmente em nosso espírito. A prova está no fato de que, se tivéssemos ideias assim, elas deveriam ser percebidas por nós desde o começo. Com efeito, uma ideia se define como uma percepção consciente, de modo que nada pode existir na alma além daquilo que esta percebe efetivamente. Ora, as crianças, por exemplo, estão longe de compreender esses princípios que se qualificam como inatos nelas, no fundo, por hábito ou obediência à autoridade de certos sistemas filosóficos (cartesianos, neoplatônicos...). Na origem, portanto, a alma (sede do pensar) é virgem de toda ideia, ela se apresenta como uma "*tabula rasa*[4], vazia de qualquer impressão, sem ideia nenhuma".

É a **experiência**, "fundamento de todos os nossos conhecimentos", que constitui a origem das ideias. Locke inaugura assim o empirismo, doutrina segundo a qual todo conhecimento e toda ideia provêm da experiência e apenas dela. A experiência atinge a alma e engendra as ideias por dois caminhos diferentes: a **sensação**, produzida pelos objetos exteriores, e a **reflexão** do espírito sobre suas próprias operações.

Essas duas fontes introduzem na alma o que Locke denomina **ideias simples**, isto é, ideias irredutíveis à análise, que resultam apenas de impressões produzidas pelo objeto e não combinadas pela mente. Em relação às ideias simples, o espírito é passivo, não sendo sua causa, mas elas impondo-se a ele. As ideias simples são a matéria-prima que o espírito compara, combina ou ainda separa para gerar **ideias complexas** (por exemplo, a noção de substância).

• *Qualidades primeiras e qualidades segundas*

A fim de analisar mais adiante nosso poder de conhecer, convém classificar nossas ideias simples em função de sua semelhança com as coisas. É o que Locke faz ao distinguir as **qualidades primeiras** (as propriedades que constituem efetivamente a matéria, como a extensão, a figura, o movimento...) das **qualidades segundas** (as propriedades que só existem em nossa alma, que são produzidas pelo objeto, mas não estão nele, como o calor, os sons, as cores...). Essas últimas não se parecem com o objeto que as produz, mas são relativas à condição do sujeito que as percebe.

Uma ideia simples de qualidade primeira, portanto, é objetiva, e se assemelha efetivamente a essa qualidade. Para afirmar a existência das qualidades primeiras (que Berkeley rejeitará em seguida), Locke afirma a existência do mundo fora de nós. Por outro lado, toda ideia de qualidade segunda existe apenas em nossa percepção.

• *Entre ceticismo e dogmatismo*

Dessa concepção empirista resulta que o alcance de nosso saber é limitado. Com efeito, como as conexões de ideias não excluem o erro, a essência real das coisas nos escapa, nossos conhecimentos são mais ou menos prováveis e conhecem graus variados de certeza (a ideia simples é muito

---

4. *Tabula rasa*: tabula de cera virgem. Símbolo do empirismo, esta expressão remete ao caráter vazio da mente antes de qualquer experiência.

menos frágil do que a ideia complexa, mas é menos instrutiva, porque não acrescenta nada ao seu objeto).

Contra o dogmatismo, Locke afirma, portanto, que é o espírito humano que constrói suas próprias ideias seguindo dados fornecidos pela experiência. Mas ele combate o ceticismo, afirmando a adequação possível entre a realidade objetiva e nossas ideias.

Uma concepção liberal da política

Como a de Hobbes, também a filosofia política de Locke se interroga sobre a possibilidade do homem para viver em paz e ela se enraíza na hipótese do estado de natureza, estado a-histórico no qual se concebe a situação do homem anteriormente a toda organização social. Mas Locke, **defensor das liberdades**, opõe-se à filosofia política absolutista de Hobbes, tanto em sua concepção do estado de natureza quanto na análise do contrato social e de seus fins e meios.

No **estado de natureza** reinam liberdade (cada um é mestre de si mesmo) e igualdade. O **direito à propriedade privada** é natural: cada um, possuindo um direito absoluto sobre si mesmo, estende tal direito aos frutos de seu trabalho. Assim, a terra que o indivíduo cultiva torna-se seu bem. O estado de natureza não é, como afirma Hobbes, um estado de conflitos permanentes, mas as paixões humanas impelem o homem a infringir a lei natural e o tornam imperfeito. O estado civil será o modo de corrigir essa imperfeição.

Dessa maneira, se o homem passa do estado de natureza ao estado civil, isso não acontece, como quer Hobbes, a fim de acabar com um estado natural de guerras, mas para proteger os direitos naturais, legalizando-os de maneira a assegurá-los. O cidadão, por meio do contrato social, oferece sua confiança ao governante e o encarrega de proteger seus direitos.

O contrato social não é, assim, um contrato de submissão, mas uma convenção, um ato de confiança pelo qual o cidadão visa um benefício. Se ele aceita o pacto, pelo qual abre mão de seu direito natural de garantir a justiça por si mesmo, se consente com as leis do Estado, é porque elas garantem sua **liberdade** e suas **propriedades**: "o fim principal e capital em vista do qual os homens se associam em repúblicas e se submetem a governantes é a conservação de sua propriedade". Vê-se aqui o estabelecimento dos fundamentos do liberalismo: o Estado tem por função garantir aos indivíduos a livre posse do fruto de seu trabalho.

Por esse princípio é igualmente afirmado o **direito de resistência à opressão** (este é na verdade um dever): se o governo não cumprir sua missão, isto é, não garantir as propriedades dos indivíduos (em sentido amplo, as propriedades designam a vida, a liberdade e os bens), então, a resistência é legítima.

• *A tolerância religiosa*

Fundando a ideia de **direitos humanos**, Locke afirma a primazia do indivíduo: este não deve nada à sociedade, mas ela é que lhe deve tudo. Assim, não cabe ao governo reger a vida privada dos indivíduos, sobretudo no que tange questões de religião.

A **tolerância positiva** é necessária em matéria de culto. Cada um deve poder escolher livremente sua crença, ainda mais que a existência de ideias inatas depositadas no espírito humano por Deus é refutada. Locke abre uma separação entre Igreja e Estado.

Essas ideias modernas e liberais terão uma grande influência sobre o regime constitucional inglês, sobre a Constituição americana, e inspirarão pensadores como Montesquieu ou, ainda, Rousseau.

Uma obra-chave: *Segundo Tratado do Governo Civil*

• *Contexto*

Contemporâneo de conflitos políticos e religiosos, Locke se interroga sobre a possibilidade, para o homem, de viver em paz. Teórico do contrato social, ele refuta, no *Primeiro Tratado do Governo Civil*, a ideia de uma herança do poder, opondo-se à monarquia absoluta de direito divino, e expõe, no *Segundo Tratado do Governo Civil*, sua teoria política.

Fundador do liberalismo, Locke vê no estado civil o meio de garantir os direitos que o homem possui no estado de natureza, a saber, sua liberdade e a propriedade privada.

• *Extrato*

Um homem que se nutre dos frutos que ele ajunta aos pés do carvalho ou das maçãs que ele colhe nas árvores, numa floresta, certamente, dessa forma se apropria de tais frutos. Ninguém ousaria contestar que aquilo de que ele se alimenta, nessa ocasião, não lhe pertença legitimamente. Portanto, eu pergunto: *Quando é que as coisas que ele come começam a lhe pertencer exatamente?* Quando ele as digere, ou quando ele as come, ou quando as cozinha, ou ainda quando ele as leva para sua casa, ou quando as colhe? É evidente que não existe nada aí que as torne suas, senão o cuidado e o trabalho empregado por ele em colhê-las e ajuntá-las. Seu trabalho distingue e separa, então, esses frutos dos outros bens que são comuns; ele adiciona alguma coisa a mais que a *natureza*, a mãe comum de todos, não colocou; e, por esse meio, elas se tornam seu bem particular (*Second traité du Gouvernement Civil*. Paris: Flammarion, 1992 [Coll. "GF"].

Chaves textuais

• *A natureza comum a todos*

- Tudo o que existe, no estado de natureza, é dado por Deus a todos os homens em comum.
- Pergunta: a propriedade privada, então, é legítima? Qual é sua origem? Análise da justificação e da origem da apropriação de um bem de origem comum.

• *O trabalho, origem da propriedade privada*

- O direito absoluto do homem sobre si mesmo (sua liberdade) se estende ao fruto de seu trabalho.
- O trabalho, transformação da natureza bruta, cria a riqueza e legitima a apropriação dos bens que ele produz: a propriedade é um direito natural.
- A natureza, comum na origem, torna-se bem particular daquele que a transforma em virtude dessa mesma transformação: liberalismo econômico e político que legitima a propriedade privada.

ESPINOSA

1632-1677

"O homem livre, no que menos pensa é na morte, e sua sabedoria é uma meditação, não da morte, mas da vida" (*Ética*).

Elementos biográficos

• *Um herético excomungado*

Filósofo holandês de origem judaica e portuguesa, Baruch Espinosa, que frequenta os cristãos liberais e os livres-pensadores, é violentamente excomungado e caçado de Amsterdã pela Sinagoga por propósito e atitudes contrárias à ortodoxia judaica. Durante muito tempo seria tachado de ateu, acusação de que ele se defende.

Livre-pensador, livre de todo apego religioso, ele não é compreendido por seus contemporâneos. Chegaram tanto a insultá-lo (como um ministro eclesial anônimo, que escreveu: "aqui jaz Espinosa; cuspam em sua tumba") quanto a incensá-lo (como fez Renan que, inaugurando dois séculos mais tarde sua estátua, conclui seu discurso observando que "é aqui, provavelmente, que Deus foi visto mais de perto").

• *Uma obra que incomoda*

Ele ganha sua vida como polidor de vidros óticos, mas publica anonimamente em 1670 o *Tratado teológico-político*, em que defende a liberdade de pensamento, refuta a existência de milagres e expõe um método crítico para a leitura das Sagradas Escrituras. Esta obra causou grande escândalo e ele renunciou, então, a qualquer outra publicação.

Mas continua a escrever e a meditar sobre a política, a sabedoria e a liberdade humana. Embora viva recluso, seus amigos desmentem sua reputação de solitário e, com sua morte, publicam suas obras.

O público vem a conhecer, então, a *Ética*, o *Tratado político*, e o *Tratado da reforma do entendimento*. Consideradas "profanas, ateias e blasfematórias", essas obras seriam proibidas sob a pressão das autoridades religiosas.

Teses essenciais

Espinosa quer mostrar que a filosofia, conhecimento de si mesmo, do mundo e de Deus, conduz à ***beatitude****, esse estado de felicidade perfeita proporcionado pelo conhecimento racional ao libertar o homem das superstições e das paixões que o afetam negativamente. A vida segundo a razão é o Soberano Bem, ela salva o homem do distúrbio das paixões.*

• *Um projeto ético*

Esse projeto eminentemente moral repousa sobre um **percurso racional** que toma como modelo o **método geométrico**. Partindo de princípios metafísicos, Espinosa faz a dedução dos princípios morais e políticos e mostra que o homem deve se desfazer das ilusões que o alienam e submetem. A primeira dessas ilusões consiste na concepção da natureza herdada da tradição religiosa.

• *"Deus, ou seja, a Natureza"*

Espinosa refuta, com esta fórmula de influência estoica, a ideia de uma divindade pessoal e transcendente. Deus não é o Ser do além, benfeitor, que cria a natureza para o homem, como afirmam os textos sagrados, dos quais ele aponta o antropocentrismo.

Deus é a totalidade da natureza. Tudo o que existe, existe em Deus e dele procede. Ele é a única **substância** que existe, substância significando aquilo que existe em si e é concebido por si (o que não depende de nada além de si mesmo) e tem uma infinidade de atributos.

Um **atributo** designa aquilo que o entendimento percebe da substância como constituinte de sua essência. Se há uma infinidade de atributos, os que nós conhecemos, no entanto, em razão de nosso entendimento, são dois: a extensão e o pensamento.

Todas as coisas singulares (uma pedra, uma árvore, ou ainda um homem) são apenas **modos** de Deus, as maneiras particulares como o atributo da substância é determinado (uma pedra, por exemplo, é um modo do atributo "extensão").

• *O homem não é "um império dentro de um império"*

Essa concepção refuta o finalismo, segundo o qual Deus é dotado de intenções e não faz nada em vão, sempre em vista de um projeto livremente decretado. Se todas as coisas derivam de Deus, não é devido a um livre decreto de sua vontade, mas à **necessidade**: o determinismo reina na natureza, as causas e os efeitos se encadeiam de maneira necessária.

Consequentemente, o homem não é um ser privilegiado na Natureza, nem é um "império dentro de um império", mas é uma parte da Natureza submetida ao determinismo que a caracteriza. O homem se crê livre, não sujeito à necessidade, porque tem consciência de suas volições, mas o livre-arbítrio (capacidade de ser causa primeira de seus atos sem inclinação alguma) é uma ilusão devida à ignorância das causas que agem sobre ele. Isto, no entanto, não torna Espinosa um adversário da ideia de liberdade: é dita "livre" [...] uma coisa que é e age unicamente pela necessidade de sua natureza". Sua autonomia o homem a conquista tomando consciência de seu lugar na Natureza, das leis que atuam sobre ele, aprendendo a ter apenas paixões alegres, e a não ser afetado pelas paixões tristes. A **liberdade** não é, portanto, uma independência em relação a toda necessidade, mas antes é um conhecimento adequado de si mesmo e de suas afeições.

A filosofia, combatendo as ilusões do finalismo e da liberdade, e revelando os mecanismos das paixões, revela-se libertadora e fonte de plenitude. Se o homem é infeliz, isto se deve ao fato de ele separar o real e o racional, conforme o finalismo que o impele a buscar sempre mais poder. Ora, aquele que sabe que a razão é o real não busca aumentar seu poder: ele já se encontra na satisfação que advém do amor intelectual de Deus.

• *O homem, um ser de desejos*

O homem é, essencialmente, o desejo de "perseverar em seu ser", ***conatus*** (esforço). Todo desejo é apenas expressão consciente desse desejo fundamental pelo qual o espírito e o corpo buscam aumentar seu poder.

Contrariamente ao pensamento tradicional, Espinosa não desvaloriza o desejo e tampouco o relaciona irremediavelmente ao corpo. O espírito deseja tanto quanto o corpo e ambos têm a mesma dignidade. O desejo exprime o poder de afirmação do homem, e constitui sua essência. Consequentemente, não é o pensamento ou mesmo a razão que define o homem, mas o desejo.

• *Paixões tristes e paixões alegres*

Contudo, o homem pode ser afetado de diversas maneiras. Espinosa distingue os afetos que são da ordem das paixões, determinados por uma causa exterior, em relação aos quais o indivíduo é passivo, dos afetos ativos dos quais nós somos a causa. Esses últimos permitem a verdadeira afirmação de si, ao passo que os primeiros são fonte de servidão.

As afeições podem ser tristes (por exemplo, o ódio, a inveja, a vergonha...) quando elas provocam um sentimento passivo de tristeza diminuindo nosso poder de ação. Essas afeições negativas, fontes de servidão e ligadas a uma falsa moral que exalta a piedade e a renúncia, devem dar lugar às afeições alegres que aumentam nossa capacidade de agir e de existir, e nos libertam e provocam um sentimento ativo de alegria. A virtude verdadeira consiste no conhecimento racional de si mesmo, que liberta das paixões tristes devidas ao desconhecimento de si mesmo e da necessidade e permite ao sábio aceder à beatitude. O sábio é aquele que medita a respeito da vida, não da morte, e sabe saborear os prazeres que aumentam seu poder de agir. A sabedoria se situa na autorrealização e na alegria advinda da razão.

• *Política e tolerância*

A reflexão política de Espinosa repousa no princípio do caráter passional dos homens: não razoáveis, eles encontram no Estado a possibilidade de viver em paz e liberdade. O Estado deve ser forte, fundado na razão e, sobretudo, tem a incumbência de garantir a liberdade e a segurança de todos: "O fim do Estado não é transformar os homens, seres razoáveis, em animais ou em autômatos, mas, ao contrário, fazer com que [...] eles mesmos usem sua livre razão. [...] O fim do Estado, na realidade, é a liberdade".

Partidário da **democracia** e da **tolerância**, Espinosa defende a liberdade de pensamento e de expressão das opiniões. Estas, mesmo que contrárias às linhas de conduta do Estado, não podem abalá-lo se seu poder é legítimo, e previnem dos abusos de poder. Mais que isso, as opiniões são inclusive necessárias ao bom funcionamento da sociedade: "A liberdade de filosofar [...] não pode ser suprimida sem suprimir ao mesmo tempo a paz do Estado". Um Estado que suprimisse toda liberdade de pensar e expressar-se sucumbiria rapidamente ao ódio popular.

Uma obra-chave: *Tratado teológico-político*

• *Contexto*

A publicação desta obra provocou muitas críticas a Espinosa. Nela ele defende a laicidade e a tolerância em matéria de pensamento e da expressão de opinião e denuncia a dominação política e religiosa que, fundando-se em superstições, priva o homem de sua liberdade. O Estado é tanto mais forte quanto mais reconhecer a pluralidade de opiniões e permitir a liberdade de expressão.

• *Extrato*

Como o livre juízo dos homens é totalmente variado e como cada um acredita que só ele sabe tudo, e como é impossível que todos pensem igualmente a mesma coisa, e falem a uma só voz, eles não poderiam viver em paz se cada um não tivesse renunciado ao direito de agir segundo o decreto de seu próprio pensamento. É, portanto, apenas ao direito de agir de acordo com seu próprio pensamento que o indivíduo renunciou, e não ao direito de raciocinar e de opinar; consequentemente, ninguém pode, sem ameaçar o direito do poder soberano, agir contra o decreto deste, mas pode absolutamente pensar e opinar e, consequentemente, também exprimir-se, desde que ele se contente em falar e ensinar, e defender sua opinião apenas com a razão, sem introduzir por meio da astúcia, da cólera e do ódio, alguma medida contrária ao Estado que só dependa da autoridade de seu próprio querer (*Traité Théologico-Politique*. [s.l.]: Hatier, 1999).

Chaves textuais

• *Limitação da liberdade de agir*

- O homem, não razoável, tende a agir por conta própria, muitas vezes seguindo apenas seus próprios interesses egoístas.
- Necessidade de uma regulação das ações, que devem se conformar às leis comuns decretadas pelo soberano, a fim de viver em paz.
- Transgredir a lei é fragilizar a paz que ela garante.

• *Afirmação da liberdade de expressão*

- No entanto, o homem deve conservar a liberdade de pensar e de exprimir-se, de apresentar oralmente ou por escrito suas ideias: recusa da censura.
- Defesa da laicidade que supõe uma autonomia da política em relação à religião e a independência da filosofia em relação à teologia e à política.

• *O que é a verdadeira liberdade de expressão*

- Mas o direito de expressão só é garantido com a condição de que ele não desestabilize intencionalmente o poder e a paz que o poder assegura.
- Pois o pensamento não é livre se não estiver em conformidade com as exigências da razão. Ele não deve emanar de paixões tristes e alienantes, como a falsidade, a cólera ou o ódio, que não têm relação com um pensamento originado na razão.

1638-1715

"O homem não é, absolutamente, sua própria luz"
(*Diálogos sobre a metafísica e a religião*).

Elementos biográficos

• *A vocação religiosa*

Nicolas Malebranche, filho de um tesoureiro do rei, estudou filosofia e teologia.

Em 1660 escolheu tornar-se padre e entrou no *Oratório*, congregação religiosa do bairro Saint-Honoré, em Paris.

• *Uma vida dedicada à busca da verdade*

Em 1664 é ordenado padre e descobre com entusiasmo o *Tratado do homem* de Descartes, que o leva a decidir consagrar sua vida aos estudos científicos e à filosofia.

Entre as obras de Malebranche, podemos mencionar: *A busca da verdade* (1674), *Conversações cristãs* (1677) e *Diálogos sobre a metafísica e a religião* (1688).

Teses essenciais

A filosofia é, para Malebranche, o modo de justificar o cristianismo. Em sua obra maior, De la recherche de la verité *(A busca da verdade), ele "demonstra, de diversas maneiras, que nossos sentidos, nossa imaginação e nossas paixões nos são inteiramente inúteis para descobrir a verdade e para nosso bem". O espírito humano se abaixa e se apega ao corpo, mas se eleva quando iluminado pela luz de Deus, entendido como* ***Razão universal.***

• *A visão em Deus*

Como Descartes, Malebranche afirma que não é possível chegar ao conhecimento senão por meio de **ideias claras e distintas.** Nossos erros provêm do fato de pensarmos que podemos conhecer através dos sentidos e da imaginação. Ora, os sentidos não permitem conhecer, mas apenas saber o que nos é útil ou prejudicial. Quanto à imaginação, verdadeira "louca da casa", é sedutora e perigosa.

Porém, Malebranche se distancia da doutrina cartesiana ao considerar que não é por si mesmo que o homem pode chegar ao conhecimento, mas em Deus. As ideias claras se encontram em Deus e é nele que o homem as enxerga diretamente.

De Agostinho Malebranche mantém a concepção da **razão** como luz natural de origem divina: marca de Deus no homem, universal, imutável e infinita, ela nos une a Deus e torna possível essa **visão em Deus** da verdade. Assim, "quando o espírito conhece a verdade, ele está unido a Deus" (*A busca da verdade*).

O conhecimento do mundo e das leis que o regem provém, portanto, da visão em Deus das **ideias**. Por "ideias" Malebranche designa, inspirando-se no platonismo, os arquétipos, os modelos das coisas sensíveis, realidades espirituais independentes do homem.

Deus, portanto, é o lugar de todos os conhecimentos: a filosofia verdadeira depende da religião.

• *O ocasionalismo*

A natureza é regida por uma ordem racional. As ciências naturais desvelam, legitimamente, as causas naturais dos fenômenos, mas é preciso compreender que elas são causas segundas: elas são apenas causas **ocasionais**. Deus, criador das leis universais que ordenam a natureza, é a única causa verdadeira, a única causa eficiente de todas as coisas. Qualquer outra causa existente é apenas ocasião do exercício da vontade divina.

Por exemplo, quando uma bola de bilhar atinge uma outra, ela é a **ocasião** de seu movimento, e não sua verdadeira causa, que é Deus, causa de todas as coisas criadas e das leis que regem suas interações. O próprio espírito não é a verdadeira causa das ideias, pois elas provêm de Deus.

O ocasionalismo permite que Malebranche proponha uma solução original ao problema cartesiano da união da alma e do corpo: não é a alma que move, efetivamente, o corpo, mas Deus.

A alma e o corpo, portanto, não estão unidos por laços de causalidade, e um não pode influenciar o outro; e inversamente, o corpo não tem poder algum sobre a alma. Os estados da alma e os do corpo estão, muito pelo contrário, em **correspondência**, sendo Deus a garantia desse vínculo.

• *A simplicidade das vias divinas*

A perfeição da criação pode ser apreciada a partir da perfeição das vias escolhidas por Deus para realizá-la, perfeição que reside na **simplicidade** dessas vias: Deus não cria arbitrariamente e nem cegamente, movido por vontades particulares, mas seguindo uma **ordem racional**, estabelecida pelas leis gerais.

Embora possa acontecer de Ele agir por vontade particular (de onde nascem os milagres), isso jamais ocorre senão por revelar-se necessário para a manutenção da ordem.

Considerando a natureza o lugar de uma concatenação mecânica cujas leis são imutáveis, Malebranche abre caminho ao racionalismo do século XVIII e à física moderna.

• *O problema da existência do mal*

Mas se a ordem reina neste mundo perfeito, como explicar a existência do mal? A obra de Malebranche se limita a justificar o cristianismo e a mostrar que o mal não pode ser imputado a Deus propriamente.

Deus não é causa do mal, mas o "permite" porque deseja a perfeição das vias, que se opõem ao recurso às vontades arbitrárias e particulares. Por exemplo, se Deus nos dá o poder de falar, ele não pode, em virtude da ordem geral, suprimir-nos o poder de insultar os outros.

Uma obra-chave: *A busca da verdade*

• *Contexto*

Malebranche se propõe, nesta obra, a mostrar como convém utilizar nossas faculdades a fim de evitar o erro e, por meio da visão em Deus, encontrar a verdade.

• *Extrato*

Não há ninguém que discorde que todos os homens são capazes de conhecer a verdade; e os filósofos, mesmo os menos lúcidos, estão de acordo que o homem participa de uma certa *razão* que eles não determinam. [...] Eu vejo, por exemplo, que 2 x 2 são 4, e que devemos preferir nosso amigo ao nosso cão. E eu tenho certeza de que não existe absolutamente ninguém no mundo que não seja capaz de ver isso tão bem quanto eu. Ora, eu não sou capaz de ver essas verdades no espírito dos outros, como os outros não são capazes de vê-las no meu. Portanto, é necessário que exista uma Razão universal que me ilumine e a todas as inteligências existentes. Porque, se a razão que eu consulto não fosse a mesma que responde aos chineses, é evidente que eu não poderia estar tão certo quanto estou de que os chineses veem as mesmas verdades que eu vejo. Assim, a Razão que consultamos quando nos voltamos para dentro de nós mesmos é uma Razão universal. Eu digo quando nos voltamos para dentro de nós mesmos, porque não estou falando aqui da razão que segue um homem passional. Quando um homem prefere a vida do seu cavalo à vida do seu cocheiro ele tem lá suas razões, mas essas são razões particulares que um homem razoável abomina. São razões que, no fundo, não são razoáveis, porque não estão de acordo com a Razão soberana, ou a

Razão universal que todos os homens consultam (*De la recherche de la vérité*: éclaircissement. Vol. 3. Paris: Vrin, 1976).

Chaves textuais

• *Uma certeza: nós podemos alcançar a verdade universal*

- Uma constatação: os homens estão de acordo a respeito das verdades científicas e morais, mesmo que eles sejam bem diferentes entre si (exemplo dos "chineses" que aqui simbolizam os estrangeiros).

- Origem desse acordo: a razão presente em todos, a mesma capacidade presente em todo ser humano, para ver a verdade, capacidade de que não se pode, razoavelmente, duvidar.

• *A Razão universal, fonte da visão da verdade*

- A certeza do acordo sobre a verdade não provém da visão da verdade no espírito dos outros: é necessário colocar a origem da verdade em Deus.

- Deus: a Razão universal, fonte do conhecimento comum de que todo homem participa por seu espírito.

- Razão universal: o que ilumina o homem em si mesmo, em sua interioridade, em oposição às razões particulares não razoáveis (não conformes à Razão universal) do passional apegado ao corpo e não voltado para Deus.

1646-1716

"Nada pode vir de Deus que não esteja perfeitamente conforme à bondade, à justiça e à santidade" (*Ensaios de teodiceia*).

Elementos biográficos

• *Uma das maiores mentes de seu século*

Gottfried Wilhelm Leibniz, filósofo e matemático alemão, de uma rara precocidade intelectual, consagrou sua vida ao estudo de domínios tão variados quanto a filosofia, o direito, a matemática, a física, a química ou ainda a história.

Culto, curioso de tudo, ele aperfeiçoava seus conhecimentos continuamente. Uniu-se aos maiores sábios de seu tempo e manteve inúmeras correspondências.

• *Diversas viagens de grande proveito*

Conselheiro do Príncipe de Mayence encarregado de missões diplomáticas, ele percorre a Europa e se encontra, sobretudo, com Malebranche, Arnauld e Espinosa. Também trava conhecimento com as obras de Descartes, de Pascal, de Newton e de Locke.

Por ocasião de uma viagem diplomática a Paris, ele descobre, independentemente de Newton, o cálculo infinitesimal. A paternidade dessa descoberta será objeto de conflito entre Leibniz e os newtonianos.

Nomeado bibliotecário e conselheiro na corte de Hannover, dedica-se à elaboração de seu sistema filosófico e se ocupa da publicação de suas obras filosóficas, como os *Novos ensaios sobre o entendimento humano* (1703), os *Ensaios de teodiceia* (1710), *A monadologia* (1714).

Teses essenciais

Leibniz elabora uma visão sistemática e harmoniosa do mundo, uma ***monadologia****: tudo o que existe é* ***mônada,*** *substância individual proveniente de Deus. Ele rejeita o mecanicismo cartesiano e o empirismo de Locke, e afirma a individualidade e a exploração do inconsciente: a filosofia leibnizeana abre novos caminhos ao pensamento moderno.*

• *A crítica ao empirismo*

Na linha de Descartes, Leibniz minimiza o papel da experiência na busca da verdade. Os *Novos ensaios sobre o entendimento humano* analisam de maneira crítica o empirismo de Locke: nossas ideias não provêm da experiência. A ideia segundo a qual nossa mente seria apenas uma *tabula rasa*, conforme as palavras de Locke, é apenas ficção.

Certamente que "a experiência é necessária": ela oferece matéria para a constituição de nossos conhecimentos. Mas, "nada há na alma que não tenha antes existido nos sentidos, exceto a própria alma". Nós raciocinamos antes mesmo de refletir sobre a razão, de modo que a razão não tem, imediatamente, consciência dos princípios que ela contém. É a experiência que lhe fornece a ocasião de descobrir tais princípios, assim como a primazia do espírito. Com efeito, o real se faz compreender pelos princípios lógicos da razão.

• *A supremacia da razão*

Racionalista, Leibniz considera que é na razão e em seus princípios que se deve confiar para explicar o mundo. Não são a evidência e a clareza, critérios cartesianos pouco confiáveis, que garantem o caminho rumo à apreensão da verdade, mas a **lógica**. "Pois, geralmente, os homens, julgando facilmente, consideram claro e distinto aquilo que é obscuro e confuso".

Assim, "não se deve admitir nada como certo se não tiver sido provado por uma experiência exata ou uma demonstração sólida. Ora, uma demonstração é sólida quando respeita a fórmula prescrita pela lógica" (*Meditações sobre o conhecimento, a verdade e as ideias*). A supremacia da razão sobre os sentidos se afirma sem contestação.

• *Verdades de fato e verdades da razão*

É preciso distinguir verdades de fato, contingentes, e verdades da razão, absolutamente necessárias.

As **verdades da razão**, de ordem matemática, deduzem-se do **princípio de contradição** segundo o qual é necessário aquilo cujo contrário é impossível. Tais verdades são demonstradas e deduzidas pela análise.

As **verdades de fato** são contingentes: seu oposto é possível, ele não implica contradição. Mas isso não significa que elas sejam sem razão: se o princípio de contradição torna claras as verdades da razão, é o **princípio da razão suficiente** que esclarece as verdades de fato. "Nada se faz sem razão suficiente, significa dizer que nada acontece sem que seja possível àquele que conheça bem as coisas apresentar uma razão que baste para determinar por que é assim e não de outra maneira".

Fazendo eco ao **finalismo** aristotélico, esse princípio maior funda a filosofia leibnizeana. Ele afirma que se as coisas são assim e não de outra maneira, isto não é por acaso, mas pode ser justificado, mesmo que a razão nos escape, sendo limitada a nossa visão do mundo.

Individualidade e diversidade no mundo

Não é porque o mundo pareça à primeira vista caótico e desordenado que ele seja de fato assim: a razão visa encontrar a ordem, a unidade dessa variedade cuja organização nos escapa à primeira vista. Cabe a ela pensar a diversidade e dar-lhe sentido.

Existe uma infinidade de detalhes, pois tudo é individualidade. O princípio da razão suficiente implica o dos **indiscerníveis**: não existem na natureza dois seres idênticos, sem o que não se compreenderia por que este se encontra aqui em vez de lá onde se encontra o outro que lhe é idêntico.

A variedade presente na natureza implica o princípio de **continuidade**: todos os graus de perfeição se encontram na hierarquia das criaturas porque "a natureza não dá saltos".

A harmonia preestabelecida das mônadas

A realidade se constitui de unidades indivisíveis: "o que não é verdadeiramente *um* ser tampouco é um *ser*". **A mônada** é unidade do ser, a substância simples de ordem espiritual, **força** ativa que manifesta suas potencialidades e não poderia confundir-se com a extensão (contrariamente ao que afirma Descartes ao distinguir substância extensa e substância pensante) porque toda matéria é divisível ao infinito.

Verdadeiro **microcosmo**, toda mônada, criada por Deus, é individual, única, indivisível. A mônada é o sujeito, é aquilo a que se pode aplicar um atributo, mas que não pode ser atributo. Por exemplo, pode-se dizer de César que é imperador, mas de ninguém mais além de César que ele é César.

A mônada contém todos os seus atributos, tanto passados quanto futuros, e nisto reside seu **princípio de individuação**. Ela não tem "nem portas nem janelas", ela não pode ser transformada a partir de fora, ela contém em si mesma tudo o que ela é e será, mas também todo o universo: ela é um **espelho do mundo** que exprime certo ponto de vista, como no teatro, em que cada espectador percebe de um ponto de vista diferente o mesmo espetáculo.

Embora as mônadas não ajam umas sobre as outras, elas se comunicam entre si e se harmonizam segundo uma ordem definida por Deus, a **harmonia preestabelecida.** O universo é prefeito porque Deus cria a harmonia mais perfeita possível entre seus elementos.

• *O melhor dos mundos possíveis*

A *Teodiceia* (literalmente, "justificação de Deus") se propõe a mostrar que não se pode imputar a Deus a existência do mal, nem deduzir do mal a não existência de Deus. Pois Deus não faz nada sem razão: nosso mundo é o melhor dos mundos possíveis, pois ele contém ao mesmo tempo o máximo de ordem e o máximo de variedade.

No entanto, Leibniz não nega a existência do mal, como Voltaire o critica de fazer em seu famoso *Candide*: este mundo é o mais preferível, o mais perfeito possível, mas isso não significa que seja um mundo absolutamente perfeito.

Deus cria o mundo calculando: ele concebe todos os mundos possíveis (todos os **compossíveis:** o que é possível ao mesmo tempo) e escolhe entre esses possíveis o melhor, aquele que comporta o máximo de perfeição, ou seja, de variedade ordenada. Entre todas as combinações possíveis, "a que existe é aquela por meio da qual a maior quantidade de essência ou de possibilidades é trazida à existência". A vontade de Deus se conforma a sua inteligência para criar o melhor de todos os mundos *possíveis*, e não o melhor dos mundos *desejáveis*.

Deus quer **o melhor**. Nossa visão por demais restritiva do mundo nos impede de ver a perfeição na qual o mal, finalmente, é apenas uma necessidade para o bem do conjunto. A *Teodiceia* revela o otimismo matemático de Leibniz. Tudo existe para o melhor no melhor dos mundos possíveis.

• *O problema da liberdade*

A mônada contém implicitamente em si todas as suas qualidades e seu vir a ser. Mas como fica então a liberdade?

Leibniz distingue duas espécies de necessidade. A **necessidade geométrica** (ou lógica), fundada no princípio de não contradição, é absoluta e concerne às **verdades da razão**.

Por outro lado, as **verdades de fato**, contingentes, dependem de uma **necessidade hipotética**: seu oposto não implica contradição, outros mundos eram possíveis, de modo que as existências são contingentes. A necessidade hipotética toma a forma do "se... então, necessariamente aquilo": se Deus quis o melhor dos mundos possíveis, então era necessário *neste mundo*, mas não absolutamente, que César passasse o Rubicão.

A liberdade exclui apenas a necessidade absoluta, que não diz respeito aos atos das mônadas. Ela consiste não na ação imprevisível de Deus, na possibilidade de fazer qualquer coisa, mas na realização de cada mônada.

• *As pequenas percepções*

Precursor do inconsciente, Leibniz se opõe à identificação cartesiana do pensamento e da consciência. Ele coloca em evidência a existência na alma de uma infinidade de **pequenas percepções** de que ela não tem consciência. Reunidas umas às outras, elas formam **a apercepção** (percepção consciente), mesmo que elas sejam em si indiscerníveis (veja o texto adiante). Assim, nós pensamos ininterruptamente, mas não temos consciência de todos os nossos pensamentos. A consciência é o resultado de um processo que lhe escapa.

Uma obra-chave: *Novos ensaios sobre o entendimento humano*

• *Contexto*

Leibniz empreende, nesta obra, uma resposta ao *Ensaio sobre o entendimento humano* de John Locke, sob a forma de um diálogo entre Filaleto, o empirista, e Teófilo, o racionalista.

A experiência não é o fundamento do conhecimento, mas antes a ocasião para o espírito pensar a ideia que ela já possuía.

• *Extrato*

Existem mil marcas que nos levam a crer que haja, em todo momento, uma infinidade de percepções em nós, mas sem apercepção e sem reflexão, ou seja, mudanças na própria alma, de que não nos apercebemos, porque as impressões são, ou pequenas demais e em quantidade muito grande, ou muito unidas, de modo que não há como se distinguir suas partes, mas reunidas às outras elas produzem seu efeito e se fazem sentir, ao menos confusamente, no conjunto. É assim que a familiaridade faz com que nós não prestemos atenção ao barulho de um moinho ou a uma queda d'água quando moramos bem perto deles há certo tempo.

[...]

E para avaliar melhor ainda as pequenas apercepções que não conseguiríamos distinguir na multidão, eu costumo servir-me do exemplo do bramido ou do barulho do mar, que ouvimos bem quando estamos na praia. Para ouvir este barulho, como fazemos, é preciso que ouçamos as partes que compõem o todo, isto é, o barulho produzido por cada onda, mesmo que cada um desses pequenos sons não possa ser conhecido fora desse conjunto confuso de todas as ondas juntas, ou seja, nesse mesmo bramido, e não notaríamos se determinada onda, que o produz, estivesse só. Pois é necessário ser um pouco afetado pelo movimento dessa onda, e ter alguma percepção de cada um destes barulhos, por pequenos que sejam; senão, também não perceberíamos o barulho de cem mil ondas, pois cem mil nadas não conseguiriam fazer alguma coisa (*Nouveaux essais sur l'entendement humain*. Paris: Flammarion, 1966 [Coll. "GF"].

Chaves textuais

• *Existem percepções inconscientes*

- Há na alma percepções não conscientes, uma infinidade de pequenas percepções de que não temos consciência.

- Distinguir a apercepção (percepção consciente) e as percepções insensíveis, inconscientes, que constituem os elementos da apercepção.

- Caráter secundário da apercepção que procede de uma infinidade de percepções inconscientes.

• *A prova pelo exemplo*

- Razão primeira das percepções inconscientes: o hábito pelo qual deixamos de prestar atenção ao que nos rodeia cotidianamente, como o barulho de uma queda de água situada perto de onde moramos.

- Razão segunda: o caráter indiscernível, ínfimo, obscuro desses pequenos barulhos que constituem juntos o barulho percebido conscientemente.

- Exemplo: o barulho do mar é constituído de uma infinidade de barulhos ínfimos (o de cada gota de água) que não conseguimos perceber em si mesmos conscientemente, mas que percebemos necessariamente sem nos darmos conta. Caso contrário, não perceberíamos barulho algum: do nada somado ao nada não resulta senão o próprio nada.

Século XVIII

Coordenadas

O século XVIII abre-se sobre uma crise cultural europeia propícia à emergência do movimento intelectual, social e político que denominamos Iluminismo.

A autoridade, a hierarquia, a tradição, dão lugar à liberdade, à autonomia e ao livre uso da razão.

A razão se torna crítica e parte para o ataque das opiniões formadas, dos privilégios, das incoerências que se manifestam nesse mundo. O racionalismo cartesiano perde sua influência em vista do empirismo. Os séculos precedentes haviam preparado o afastamento da religião. As Luzes consumam esse divórcio apoiando-se na ideia de natureza.

O Iluminismo

• *O século da razão crítica*

Como uma **luz natural** iluminando cada indivíduo e guiando-o rumo à maioridade, a razão permite ao homem conquistar sua autonomia. Pensar por si mesmo, fazer uso de sua razão, sair da minoridade, da tutela da autoridade religiosa e política, essa é a tarefa do homem das Luzes.

A razão não é mais Luz vinda do alto descobrindo as verdades inatas, as ideias claras e distintas, como entendia Descartes. Ela não é mais razão metafísica, mas luz natural em cada um, faculdade crítica apoiada na experiência.

Desde 1784 **Kant** (1724-1804) definira de maneira eloquente o Iluminismo: "O que é o Iluminismo? A saída do homem de sua minoridade, cuja responsabilidade é dele mesmo. [...] *Sapere aude!*[1] Tenha a coragem de se servir de seu próprio entendimento. Eis aí a divisa do Iluminismo" (*Resposta à pergunta: O que é o "Iluminismo"?*).

• *Um homem perfectível que é necessário instruir*

Embora todo homem possua a razão, a muitos falta a educação. O Iluminismo visa difundir o saber, a levar a educação a todos.

Com **Rousseau** (1712-1778) se desenvolve a ideia de **perfectibilidade** humana: sendo que o homem pode progredir, é preciso instruí-lo. A alfabetização avança, os leitores são cada vez mais numerosos e as ideias se

---

1. Ouse pensar!

propagam, assim, mais amplamente. Os salões literários se desenvolvem e são locais de intercâmbio cultural em que se encontram lado a lado pensadores, artistas e nobreza esclarecida.

Diderot (1713-1784) e **d'Alembert** (1717-1783) elaboram a *Enciclopédia*, obra coletiva monumental de que participam Buffon, Rousseau, Montesquieu e Voltaire. Esse *Dicionário Razoado das Ciências, das Artes e dos Ofícios* visa reunir o conjunto do saber adquirido a fim de difundi-lo.

Uma razão militante

• *A experiência contra a metafísica*

Doravante a razão quer ser crítica, **fonte de liberdade e de autonomia**. Toma-se distância em relação à autoridade dos antigos: é preciso ousar pensar por si mesmo. Deseja-se a libertação de todas as tutelas e de todas as leis alheias à razão.

O filósofo adota uma atitude crítica para com a metafísica. Distante da experiência, por vezes considerada obra da imaginação, a ciência do ser enquanto ser é deixada de lado, às vezes até desacreditada, por uma razão que se apoia na experiência.

É a **Newton** (1642-1727) que se ligam os pensadores do Século das Luzes quando, opondo-se ao caminho cartesiano, consideram que a razão, longe de encontrar por si mesma e em si mesma as verdades absolutas, deve elaborar o conhecimento a partir da observação.

• *O empirismo*

O empirismo herdado das obras de **Locke** (1632-1704) se desenvolve. **Berkeley** e **Hume** são seus principais representantes. Se Berkeley (1685-1753) chega a elaborar um idealismo que rejeita a existência da matéria fundamentando-se em Deus, Hume (1711-1776), mais crítico em relação aos objetos metafísicos, examina os limites da razão. Ele denuncia a crença na razão todo-poderosa e afirma a primazia da experiência. **Kant** proporá, depois de Hume, a questão do uso legítimo da razão e limitará igualmente o conhecimento à esfera dos fenômenos. Todavia, ele reabilitará a metafísica reorientando-a ao âmbito prático.

• *A crítica da religião*

A razão questiona a religião e critica as superstições e improbabilidades veiculadas pela Igreja. Em busca de emancipação, ela rejeita o cristianismo que pretenderia subjugá-la. Assim Diderot se proclama materialista. Concluindo a *Enciclopédia*, ele afirma, com d'Alembert, seu desígnio de

promover a razão à frente da fé: "Nós somos homens antes de sermos cristãos". Quanto a Voltaire, ele fustiga o clero e combate as injustiças e a intolerância demonstradas pela Igreja: "Esmaguemos o infame!" O Infame é a intolerância religiosa.

Em toda parte os conflitos religiosos são considerados inadmissíveis e se exige a **tolerância** em matéria de culto. Os filósofos do Iluminismo, com Voltaire à frente, não cessarão de combater o fanatismo religioso.

No entanto, os filósofos não rejeitam *toda* religião. Se os materialistas proclamam seu ateísmo, a rejeição da religião está longe de alcançar unanimidade. Quando os filósofos reivindicam uma religião, é uma **religião natural** que eles têm em mente. A religião natural se opõe à religião revelada: é a relação imediata do homem com Deus que é acentuada, e não o respeito a rituais instituídos. Voltaire vê no **deísmo** a religião propriamente filosófica. A ordem testemunhada pela natureza revela a existência de um "grande relojoeiro" ordenador das leis que a regem. Assim, a religião natural se funda na razão.

A ideia de progresso

• *Os progressos científicos e técnicos*

O homem é perfectível, nos diz Rousseau: não era necessário nada mais que isso para que o homem se pusesse a crer no progresso e a pensar a **história** como manifestação desse progresso.

Se o século XVII havia testemunhado o nascimento da física moderna com Galileu e Newton, o século XVIII é o de inúmeras descobertas, principalmente o nascimento da química moderna com **Lavoisier** (1743-1794). Paralelamente, as técnicas agrícolas se desenvolvem. A invenção da máquina a vapor permite o desenvolvimento industrial e favorece o surgimento da economia. O liberalismo econômico se afirma. É o começo da civilização industrial.

Os avanços da navegação abrem novas portas e encorajam a aparição do mito do "bom selvagem", antítese do homem europeu subjugado sob o peso das leis e das religiões, que Rousseau populariza com o segundo *Discurso*. Mesmo que o selvagem seja também alguém que se precisa educar e civilizar, ele será para muitos o exemplo do homem não pervertido pela civilização. A natureza, mecanizada por Descartes e desnudada de toda afeição, reencontra valor e se torna norma. Com sua crítica da civilização moderna e a reabilitação da sensibilidade, Rousseau abre caminho ao romantismo que se desenvolverá no século seguinte.

A emergência de uma nova configuração política

A natureza é reabilitada enquanto norma da religião, mas também como norma do direito. Ao direito positivo imposto pelos poderes vigentes se opõe a ideia de **direito natural**, baseado na natureza humana: um direito universal e inalienável que cada um pode exigir. Contesta-se o direito divino do monarca para ser substituído pelo poder do povo e do ser humano.

Defende-se o "despotismo esclarecido", a soberania de um príncipe autoritário, mas benévolo que procura proporcionar felicidade aos seus súditos. Entretanto, Rousseau se opõe a tal concepção e populariza a ideia, de **soberania do povo** e a exigência de uma repartição democrática do poder. Os acontecimentos maiores do século XVIII, as revoluções americana e francesa manifestam esse elã rumo à liberdade e a recusa da alienação diante de um poder considerado ilegítimo. Os homens devem se governar a si mesmos, graças à razão.

Assim, o Século das Luzes é um século de ruptura e de mutações, um século de emancipação, de liberação de todas as tutelas. Descobrindo sua capacidade de atingir a felicidade por si mesmo, o ser humano assume seu futuro em suas mãos.

Quadro cronológico

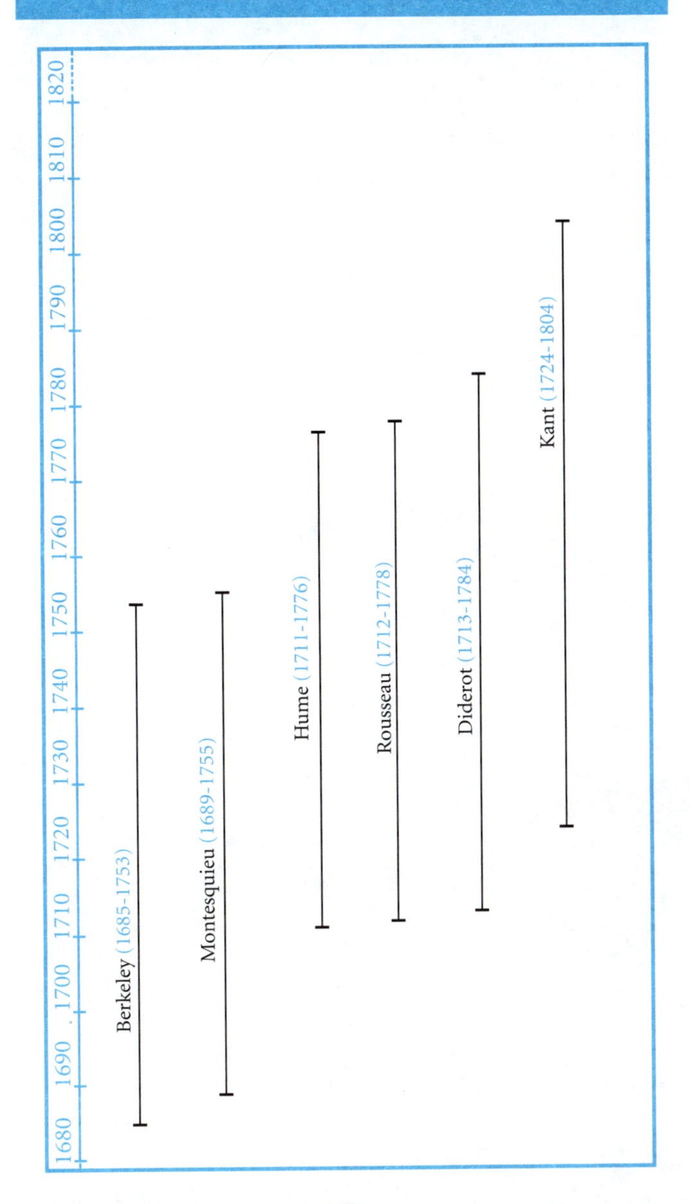

1685-1753

"Existir é ser percebido" (*Notas filosóficas*).

Elementos biográficos

• *Clérigo e filósofo pouco comum*

George Berkeley estuda no Trinity College de Dublin, e trava conhecimento das obras de Locke, Hobbes, Malebranche, Descartes, Bayle e Newton.

Desde 1707 começam a aparecer as premissas de seu imaterialismo, em suas *Notas filosóficas*. Pessoalmente empenhado com a defesa da religião frente ao ceticismo, Berkeley desenvolve uma filosofia fundada no senso comum revelando seus aspectos ainda não apercebidos e qualificados, em seu tempo, como extravagantes.

Ordenado diácono em 1709, ano da publicação de *Ensaio de uma nova teoria da visão*, ele viaja em seguida para a Inglaterra, Itália e França e redige os *Princípios do conhecimento humano* (1710), como também os *Três diálogos entre Hilas e Filonous* (1713), suas principais obras.

• *Um bispo evangelista*

Em 1728 Berkeley embarca para a América, projetando fundar um colégio nas Bermudas, com fins de educar as populações locais na religião cristã. Mas a falta de apoio financeiro o obriga a renunciar a seu projeto.

De volta à Irlanda, é nomeado bispo de Cloyne, em 1734. Consagra-se então ao seu episcopado e contribui com a luta contra a miséria da população irlandesa e se ocupa com a educação de suas crianças.

Teses essenciais

Em seu combate contra o ceticismo e a incredulidade, Berkeley recoloca em questão o dualismo cartesiano e elabora uma teoria imaterialista original que abre o caminho ao desenvolvimento do idealismo. Recusa a ideia segundo a qual existiria, fora de nosso espírito, uma realidade material independente de toda percepção.

• *Existir é ser percebido*

Nada existe para além de nossas percepções. Para fundamentar seu propósito, Berkeley parte do senso comum: nós pensamos, ordinariamente, que existe fora de nós uma realidade que percebemos através de nossos sentidos porque podemos senti-la, vê-la, tocá-la. Assim, é porque percebemos as coisas que podemos dizer que elas existem.

Mas Berkeley vai mais longe que o senso comum, e desvela seus princípios ocultos. Se, de fato, "existir é ser percebido", então **nada existe sem que esteja em nosso espírito**. As "coisas" não existem senão em nosso espírito, elas são apenas ideias, percepções. Apenas as ideias existem, não há objetos, em si, fora do espírito, que seja causa da percepção.

Por exemplo, esta cereja que eu vejo, que eu toco e saboreio, não é outra coisa que o conjunto de sensações de "doçura, umidade, vermelhidão, acidez [...]. Ela não existe fora das sensações". Pois, se nós extraíssemos da cereja todas essas sensações que a constituem, nada restaria, e ela deixaria de existir".

• *A matéria: uma ficção*

A matéria seria apenas uma ficção originária da linguagem, o que nos leva a crer na existência de ideias abstratas. Diferentemente de Locke, que afirma a existência da matéria e distingue qualidades primeiras (que estão realmente nas coisas, como a figura, a extensão) e qualidades segundas (que existem apenas em nosso espírito, como o calor, a cor), Berkeley põe em evidência o fato de não podermos abstrair uma ideia das sensações experimentadas (por exemplo, não se pode conceber a extensão sem a figura). Assim, a matéria, entendida como substrato de todas essas qualidades, é apenas uma palavra desnudada de referência real, vazia.

Ao contrário do que afirma Descartes, não haveria, portanto, de um lado o espírito e do outro a matéria: o **monismo** de Berkeley consiste em considerar que tudo é de ordem espiritual.

• *A realidade é de ordem espiritual*

Se tudo o que existe é apenas ideia, percepção, estado de consciência, trata-se, então, de poder distinguir verdade e falsidade, a fim de refutar o ceticismo. Nossas percepções não são ficções provenientes de forma caótica de nosso espírito. Embora o mundo seja concebido como um conjunto de ideias, ele possui, no entanto, uma realidade. Podemos facilmente diferenciar a percepção do sonho ou da imaginação pelo simples fato de que as percepções, ordenadas, coerentes e estáveis, são estreitamente relacionadas entre si: o que eu vejo está ligado ao que eu toco. Esta cereja, que é formada pelas minhas sensações e, portanto, que não existe fora de meu espírito, pois toda sensação depende de um estado de consciência, "é, portanto, real", visto que "o nada não pode ser visto, tocado, saboreado". Contudo, ela não é material.

E o que eu não percebo pessoalmente, todavia, nem por isso inexiste. Os homens têm um mundo em comum, meu mundo não se restringe àquilo que eu percebo individualmente, e o que eu percebo outra pessoa pode perceber também. A mesa que está aqui eu a vejo, e meu vizinho que está ao meu lado a vê igualmente. Se ambos a vemos e se podemos igualmente considerar que ela existe mesmo quando efetivamente não a percebemos ambos, isto acontece porque ela é ideia de Deus.

Deus regula e coordena as percepções dos diferentes espíritos, de tal maneira que existe um mundo comum a todos os espíritos. Deus, espírito supremo, é a fonte das percepções, e essas não provêm de modo algum de uma realidade material independente.

Uma obra-chave: *Princípios do conhecimento humano*

• *Contexto*

Quando escreve este tratado, Berkeley tem apenas vinte e cinco anos. Contudo, ele expõe aqui uma concepção original e já madura, um imaterialismo idealista segundo o qual tudo o que existe, existe apenas no espírito.

Contra o ceticismo, o materialismo e o ateísmo, ele afirma a possibilidade de conhecer um mundo fundado em Deus, real e, no entanto, imaterial.

• *Extrato*

Que nossos pensamentos, ou nossas paixões, ou as ideias formadas pela imaginação não existem fora do espírito, isso é algo sobre o que todo mundo estará de acordo. E parece igualmente evidente que as diversas sensações ou ideias registradas nos sentidos, de qualquer maneira que elas sejam misturadas e combinadas entre si (ou seja, quaisquer que sejam os objetos que elas componham) não podem existir de outra maneira senão no espírito que as percebe. Eu creio que um conhecimento intuitivo disto possa ser obtido por todo aquele que prestar atenção ao que se entende com a palavra existir quando aplicada às coisas sensíveis. A mesa sobre a qual eu escrevo, eu digo que ela existe: isto significa que eu a vejo, a sinto; e se eu estivesse fora de meu gabinete eu diria que ela existe, entendendo com isso que, se eu estivesse em meu gabinete, eu poderia percebê-la ou que qualquer outra inteligência, de fato, também a percebe. Ela possui um cheiro, ou seja, pode-se senti-la, e um som, que pode ser ouvido; uma cor ou uma figura, então, pode ser percebida pela vista ou pelo tato. É tudo o que eu posso compreender com essas expressões e outras semelhantes. Pois, quanto ao que se diz da existência absoluta de coisas não pensantes, sem nenhuma relação com o fato de elas serem percebidas, isso parece perfeitamente ininteligível. Seu *esse* é *percipi*[2] e não é possível que elas tenham alguma existência fora dos espíritos ou coisas pensantes que as percebam (*Princípios do conhecimento humano*. Paris: Flammarion, 1991 [Coll. "GF"]).

Chaves textuais

• *Nada existe fora do espírito*

- Todas as ideias e todas as sensações estão no espírito daquele que pensa ou sente.

- Ora, aquilo que não pode ser sentido não possui existência alguma. Consequentemente, a realidade repousa sobre a percepção. A mesa existe porque eu posso tocá-la, vê-la, percebê-la.

- Tudo o que existe, existe apenas no espírito: não existe realidade material fora do espírito que seja causa das sensações e percepções.

• *Existir é ser percebido*

- Existir é ser percebido: as coisas sensíveis existem porque são percebidas. Como toda percepção está no espírito, as "coisas" estão no espírito.

- Caráter ininteligível da existência independente de uma realidade material fora do espírito: não percebida, que existência ela teria? Sem as sensações, não resta mais que um nada. Sem a percepção da mesa, não existe mais mesa.

2. Em latim no texto: "Seu *ser* consiste em *ser percebido*".

1689-1755

"A liberdade é o direito de fazer aquilo que as leis permitem" (*O espírito das leis*).

Elementos biográficos

• *Um personagem influente e admirado*

Charles-Louis de Secondat, barão de La Brède e de Montesquieu, foi, primeiramente, advogado. Herdeiro de seu tio, tornou-se rapidamente um personagem incontornável.

Magistrado sem muita vocação, mais interessado pelas ciências e a literatura do que por sua ocupação, ele se preocupa, no entanto, com o valor da justiça que pratica e se interroga sobre a possibilidade de esclarecer essa justiça por meio de princípios universais.

• *A carreira literária e filosófica*

Célebre, admirado por sua carreira literária iniciada em 1721 com a publicação das *Cartas persas*, ele frequenta os salões parisienses. Espírito pertinente e vivaz, é eleito para a Academia Francesa.

Fatigado de suas funções de magistrado, ele empreende um longo périplo pela Europa, ocasião para recolher informações relativas aos costumes e instituições estrangeiras.

De volta à França, dedica-se à sua obra e publica principalmente *O espírito das leis* (1748), obra política monumental que será colocada no Índex, mas influenciará mais tarde a constituição dos Estados modernos.

Teses essenciais

Pensador da política e do direito, Montesquieu nos oferece uma análise inovadora do fundamento das leis. Sua preocupação é conciliar a liberdade do cidadão com a autoridade do poder político. Precursor da sociologia, mostra ainda como as forças sociais e a economia influenciam as instituições estatais.

• *A racionalidade da lei*

A análise do direito que Montesquieu desenvolve é profundamente racionalista. As **leis positivas**, instituídas, para serem justas devem se conformar às **leis naturais**, eternas, inscritas na **razão** humana. O direito natural, depurado de toda referência a qualquer direito divino, constitui o princípio fundador das leis positivas e a norma universal que permite avaliá-las. "A lei, em geral, é a razão humana, porquanto ela governa todos os povos da terra". Existe uma justiça ideal, anterior a toda justiça instituída, baseada na natureza humana.

Todavia, as leis positivas "devem ser de tal maneira adequadas ao povo para o qual foram feitas que será uma casualidade muito grande se as leis de uma nação puderem servir a outra". Montesquieu elabora **uma concepção determinista das leis**: as leis positivas variam de um Estado a outro e Montesquieu procura justificá-las, desvelar suas causas por meio da análise do clima, da natureza e do princípio de diversos regimes políticos, mas também pelo espírito dos povos (seus costumes, comportamentos...).

• *Os três tipos de governo*

Montesquieu distingue três tipos de regime político: a república, a monarquia e o despotismo. Cada um deles possui uma natureza e um princípio diferente. A **natureza** de um regime designa sua estrutura: o número de seus dirigentes, o modo de exercer o poder. Seu **princípio** remete ao sentimento que permite ao governante se conservar, à paixão que o anima e constitui a motivação de seus atos.

A **república** é, por natureza, aristocrática (poder de uma parte do povo) ou democrática (poder do povo) e seu princípio é a virtude (amor da república). A **monarquia**, poder de um só segundo leis fixas e estabelecidas, repousa na honra. Os dois primeiros tipos de governo, moderados, garantem a segurança necessária à liberdade.

Por outro lado, o **despotismo**, governo excessivo de um só que, "sem lei e sem regras, controla tudo conforme sua vontade e seus caprichos", não se mantém senão por meio do medo (seu princípio) e reflete o mal político absoluto.

Obviamente, existem democracias sem virtude, mas nesse caso elas não são perfeitas: cada tipo de governo deve fazer reinar o princípio que mais lhe convém para se conservar.

• *O princípio da separação dos poderes*

Para que o Estado seja livre "é necessário, pela disposição das coisas, que o poder detenha o poder". É preciso que sejam nitidamente separados e equilibrados o poder legislativo (poder de fazer as leis), o poder executivo relacionado ao direito internacional (poder de fazer a paz ou a guerra), e o poder judiciário, encarregado de aplicar a lei. Apenas o poder pode impedir os abusos do poder: ele deve ser partilhado a fim de que reine a liberdade.

Uma obra-chave: *O espírito das leis*

• *Contexto*

Montesquieu nos apresenta nesta obra o fruto de cerca de vinte anos de trabalho. Partindo dos fatos, ele se propõe a revelar a lógica que está por trás da diversidade das leis positivas.

• *Extrato*

É verdade que nas democracias o povo parece fazer o que deseja; mas a liberdade política não consiste, absolutamente, em fazer o que se quer. Em um Estado, ou seja, uma sociedade em que existem leis, a liberdade não pode consistir em outra coisa senão em fazer aquilo que se deve querer e não ser obrigado a fazer aquilo que não se deve querer.

É necessário absorver no espírito em que consiste a independência e o que é a liberdade. A liberdade é o direito de fazer tudo o que as leis permitem; e se um cidadão pudesse fazer o que elas proíbem, ele não teria mais liberdade, porque todos os outros teriam também esse mesmo direito.

A democracia e a aristocracia não são, de forma alguma, Estados livres por natureza. A liberdade política se encontra apenas nos governos moderados. Mas nem sempre ela está presente nos governos moderados. Ela só está presente quando não há abuso do poder [...].

Para que não se possa abusar do poder é preciso, pela disposição das coisas, que o poder detenha o poder (*De l'esprit des lois.* Livro XI. Paris: Flammarion, 1979 [Coll. "GF"]).

Chaves textuais

• *A definição da liberdade política*

- A liberdade não é a permissão: ela não é o poder de fazer tudo o que se quer, mas o poder de não ser incomodado conquanto se aja de acordo com as leis.

- Liberdade política ligada ao dever, à virtude: deve-se querer o bem comum, deve-se querer fazer somente o que as leis permitem. A liberdade supõe agir em conformidade com a razão.

- Transgressão da lei como atentado à liberdade: se cada um faz o que lhe apraz, a liberdade não está mais garantida.

• *As condições da liberdade*

O caráter moderado da república (aristocracia e democracia): condição necessária, mas não suficiente da liberdade.

- Condição da liberdade: ausência de abuso do poder.

- Os poderes devem estar separados e equilibrados, a fim de que o poder freie e controle o poder, a fim de que haja moderação.

1711-1776

"Todo conhecimento se degenera em probabilidade"
(*Tratado da natureza humana*).

Elementos biográficos

• *Uma carreira de começo difícil*

Filósofo empirista escocês, David Hume abandona a carreira jurídica, à qual o direciona sua família, para dedicar-se à filosofia. Indo para a França, ele redige, no Colégio La Fleche, os dois primeiros livros do *Tratado da natureza humana*.

Em 1739, a obra é publicada, mas não obtém o sucesso presumido. Hume publica então os *Ensaios morais e políticos* (1741), obra mais acessível que atrai numerosos leitores, bem como os *Ensaios sobre o entendimento humano* (1748), que se tornarão em 1758 a *Investigação sobre o entendimento humano*.

Depois de encontrar diversas vezes a oposição do partido favorável à sua candidatura a cadeiras universitárias, foi eleito zelador da biblioteca da ordem dos advogados de Edimburgo.

• *Um diplomata filósofo*

Hume faz uma brilhante carreira diplomática: é nomeado secretário da embaixada na França, em seguida subsecretário de Estado em Londres.

Em Paris, encontra-se com os enciclopedistas que o acolhem calorosamente. Ele recebe Rousseau na Inglaterra antes de se desentender com ele. Em 1769, Hume decide sair definitivamente de Londres para Edimburgo, sua cidade natal, onde reencontra seus amigos, entre os quais Adam Smith. Os *Diálogos sobre a religião natural*, redigidos em 1751, serão publicados postumamente em 1779.

Teses essenciais

Principal representante do empirismo, "geógrafo do espírito humano", segundo as palavras de Kant, Hume se empenha por desvelar os limites e os poderes da razão e em desenvolver um ceticismo moderado que exercerá um papel essencial no desenvolvimento ulterior da filosofia.

• *O empirismo*

David Hume é empirista: apenas os fatos, a experiência, são fontes de conhecimento. O que nós temos em nosso espírito são apenas **percepções**.

Hume denomina com isso todo fenômeno de nosso espírito (odiar, ver, sentir...).

As percepções podem tanto ser **impressões** quanto **ideias**. As impressões compreendem "todas as nossas sensações, paixões e emoções". Firmes e vivas, elas se impõem com força em nosso espírito, ao passo que as ideias, que são "as imagens fracas" das impressões, têm um grau mais baixo de vivacidade.

Nenhuma ideia inata pode constituir o fundamento do edifício da ciência. O espírito se limita a ligar e associar as ideias provenientes da experiência com a ajuda da **memória** (lembrança de uma impressão passada) e da **imaginação** (constituição da imagem de um objeto existente ou possível).

Se o espírito pode, aparentemente, elaborar ideias novas, isto se deve ao fato de a **imaginação**, essência do pensamento, associar ideias originadas da experiência. Por exemplo, nós podemos formar a ideia de uma montanha de ouro, embora nunca tenhamos visto uma antes: basta-nos, para isso, combinar duas ideias oriundas da experiência, a da montanha e a do ouro. Toda ideia provém, portanto, da experiência.

Quanto às ideias gerais, elas "são nada mais que ideias particulares unidas a um determinado termo que lhes dá um significado mais amplo e que as faz evocar a ocorrência de outras ideias singulares semelhantes" (*Tratado da natureza humana*). Hume é **nominalista**: a ideia geral não existe enquanto tal, mas é fruto da linguagem, e só existe no nome. Assim, o termo "triângulo" designa um conjunto de ideias particulares (a de um triângulo isósceles, de um escaleno...) e não uma ideia geral ou abstrata.

A crítica da causalidade

Hume ficou célebre por sua crítica da causalidade: é o **hábito** que nos faz crer em uma conexão necessária entre a causa e o efeito. Por exemplo, é porque diversas vezes nós constatamos que a chama produzia calor que passamos a inferir a relação causal necessária entre a chama (que denominamos causa) e o calor (que denominamos efeito). A causalidade é oriunda do hábito; ela não é inerente às coisas.

A experiência, com efeito, não nos faz ver senão **conjunções** (a chama, *depois* o calor), jamais **conexões** (a chama, *portanto*, o calor). É, portanto, apenas o hábito que nos leva a essa inferência, mas nada a justifica. A causalidade é uma crença.

Esta análise da causalidade despertará Kant de seu "sono dogmático" (cf. p. 161): ele estabelecerá, contra Hume, o caráter *a priori*[3] da relação de causalidade.

Um ceticismo mitigado

De maneira geral, o conhecimento se funda sobre o princípio de causalidade: desvelando seu caráter ilusório, Hume afirma seu ceticismo. Se a causalidade é uma crença, então a própria ciência não mostraria outra coisa além de crenças.

Para Hume, a razão não pode, contrariamente ao que afirmam os **dogmáticos**, pretender conhecer a verdade absoluta e justificar seus propósitos. Uma justificação totalmente objetiva, portanto, é impossível. Nossas crenças são mais ou menos prováveis, mas continuam sendo crenças. O verdadeiro, portanto, é um determinado grau do provável, ele depende de um assentimento comum.

No entanto, o ceticismo é **moderado** porquanto não considera, na verdade, vã toda investigação e supõe graus de probabilidade entre nossas crenças. O ceticismo de Hume não o impede de viver, de ter crenças, e se distingue assim de um ceticismo pirroneano radical que condenaria o homem a uma letargia mórbida.

A crítica da metafísica

O ceticismo de Hume atinge a metafísica: é ilusório supor a ilimitação dos poderes da razão e pensar que os objetos da metafísica (Deus, a alma...) lhe são inacessíveis. Eles são apenas ficções provenientes da imaginação.

A alma, considerada um "eu" idêntico a ela que subsistiria durante o curso de vida do indivíduo, não passa de uma ficção, e nada nos autoriza a afirmar a existência de tal substrato. Hume critica assim o *cogito* cartesiano que concebe a alma como uma substância simples e idêntica: não existe identidade pessoal. O "eu" não passa de uma sequência de percepções particulares e mutáveis, ou um conjunto de estados e qualidades variáveis: "para mim, quando eu penetro no mais íntimo daquilo que chamo de *mim mesmo*, é sempre para cair em uma ou outra percepção particular: uma percepção de calor ou de frio, de luz ou de escuridão, de pena ou de prazer" (*Tratado da natureza humana*).

---

3. *A priori*: independente de qualquer experiência.

A moral

Empirista, Hume continua a sê-lo ao analisar a moral, que ele baseia na afetividade: não é a razão que guia o homem nas ações e o faz saber o que é certo e o que não é, mas o **sentimento**. Se aprovamos um ato virtuoso, é porque ele nos faz experimentar um sentimento desinteressado de prazer. Inversamente, a dor que sentimos diante do vício nos leva a considerá-lo algo ruim.

Dotado de **simpatia**, pela qual cada homem pode sentir o que o outro sente, a natureza humana dá mostras de um **senso moral** universal. Assim, contra as morais de interesse que consideram que o egoísmo é o fundamento de toda conduta moral, Hume mostra que o **bem-querer**, que nos leva a cuidar dos nossos semelhantes, é uma virtude natural. A moral depende, portanto, do sentimento, mas isso não significa absolutamente que ela seja particular e relativa. O sentimento pode ter pretensão à universalidade; a simpatia é um senso comum em virtude da existência de uma natureza humana. O papel da razão será, porém, iluminar e aperfeiçoar o senso moral.

Uma obra-chave: *Investigação sobre o entendimento humano*

Contexto

Este ensaio busca analisar três questões: de onde provêm nossas ideias? Como se formam nossos conhecimentos? Como podemos ter certeza de que são verdadeiros?

Hume mostra que nossos conhecimentos repousam na experiência, e não na razão, de modo que eles são frágeis e estão mais relacionados a crenças do que a certezas objetivas. Por seu empirismo, Hume rejeita o dogmatismo orgulhoso que pretende saber sem jamais poder realmente justificar seus propósitos.

Extrato

À primeira vista, nada parece ser mais livre que o pensamento humano, que não apenas escapa a toda autoridade e a todo poder humano, mas também que nem mesmo os limites da natureza e da realidade podem conter. Criar monstros e juntar formas e aparências discordantes, isto tudo não dá mais trabalho à imaginação do que conceber os objetos mais familiares. Enquanto o corpo é limitado a um só planeta, no qual ele se exercita com pena e dificuldade, o pensamento pode, em um instante, transportar-nos às regiões mais distantes do universo [...]. Aquilo que nunca vimos, ou de que nunca ouvimos falar, podemos, no entanto, imaginar; e não existe nada acima do poder do pensamento, salvo aquilo que implicar uma absoluta contradição.

Mas, embora nosso pensamento pareça possuir essa liberdade ilimitada, descobriremos, examinando-o mais de perto, que ele está, na verdade, encerrado em limites bastante estreitos e que todo esse poder criador do espírito não vai além da faculdade de compor, de transpor, de aumentar ou diminuir os materiais que nos fornecem os sentidos e a experiência. Quando pensamos em uma montanha de ouro, nós apenas juntamos duas ideias compatíveis, ouro e montanha, que já conhecemos antes [...]. Em suma, todos os materiais do pensamento são transmitidos por nossos sentidos [...]: é apenas a mistura deles e sua composição que dependem do espírito e da vontade (*Enquête sur l'entendement humain*. Paris: Flammarion, 2006 [Coll. "GF"].

Chaves textuais

• *A ilusão do dogmatismo*

- Liberdade aparente do espírito: apresentação da tese dogmática (para melhor criticá-la em seguida).

- Para os dogmáticos:

* O pensamento escapa a toda autoridade: ninguém pode me obrigar a pensar algo que não quero pensar.

* Liberdade do pensamento em relação ao tempo e ao espaço: posso imaginar-me em outro lugar e em outro tempo.

* Capacidade de afastar-se do real: posso imaginar formas não existentes (monstros, por exemplo).

* Poder importante do pensamento para o qual existe apenas um limite: as regras da razão como o princípio de não contradição (eu não posso pensar ao mesmo tempo uma coisa e seu contrário). O pensamento não seria limitado senão por si mesmo.

• *Crítica da onipotência do pensamento*

-Todas as ideias provêm da experiência: é ilusório crer na onipotência do pensamento.

- Demonstração pelo exemplo: a ideia da montanha de ouro é a conjunção de duas ideias provenientes da experiência (ideia da montanha e do ouro).

- Empirismo e determinação de limites ao pensamento: proveniente da experiência, o pensamento permanece ligado a ela e se limita a combinar ideias fornecidas por ela. Deduz-se daí uma necessária modéstia da razão.

Rousseau

1712-1778

"O homem nasceu livre e, em toda parte, é posto a ferros" (*Du contrat social*).

Elementos biográficos

• *Uma juventude instável*

Filósofo e escritor genebrino, filho de relojoeiro, Jean-Jacques Rousseau nasce em uma família protestante. Sua mãe morre pouco depois de seu nascimento. Seu pai é obrigado a exilar-se e ele é colocado no pensionato de um pastor, depois acolhido na casa da formosa Madame de Warens, que o converte ao catolicismo. É junto desta, a quem ele chama de "mamãe", que se refugia em diversas ocasiões. Ele trabalha em diversos empregos de criado e de secretário, mais tarde se interessa pela música. Instável, vagueia e não consegue se fixar em lugar algum.

Dirige-se a Paris e frequenta a alta sociedade. É nomeado secretário do embaixador da França em Veneza. Eles entram em conflito e ele retorna a Paris, onde participa da *Enciclopédia* com seu amigo Diderot.

Na mesma época ele se une a uma produtora de linho, Thérèse Le Vasseur. Eles terão cinco filhos que abandonarão no orfanato.

• *A celebridade e o exílio*

Rousseau se torna conhecido em 1750 por seu *Discurso sobre as Ciências e as Artes*, dissertação redigida para a Academia de Dijon. Começa assim um período rico em publicações: o *Discurso sobre a origem e os fundamentos da desigualdade entre os homens* é publicado em 1755, *Julia ou a nova Heloisa* em 1761, e *O contrato social* em 1762.

Mas o Parlamento condena a *Profissão de fé do vigário saboiano*, que se encontra em *Emílio*, publicado em 1762, e Rousseau é obrigado a exilar-se. Inúmeras querelas – com Diderot, Hume, Madame d'Épinay, Grimm... – marcarão a vida de Rousseau, que se acredita marcado por perseguições.

Solitário, ele se retira para escrever as *Confissões* e os *Devaneios do caminhante solitário* que serão publicados postumamente em 1782.

Teses essenciais

Pensador muitas vezes incompreendido, Rousseau se opõe à corrente do Iluminismo e sobretudo ao otimismo dos enciclopedistas ante o progresso. Ele ameniza essa visão positiva e mostra a necessidade de reformar os costumes, a moral, a educação e as instituições políticas antes que o homem seja totalmente pervertido e se perca a si mesmo.

Do estado de natureza ao estado social

No *Discurso sobre a origem e os fundamentos da desigualdade entre os homens*, Rousseau analisa a vida social e suas variantes. Para mostrar como a sociedade corrompeu o homem, ele apresenta uma ficção, a hipótese racional do **estado de natureza**, idade do ouro da humanidade inocente e livre.

Ali a vida do homem é solitária, e ele é livre, pois não está submetido a ninguém, ocioso, cercado por uma natureza abundante, em suma, feliz, sem indústria nem sociedade. A razão existe nele apenas potencialmente e ele age com base em dois princípios: o **amor de si**, pelo qual se ocupa e cuida de sua própria vida, e a **piedade**, sentimento de repugnância em relação ao sofrimento inútil de todo ser vivo.

Nada levaria o homem a sair de tal estado a-histórico se não fossem as catástrofes naturais excepcionais (que se podem apenas imaginar), em virtude das quais o homem se viu obrigado a buscar a associação com outros para sobreviver diante de uma natureza cujos frutos se tornaram mais raros. **Perfectível**, ou seja, capaz de mudar sua maneira de ser, tanto para o bem quanto para o mal, o homem irá assim sair do estado de natureza.

Uma visão pessimista do progresso

A vida social transformará radicalmente o homem, a ponto de torná-lo irreconhecível. As primeiras comunidades levam o homem a se confrontar e, rapidamente, o amor de si se transforma em **amor-próprio**, esta tendência egoísta a querer dominar o outro, que valoriza a **aparência**, em detrimento do **ser**. Porém, será sobretudo o surgimento da **propriedade privada** que irá instaurar as maiores desigualdades e gerar os males da sociedade.

Rousseau, longe de aderir à ideia comum de sua época segundo a qual o progresso moral é consequência do progresso das ciências e das artes, constata a evolução negativa da humanidade que, por suas técnicas, abre para si mesma a possibilidade de aumentar o egoísmo e as relações de dependência.

O homem, embora naturalmente bom, mas depravado, desnaturado pelas paixões que o assaltam, encontra-se em um estado de conflitos permanente de tal ordem que necessita estabelecer um contrato social que garanta a liberdade civil.

O contrato social

"O homem nasceu livre e, em toda parte, é posto a ferros", escreve Rousseau em *O contrato social*: como a sociedade faz o homem perder sua **li-**

berdade natural, e porque o homem está sujeito a outro homem, é preciso encontrar um remédio que instaure uma **liberdade civil**. Esse é o projeto de *O contrato social*. O Estado só é legítimo ao garantir a liberdade pelo **direito**, pois "renunciar à sua liberdade é renunciar a sua qualidade de homem". Desse modo, nem a autoridade paterna, nem Deus, nem a força (que é da ordem do fato, mais que do direito) são suscetíveis de legitimar a autoridade política e instaurar o direito. O "verdadeiro contrato" não poderia ser um pacto de submissão (contrariamente ao que pretendia Hobbes).

O contrato só é legítimo quando a **soberania pertence ao povo**. Cada um faz o contrato com todos, de maneira que aceita submeter-se à **vontade geral**, à vontade de todos em vista do bem comum.

A liberdade civil é a ausência de submissão a outrem: o governo não provém da vontade de senhor algum, mas da lei, originada da vontade geral; e obedecer à lei é obedecer a si mesmo. Todos devem, portanto, estar submetidos à lei, a fim de não estarem submetidos a ninguém. "Portanto, não existe liberdade sem lei, nem quando alguém está acima das leis".

• *A educação*

É da educação que nasce a salvação individual do homem. No *Emílio*, Rousseau traça o retrato de um aluno imaginário, educado segundo a natureza e protegido da corrupção gerada pela sociedade. Se o homem é naturalmente bom, a correta educação deve permitir que se cultive e, ao mesmo tempo, evite a depravação presente na sociedade atual. Preservar a bondade original da criança e, ao mesmo tempo, ensinar-lhe a controlar por meio da razão as pulsões anárquicas do instinto para formar um homem livre e feliz: esse é o projeto pedagógico de Rousseau. Isto porque a verdadeira **moral** se descobre em si, pelo despertar da **consciência**, esse "instinto divino", voz imortal e celeste [...]; juiz infalível do bem e do mal" que nos orienta.

Da mesma forma, os valores religiosos repousam sobre o sentimento. Adepto da **religião natural**, Rousseau atrai a fúria dos religiosos ao afirmar que "o culto essencial é o do coração": é por meio do coração que Deus fala ao homem.

Uma obra-chave: *O contrato social*

• *Contexto*

Esta obra de filosofia política analisa a legitimidade da autoridade política e põe as bases de um Estado legítimo que garanta a todos a liberdade civil.

Os princípios que Rousseau desenvolve aqui inspirarão os redatores da *Declaração dos Direitos do Homem e do Cidadão* de 1789.

• *Extrato*

O mais forte não é jamais forte o bastante para dominar sempre, se não transformar sua força em direito e a obediência em dever. Daí o direito do mais forte; direito tomado ironicamente na aparência, e realmente estabelecido em princípio: mas nunca nos explicarão essa palavra? A força é uma potência física; não vejo absolutamente que moralidade pode resultar de seus efeitos. Ceder à força é um ato de necessidade, não de vontade; é, no máximo, um ato de prudência. Em que sentido poderá ser um dever?

Imaginemos um instante esse suposto direito. Eu digo que disso não resulta senão um galimatias sem explicação; porque a partir do fato de que é a força que faz o direito, o efeito troca com a causa; toda força que sobrepuja a primeira sucede a seu direito. Desde que se possa desobedecer impunemente, pode-se fazê-lo legitimamente, e, uma vez que o mais forte sempre tem razão, a questão se resume a cuidar de ser o mais forte. Ora, que direito é esse que perece quando cessa a força? Se tivermos que obedecer pela força, não é necessário obedecer por dever, e se não formos mais forçados a obedecer, não temos mais obrigação nenhuma. Vê-se, portanto, que essa palavra direito nada acrescenta à força; ela não tem nenhum significado aqui (*Du contrat social.* Livro I. Paris: Flammarion, 2001 [Coll. "GF"]).

Chaves textuais

• *A oposição do fato e do direito*

- O problema: O que é que legitima a autoridade política? É a força? Pode-se falar de um "direito do mais forte"?

- Não, pois a força não tem nada a ver com o direito.

- Argumentação baseada na oposição entre o domínio do fato (da ordem material, física) e o do direito (a ordem moral): força/direito; obediência/dever; potência física/moralidade; necessidade/vontade; impunemente/legitimamente.

• *Caráter contraditório da expressão*

- Galimatias: discurso confuso, vazio de sentido.

- O caráter instável da força se opõe à estabilidade assegurada do direito.

- É ilusório falar de um "direito do mais forte", com vistas a proteger a autoridade que se adquiriu por meio da força: ela não possui legitimidade alguma, fica-se aqui numa relação de forças.

DIDEROT

1713-1784

"Se a razão é um dom do céu, e se pudermos dizer o mesmo da fé, o céu nos deu dois presentes incompatíveis e contraditórios" (*Adição aos pensamentos filosóficos*).

Elementos biográficos

• *Uma vida de boemia*

Denis Diderot realizou estudos na carreira sacerdotal, em seguida estudou direito na Sorbonne. Interrompeu seus estudos para levar uma vida de boêmio.

Une-se a Rousseau, que o coloca em contato com Condillac. Em 1747 nasce o projeto da *Enciclopédia*, cuja direção será sua, juntamente com d'Alembert, até 1766.

• *A luta contra a censura*

Ele escreve inúmeras obras, filosóficas e literárias, entre as quais os *Pensamentos sobre a interpretação da natureza* (1753), *O sonho de d'Alembert* (1769) e *Jacques, o fatalista* (1771).

A *Carta sobre os cegos*, publicada em 1749, lhe valeu ser detido e preso. Com efeito, inicialmente deísta[4], ele tende cada vez mais para uma luta corajosa e tenaz contra a censura.

Teses essenciais

O materialismo ateu de Diderot se fundamenta na ideia de Natureza compreendida como totalidade dinâmica viva e fecunda. Rejeitando a ideia de uma inteligência divina ordenadora do mundo, o pensamento de Diderot é representativo do espírito crítico das Luzes que deposita toda confiança no progresso.

• *A supremacia da experiência científica*

Diderot, apaixonado pelas ciências, vê na experiência científica o meio pelo qual deve se constituir o conhecimento.

Ele nega o critério cartesiano da evidência. A filosofia deve tomar por modelo as ciências para chegar a resultados positivos.

---

4. Deísmo: posição que afirma a existência de um Ser divino incognoscível e rejeita todo dogma revelado.

• *Um monismo materialista*

A natureza, totalidade viva e dinâmica, é, segundo Diderot, constituída apenas de **matéria**. A matéria se move por si mesma, sem recorrer a qualquer impulso divino. Diderot não distingue o que é inerte do que é vivo: a matéria é constituída de moléculas heterogêneas que se ajuntam ao acaso para formar organismos, tornando-se a sensibilidade morta das moléculas uma sensibilidade viva.

Em *O sonho de d'Alembert*, Diderot sustenta o parentesco químico de todos os seres que constituem a natureza: "Todo animal é um em certa medida homem; todo mineral é em certa medida planta; toda planta é em certa medida animal". Anunciando o transformismo de Lamarck, Diderot entende que os organismos se geram uns aos outros e se tornam mais complexos sob influência do mundo exterior e por atividade interna, sendo que os mais inaptos desaparecem.

Os monstros, formas malsucedidas da natureza, oferecem elementos que desmentem as teses deístas segundo as quais as "maravilhas da natureza" dão provas da existência de seu criador: ou Deus não existe, ou então Ele é bastante inábil, o que contradiz seu próprio conceito.

• *Uma moral naturalista*

O critério fundador de toda moral se encontra na natureza. Seguindo a natureza e a razão, definindo nosso comportamento a partir de nossas necessidades, nossa sensibilidade e o bem comum, nós podemos distinguir o que é justo do que é injusto.

Claro, nós procuramos antes de tudo nosso prazer, mas a ação virtuosa é fonte de prazer. O que é naturalmente bom se torna, para a vida em sociedade, o bem. A sociedade subordina os interesses privados ao interesse geral e humaniza as tendências individuais.

A moral é relativa à nossa fisiologia: na *Carta sobre os cegos*, Diderot mostra que o cego, mais susceptível a ser vítima de roubo, condena mais severamente esse delito do que o vidente.

• *A arte, desvelamento da natureza*

A natureza exerce um papel importante na análise da arte. O gênio é aquele que sabe imitar a natureza. Mas esta imitação não se resume a uma simples cópia, mas é revelação da natureza profunda. Aquele que imita o artista, o comediante, sobretudo, é um modelo ideal que revela a natureza humana e retrata seus traços característicos.

Uma obra-chave: *Carta sobre os cegos para uso daqueles que veem*

• *Contexto*

Esta carta, considerada escandalosa porque expunha um materialismo ateu, rendeu a Diderot três meses de prisão.

Diderot se interroga a respeito da constituição de nossos conhecimentos, analisando a percepção de um cego e comparando-a com a percepção dos que veem. Ele mostra que nossas ideias estão ligadas à conformação de nosso corpo.

• *Extrato*

Como eu nunca duvidei que o estado de nossos órgãos e de nossos sentidos exerça uma grande influência sobre nossa metafísica e nossa moral, e que nossas ideias mais puramente intelectuais, se podemos falar assim, dependem fortemente da conformação de nosso corpo, eu pus-me a questionar nosso cego a respeito dos vícios e das virtudes. Percebi, primeiramente, que ele tinha uma aversão enorme ao roubo; tal aversão nascia nele por duas razões: a facilidade com que se podia roubá-lo sem que ele percebesse; e talvez mais ainda por isso, a facilidade com que se podia perceber quando ele roubava. Não é que ele não soubesse muito bem se precaver contra o sentido que nós temos a mais do que ele, ou que ignorasse o modo de ocultar um roubo. Ele não dá muita importância ao pudor: sem as injúrias das intempéries, das quais as vestimentas o protegem, ele não teria como compreender o seu uso, e alega francamente que não entende por que se tenha que cobrir uma parte do corpo mais do que outra, e tampouco por qual bizarra razão, entre as partes do corpo, dá-se preferência àquelas cujo uso e as indisposições às quais estão sujeitas exigiriam antes que ficassem livres. [...]

Assim, nossas virtudes dependem de nossa maneira de sentir e do grau em que as coisas exteriores nos afetam! ("Lettre sur les aveugles à l'usage de ceux qui voient". In: DIDEROT. *Oeuvres*. Paris: Gallimard/La Pleiade, 1951).

Chaves textuais

• *A relatividade dos valores morais*

- Origem de nossas ideias e de nossos valores morais: o estado de nossos órgãos e de nossos sentidos, a conformação de nosso corpo. A moral se origina da sensibilidade.

- A prova por meio do exemplo: o cego condena o roubo porque ele é mais facilmente vítima dele e não pode cometê-lo sem risco. O pudor, para ele, é algo inútil, a veste que esconde o corpo não desperta interesse para aquele que não vê.
- Relatividade: a moral varia em função de nossos sentidos e da maneira como as coisas nos afetam.

• *O critério de utilidade*

- A moral está ligada à utilidade: o bem é aquilo que é prazeroso (o pudor é desvalorizado porque ele oculta o corpo e o indispõe); o mal é aquilo que nos prejudica (aquilo de que podemos ser vítimas, como o roubo é para o cego).

1724-1804

"Existe uma única coisa que se pode considerar boa sem restrições: uma boa vontade" (*Fundamentos da metafísica dos costumes*).

Elementos biográficos

• *Uma vida sedentária consagrada ao estudo*

Como escreve Heine em *Alemanha*, pode-se dizer que "a história da vida de Emanuel Kant é difícil de escrever, pois ele não teve nem vida nem história; viveu uma vida celibatária, mecanicamente regrada e quase abstrata..."

Kant viveu praticamente toda sua vida em Königsberg. Preceptor, depois docente privado (livre-docente diretamente remunerado por seus alunos) muito estimado, ele torna-se, por fim, professor-titular universitário.

• *Uma vida regrada para uma obra brilhante*

De saúde frágil, Kant se impõe um modo de vida extremamente regular que se tornou lendário; viveu sem excessos nem penúrias, de maneira imperturbável e quase monástica. Contudo, é um pensador revolucionário que renova a filosofia e constitui uma referência obrigatória.

Sua obra, imensa, compreende entre outras a *Crítica da razão pura* (1781 e 1787), os *Fundamentos da metafísica dos costumes* (1785), a *Crítica da razão prática* (1788), a *Crítica da faculdade de julgar* (1790) e *A religião nos limites da simples razão* (1793).

Teses essenciais

A filosofia se vincula, segundo Kant, a três questões:

1) O que posso saber?

2) O que devo fazer?

3) O que me é permitido esperar?

Estas questões determinam os três âmbitos de análise que ocuparão a obra de Kant: a metafísica, a moral e a religião. Todas as três se reportam a uma última questão relacionada à antropologia: o que é o homem?

• *O problema do conhecimento*

Despertado de seu sono dogmático por Hume, Kant empreende a análise de nosso poder de conhecer: para determinar **os poderes e os limites da razão**, ele elabora uma *Crítica da razão pura*. A ciência progride, ao passo que a metafísica, que analisa aquilo que não é objeto de experiência (a alma, o mundo, Deus e a liberdade), é um "campo de batalha" onde acontecem combates sem fim. Diante dessa constatação, é preciso questionar o estatuto da metafísica e a legitimidade de nossos conhecimentos.

Duas escolas de pensamento se enfrentam. O **racionalismo dogmático** afirma que a razão humana pode conhecer tudo verdadeiramente e que a verdade é a adequação entre nossas representações das coisas e o que as coisas são objetivamente. Contrariamente, o **empirismo cético** afirma que nossas representações são originárias da experiência, que nós não podemos abstrair-nos dela para apreender as coisas em si, e que é ilusório pretender deter uma determinada verdade.

• *A revolução copernicana*

Alternativa para o racionalismo e para o empirismo, o **criticismo** kantiano opera uma **revolução copernicana** na teoria do conhecimento: Copérnico havia invertido as posições respectivamente do sol e da terra ao afirmar o heliocentrismo. Igualmente, para Kant, no conhecimento, não é o sujeito que gira em torno do objeto, mas o objeto que se define em vista do sujeito.

Com efeito, opondo-se ao **realismo,** que afirma que o objeto nos é dado e que nosso conhecimento deve se modelar sobre ele, Kant mostra que o espírito é ativo na elaboração do conhecimento. O real é, para nós, uma construção: "nós somente conhecemos *a priori* as coisas que nós mesmos definimos". O objeto é percebido **por nós** segundo a estrutura de nossa mente e não **em si** (como uma coisa independente de nossa maneira de apreendê-la).

• *Matéria e forma do conhecimento*

O conhecimento dos objetos depende do sujeito cognoscente, ao menos, tanto quanto do objeto conhecido. Ele supõe, obviamente, a experiência, como afirmam os empiristas, mas tal experiência não existiria sem uma síntese, uma configuração operada pelo sujeito: "Se todas as nossas experiências começam *com* a experiência, disso não se deduz que elas derivem todas *da* experiência" (*Crítica da razão pura*).

Conhecer é dar forma a uma determinada matéria. É preciso, portanto, distinguir a **matéria** do conhecimento, que é *a posteriori* (ele depende do objeto da experiência), e a **forma** do conhecimento, que é *a priori* (depende do sujeito e é anterior a toda experiência).

• *Sensibilidade e entendimento*

Todo objeto conhecido ou cognoscível é apreendido no espaço e no tempo pela **sensibilidade**. Ora, o **espaço** e o **tempo** não são nem conceitos empíricos (que derivam da experiência: não são propriedades externas das coisas), nem conceitos do entendimento: são **formas *a priori* da sensibilidade**, molduras que condicionam a percepção dos objetos. Tempo e espaço são **intuições puras**, eles estruturam e condicionam toda percepção pelo fato de existirem *a priori* (não são derivados da experiência).

No conhecimento, os objetos se regulam igualmente sobre os conceitos *a priori* de nosso entendimento, as **categorias** que são as estruturas lógicas do pensamento (por exemplo, o conceito de causalidade).

O objeto é, portanto, por um lado, **dado à sensibilidade pela intuição** sensível, e, por outro, **pensado pelo entendimento** e seus conceitos.

• *Os limites do conhecimento*

Nós não podemos conhecer senão os **fenômenos**, os objetos tais quais eles nos são apresentados por nossa faculdade de conhecer. Mas nem as coisas em si (as coisas tais como existem em si mesmas, independentemente do conhecimento humano), nem os **númenos** (as realidades inteligíveis, as ideias metafísicas como Deus, alma, ou ainda o mundo) são cognoscíveis.

O conhecimento é **subjetivo**, não relativo; ele só vale para o indivíduo, mas depende, no entanto, do sujeito cognoscente entendido como universal. A **objetividade** caracteriza uma representação universalmente válida, mas limitada à percepção dos fenômenos.

O **idealismo transcendental** kantiano define, assim, que todo objeto de conhecimento é determinado *a priori* pela própria natureza de nossa faculdade de conhecer, ao mesmo tempo que se distingue do idealismo de Berkeley, visto que esse afirma a existência, fora da percepção, de uma realidade externa incognoscível como tal pelo espírito humano.

• *O estatuto da metafísica*

Os objetos da **metafísica** (a alma, Deus, o mundo, a liberdade) não podem ser conhecidos: eles são puras **ideias** não experimentáveis. A razão, faculdade de desejar, erra ao ocultar seus limites e querer conferir existência àquilo que é apenas ideia. As **ilusões** nascem de um uso ilegítimo da razão.

A metafísica produz somente pensamentos, não conhecimentos: ela se extravia quando crê **conhecer** aquilo que ela apenas pode **pensar**. "O conhecimento supõe, com efeito, dois elementos: primeiramente o conceito, pelo qual, em geral, um objeto é pensado (a categoria), e, depois, a intuição pela qual ele se dá" (*Crítica da razão pura*).

Contudo, as ideias da metafísica são **reguladoras**: elas orientam nosso esforço de conhecimento para uma exigência de sistematização e de unidade.

• *Os postulados da razão prática*

A metafísica exerce, portanto, um papel no domínio da prática. As ideias adquirem o estatuto de **postulados necessários da razão prática**: ideias que precisam ser admitidas, mesmo que não possam ser provadas, a fim de tornar possível ao **moral** e dar **sentido** à vida.

Não podemos provar a existência da **liberdade**: a análise dessa ideia conduz a uma **antinomia**. Duas teses contraditórias se contrapõem, sem que se possa defender uma mais do que a outra. Se, como mostra a ciência, o mundo parece determinado, e se a liberdade parece não ser mais que ilusão, mesmo assim é necessário admitirmos a existência da liberdade, de uma causa primeira, para explicar os fenômenos. Como não se pode nem negar e nem provar a existência da liberdade, é preciso **postulá-la**, sem o que não se poderia conceber a possibilidade da autonomia da vontade.

• *Moralidade e igualdade*

Ser moral não é procurar sua felicidade, mas ser **autônomo**, obedecer às leis que nós mesmos estabelecemos: não a uma lei qualquer, que resultasse da sensibilidade ou do afeto, mas às leis universais e incondicionadas da razão prática.

A ação moralmente boa é, primeiramente, a ação desinteressada, a ação realizada com **boa vontade**, por puro respeito pela lei moral, independentemente de qualquer impulso sensível. É preciso, assim, distinguir a **legalidade** da ação e a **moralidade** da ação: é **legal** a ação que está **conforme o dever**, mas ela pode ser imoral se for realizada em vista de interesses sensíveis (por exemplo, um comerciante honesto que, na verdade, só é honesto porque sabe que de outra maneira perderia seus clientes); é **moral** a ação que é realizada apenas **por dever**, pelo puro respeito à lei moral.

• *O imperativo categórico*

Entre os **imperativos** (mandamentos que guiam nossas ações), alguns são **hipotéticos**. Eles remetem a fins particulares e tomam a seguinte forma: "se tu queres isso, então, deves fazer aquilo". Condicionados, esses imperativos não possuem a forma de imperativos morais.

O imperativo é **categórico**, pelo contrário, e puramente moral, quando assume a seguinte forma: "tu deves", não importam quais sejam as circunstâncias. Incondicionado, ele exprime a universalidade da lei moral.

O primeiro imperativo categórico é: "Age como se a máxima de tua ação devesse ser erigida por tua vontade em lei universal da natureza". A mentira, mesmo eficaz, para salvar alguém, por exemplo, é imoral: a máxima da ação, para ser moral, deve poder ser universalizada sem contradição. Ora, querer que todos os homens mintam seria contraditório.

A moral supõe conceber o ser humano como um ser razoável, **digno**, respeitável enquanto **pessoa**. Assim, a segunda formulação do imperativo categórico incide sobre o **respeito**: "Age de tal maneira que trates a humanidade tanto em tua pessoa quanto na pessoa de todos os outros, sempre ao mesmo tempo como um fim em si e nunca, simplesmente, como um meio".

• *Uma moral a priori*

Na moral, o que conta é apenas a intenção, e não o resultado: é virtuoso aquele que se determina em função da **forma** da lei, em função de seu caráter universalizável.

Na verdade, não podemos ter certeza de que uma ação puramente moral já tenha sido realizada no mundo: por trás de toda intenção sincera podemos imaginar um interesse (mesmo que seja o orgulho de ter cumprido um ato virtuoso). Mas isso não coloca em questão a concepção do dever em si: ela não resulta da experiência, a moral não é causada pela imitação dos atos morais. Ela provém *a priori* da razão pura prática. Kant não busca estabelecer uma moral empírica ou eficaz, mas destacar as **condições de possibilidade *a priori*** da moral.

• *O que é o homem*

O homem não é apenas um ser moral, ele se caracteriza por sua **insociável sociabilidade**: por um lado, ele rejeita as obrigações, mostra repugnância em admitir restrições à sua liberdade para viver em sociedade. Cada um, para defender seus interesses, é movido a desenvolver suas disposições naturais. Esse antagonismo é o meio pelo qual a natureza faz com que o homem desenvolva a cultura, a sociedade e, finalmente, a moralidade.

A **história**, considerada como a realização de um "desígnio da natureza", é lugar de um progresso, ela visa à educação do homem em evolução.

A natureza, despindo o ser humano de todo instinto, astutamente o força a progredir. Ela visa a um fim: a **paz universal**, a instauração de uma "sociedade de nações", administrando universalmente o direito.

• *O que me é permitido esperar?*

A **felicidade**, concebida como satisfação permanente e completa de todas as nossas inclinações, não é mais que um **ideal da imaginação**, um objetivo ilusório daqui de baixo, que não constitui de maneira alguma o soberano bem, contrariamente ao que afirmam as morais da felicidade (os eudemonismos). Nós devemos, enquanto seres razoáveis, agir moralmente, mesmo que isso possa contradizer nossa busca da felicidade. Como nós somos seres **sensíveis**, determinados por toda parte (por nossa educação, nossa convivência, nossos afetos...), é necessário postular que, por nosso caráter **inteligível**, nós somos igualmente seres responsáveis e livres, capazes de autonomia, de obediência à lei moral. Podemos (e isto é, inclusive, exigido pela razão prática) postular a existência da **liberdade**.

A moralidade nos torna **dignos de felicidade**. O bem soberano consiste então na **união da virtude e da felicidade**. É-nos, portanto, permitido esperar essa reconciliação. A razão prática exige que postulemos a existência de Deus e a imortalidade da alma, condições de possibilidade de tal união.

• *O julgamento estético*

Pela crítica da razão pura e a crítica da razão prática, Kant distingue dois mundos antagonistas: o mundo **natural**, lugar do determinismo (tudo se encadeia seguindo relações de causalidade necessárias), e o **mundo numenal da liberdade transcendental,** que responde à legislação da razão prática. A *Crítica da faculdade de julgar* erige um ponto entre esses dois mundos: "Na família das faculdades superiores de conhecer existe ainda um meio-termo entre o entendimento e a razão. Trata-se da faculdade de julgar". Kant, então, analisa o julgamento estético no qual se exerce a faculdade de julgar.

No julgamento do gosto, o prazer estético resulta de um **livre jogo de nossas faculdades** (entendimento e imaginação), liberados das exigências do conhecimento, e manifesta a possibilidade da união dessas faculdades.

"O gosto é a faculdade de julgar um objeto ou um modo de representação pela satisfação ou o desprazer de uma maneira desinteressada. Chama-se belo o objeto dessa satisfação" (*Crítica da faculdade de julgar*). O prazer estético é **desinteressado**. Apenas a representação da **forma** do objeto é a causa do prazer estético, de modo que este não é determinado pela existência material do objeto.

• *O belo e o agradável*

O **belo** se distingue do **agradável.** O **agradável** satisfaz por estar ligado a um interesse ou uma necessidade. O objeto que permite a satisfação de uma necessidade provoca um prazer, e esse prazer é determinado por sua existência material. Quando eu digo "o vinho das Canárias me agrada", esse julgamento somente vale para mim mesmo e eu admito que outra pessoa não tenha o mesmo julgamento: o princípio "gosto não se discute" é válido para aquilo que é agradável. O **belo**, pelo contrário, é objeto de um julgamento de gosto desinteressado que não resulta de meus gostos pessoais, de minhas preferências. Quando eu afirmo que uma obra é bela, eu pronuncio um julgamento de gosto que não vale apenas para mim. Eu requeiro a adesão de todos. "É belo aquilo que agrada universalmente, sem razões". Embora eu requeira a adesão de todos, é, no entanto, impossível justificar esse julgamento, provar por meio de conceitos a beleza da obra. Neste sentido, o sentimento estético é experimentado, não se argumenta.

• *Uma finalidade sem fim*

E se esse julgamento é, por direito, universal, é porque o objeto que se julga belo é tudo aquilo que ele deve ser. Existe beleza quando a harmonia é tal que todas as partes formam um conjunto indivisível e, contudo, não visam nenhum fim específico. Todas as partes concorrem a uma harmonia interna, sem fim, no sentido utilitário. O belo é, para si mesmo, sem próprio fim. Assim, "a beleza é a forma da finalidade de um objeto ao ser percebida nesse objeto sem representação de um fim" (*Crítica da razão de julgar*).

O julgamento estético depende, portanto, de um julgamento **subjetivo** (ele exprime uma relação de harmonia das faculdades que resulta da relação do objeto com o sujeito) e, entretanto, universal (ele vai bem além do agradável). Para afirmar isto é necessário incluir a existência de um **senso comum** a todos os homens, que permita evitar todo relativismo.

Uma obra-chave: *Resposta à pergunta: O que é o Iluminismo?*

• *Contexto*

Este opúsculo interroga o Iluminismo, essa corrente filosófica e enciclopédica característica do século XVIII que afirma que a razão, presente em todo ser humano, deve guiá-lo e libertá-lo de toda submissão não legítima.

• *Extrato*

O que é o Iluminismo? *A saída do homem de sua minoridade, pela qual ele próprio é o responsável. Minoridade*, isto é, incapacidade de servir-se de seu entendimento sem a direção de outrem; minoridade da qual ele mesmo é o responsável, porque a causa reside, não em uma deficiência do entendimento, mas em uma falta de decisão e de coragem de fazer uso de seu entendimento sem ser dirigido por outrem. *Sapere aude!* Tenha a coragem de se servir de seu próprio entendimento! Esta é a divisa do Iluminismo.

A preguiça e a lassidão são as causas que explicam que um número tão grande de homens, depois que a natureza os libertou há tanto tempo de uma dominação estrangeira, prefiram, no entanto, continuar na minoridade a vida inteira, e que seja tão fácil para outros se colocarem como seus tutores. É tão cômodo permanecer infantil! Se eu tenho um livro que me serve de substituto ao meu entendimento, ou um diretor, que ocupa o lugar da minha consciência, um médico, que decide por mim sobre o meu regime etc., nesse caso, eu realmente não tenho necessidade de me dar esse fardo. Eu não preciso pensar, desde que eu possa pagar; outros farão por mim esse trabalho chato.

Que a grande maioria dos homens (incluindo o sexo frágil inteiro) considere também muito perigoso esse passo à frente rumo à sua maioridade, além de ser uma coisa cansativa, é o que mais desejam os tutores que, muito amavelmente, tomam para si a tarefa de exercer uma alta direção sobre a humanidade. Depois de deixar bem imbecilizado o seu gado, e de assegurar cuidadosamente que essas mansas criaturas não ousem dar um só passo fora do curral aonde foram recolhidas, eles lhes mostram o perigo que as ameaça, caso tentassem aventurar-se sozinhas do lado de fora.

Ora, tal perigo não é, realmente, tão grande; pois elas aprenderiam muito bem, depois de algumas quedas, a caminhar sozinhas ("Réponse à la question: qu'est-ce que les lumières?" *La philosophie de l'histoire*. Paris: Aubier, 1947).

Chaves textuais

• *Minoridade: a submissão a outrem*

- Minoridade: estado daqueles que estão submetidos a uma direção alheia; heteronomia (obediência a leis exteriores).

- Ausência de liberdade do menor: ele não pensa por si mesmo, sua vida é regida por outros (um diretor, um livro, um médico...).

• *As razões da minoridade*

- O menor é, ele próprio, responsável pelo estado em que se encontra: ele poderia sair desse estado (a razão é comum a todos), mas ele escolhe o caminho da facilidade.

- Preguiça, falta de coragem do menor que teme responsabilizar-se por si mesmo: o pensamento requer esforços.

- Lassidão do menor: medo de dever assumir sua vida, de ser responsável e autônomo. A liberdade representa um risco.

- Os tutores (dirigentes), espertalhões, aplicam-se a manter os menores sob suas asas para conservar sua hegemonia.

• *A maioridade*

- Condições da saída da minoridade: a coragem de pensar por si mesmo e a educação.

- Maioridade: estado daquele que não está submetido a outrem, que pensa por si mesmo, que é responsável, autônomo (obedece às leis da razão). Estado de liberdade verdadeira.

- O homem deve sair da submissão e compreender que é capaz, graças à razão, de julgar por si mesmo.

SÉCULO XIX

Coordenadas

O que caracteriza o século XIX é sua complexidade. Feito de antagonismos e contradições, é o século dos grandes sistemas totalizantes que pensam a história e seu sentido, mas também é o século do Romantismo que exalta o eu individual, ou, ainda, o século do desencantamento e da perda de valores e ideais, século que se fecha sobre a "morte de Deus", que Nietzsche declama e a suspeita que inaugura a filosofia a golpes de martelo.

Idealismo e Romantismo

O Romantismo

Contra o Racionalismo do Iluminismo, o Romantismo que nasce no fim do século XVIII e se desenvolve no século XIX reabilita a sensibilidade, a intuição e a imaginação. A fria razão é inapta para dar conta da identidade da natureza e do espírito – identidade absolutamente rejeitada pelo espírito das Luzes e afirmada por Schelling (1775-1854) – que se desvela através do **sentimento místico** e por obra do gênio artístico. Longe das normas em vigor, a arte se libera para tornar-se lugar de expressão da **singularidade do sujeito.**

Nostálgica, a alma romântica está em busca da unidade do eu e do universo. Se o Romantismo exalta o eu, a individualidade livre em oposição ao universalismo redutor da razão, ele está também em busca do absoluto, e vê no homem e na natureza a manifestação da grandeza divina: o Romantismo contribui para um retorno da fidelidade aos princípios da religião cristã. Em um contexto histórico particular, quando na França se instala o Terror, assiste-se ao **surgimento do sentimento nacional** contra a reivindicação do cosmopolitismo das Luzes. Surge o entusiasmo, com Fichte (1762-1814), pelo **Estado-nação**, reivindicando tradição nacional e cultura própria ao espírito de um povo.

O idealismo alemão

O idealismo se desenvolve na Alemanha na primeira metade do século XIX. Os sistemas criados pelos sucessores de Kant têm por fim pensar o real superando a oposição kantiana da coisa e do espírito. A ideia de uma "coisa em si" incognoscível é rejeitada. Trata-se de **tornar inteligível o real e de desvelar sua unidade**.

Hegel (1770-1831) elabora um sistema totalizante que pensa a história universal e identifica o Espírito e o real. Seu **idealismo absoluto** constitui o pensamento maior do século XIX: todo filósofo que sucede a Hegel se dedicará a desenvolver ou combater o sistema hegeliano.

Entre otimismo e desencantamento

• *As ciências e técnicas que fundamentam o otimismo*

A crença em um **progresso** ilimitado das ciências e das técnicas perdura e se fortalece. O século do Iluminismo havia destacado a importância da **experimentação** e da observação na ciência. O século XIX confirma essa tendência: **Claude Bernard** desenvolve o método experimental e descobre a função glicogênica do fígado; **Charles Darwin** (1809-1882) expõe sua teoria da evolução na *Origem das espécies* (1859); **Pasteur** (1822-1895) faz descobertas capitais que fazem a medicina avançar.

Assiste-se igualmente ao nascimento da sociologia e da psicologia experimental. A história, a linguística e a economia estão em pleno voo. Interroga-se sobre os fundamentos da matemática (Boole, Frege, Hilbert) e novas geometrias, não euclidianas, são elaboradas por Lobatchevski e por Riemann.

• *Positivismo e cientificismo*

Esse formidável progresso das ciências e das técnicas abre caminho ao **Positivismo** do qual **Augusto Comte** (1798-1857) é um dos principais representantes. A carreira científica é, então, considerada o único modelo a seguir a fim de desenvolver o conhecimento. Mas o Positivismo tende, a partir da segunda metade do século XIX, a se transformar em **cientificismo**: a fé na ciência é tal que, para alguns, somente ela é capaz de resolver os males da humanidade. A ciência se impõe como valor e método em todos os domínios da vida. É somente no fim do século que será colocado em questão essa supervalorização da ciência.

• *O desencantamento*

Se o otimismo parece dominar o século XIX, também alguns filósofos marginais desfazem um pouco a nitidez desse quadro opondo-se tanto ao sistema hegeliano quanto ao Positivismo.

Schopenhauer (1788-1860) desenvolve uma filosofia marcada de pessimismo, refutando a possibilidade da felicidade. Longe de compartilhar o entusiasmo de seus contemporâneos pelo progresso, ele lança um olhar cínico sobre a existência e apela ao ascetismo, à negação do querer-viver, que não passa de fonte de sofrimento.

Kierkegaard (1813-1855) opõe-se ao espírito sistêmico e valoriza a existência e a subjetividade, abrindo caminho ao existencialismo que se perpassará o século XX.

Quanto a **Nietzsche** (1844-1900), ele inaugura (com Marx) as filosofias da suspeita revelando as ilusões de que o homem é prisioneiro. Enquanto genealogista, Nietzsche faz pesar a suspeita sobre a filosofia e a religião e anuncia o surgimento do niilismo, a perda dos valores e dos ideais.

Contra a tendência a querer compreender e orientar racionalmente o mundo, todos esses pensadores exibem a absurdidade do mundo ou, pelo menos, sua irredutibilidade ao conceito, e fazem com que sejam novamente colocados em causa os valores tradicionalmente admitidos.

As mutações sociais: entre crescimento e decadência

• *Uma sociedade em mutação*

Os avanços técnicos contribuíram para a emergência da revolução industrial. Com a invenção da máquina a vapor, os modos de produção se modificaram, desenvolve-se o trabalho assalariado. O liberalismo econômico encoraja o livre desenvolvimento da indústria e vê aí a possibilidade da prosperidade da sociedade.

No entanto, o enriquecimento do capitalista tem uma outra face: faz-se acompanhar do empobrecimento crescente da classe operária. Esse crescimento vem acompanhado de miséria e as condições de trabalho são cada vez mais inaceitáveis. Tal realidade põe em primeiro plano as questões de ordem social.

• *A filosofia ante as novas interrogações*

Se **Tocqueville** (1805-1859) se interroga sobre a possibilidade de conciliar liberdade e igualdade social, **Marx** (1818-1883) e **Engels** (1820-1895), por sua vez, denunciam a exploração do homem pelo homem e elaboram um pensamento militante com vistas a transformar o mundo. O materialismo histórico toma o contrapé do idealismo hegeliano e mostra que o capitalismo não pode ser mais que provisório. É rumo ao estabelecimento de uma sociedade sem classes, rumo à realização do comunismo, que a história caminha.

Os pensamentos socialistas se desenvolvem ante o aumento das desigualdades e da miséria. A filosofia adquire um *status* prático, e se torna combatente e atuante.

Da empreitada sistemática de Hegel à crítica nietzscheana da racionalidade filosófica, o século XIX vê se enfrentarem pensamentos antagonistas. Dessa forma, ele esboça a diversidade dos caminhos que seguirão os pensadores do século XX.

Quadro cronológico

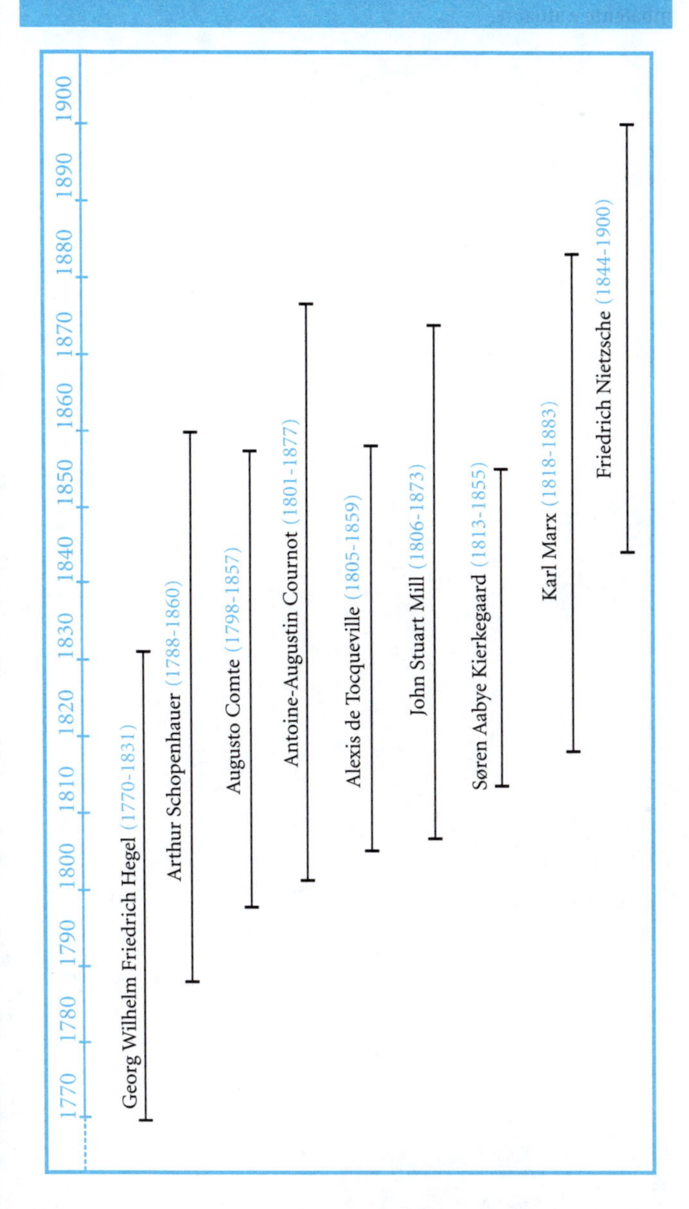

1770-1831

"Nada de grande foi realizado no mundo sem paixão" (*A razão na história*).

Elementos biográficos

• *Os primeiros anos*

Nascido em Stuttgart, Georg Wilhelm Friedrich Hegel estuda filosofia e teologia no seminário de Tübingen, onde estabelece amizade com Schelling e Hörderlin. Lê Rousseau, Lessing e Fichte. Com seus companheiros, ele se entusiasma pela Revolução Francesa e suas ideias.

Sem vocação eclesiástica, ele renuncia à carreira de pastor e se volta para a docência. Em 1807 publica *Fenomenologia do espírito*, obra que procura desvelar a racionalidade que está em operação na história.

Com efeito, Hegel, que foi durante algum tempo redator de imprensa, é apaixonado pela história, que ele procura perceber em sua unidade e atualidade.

• *Um professor renomado*

Professor-titular da cadeira de filosofia da Universidade de Heidelberg, Hegel redige *A ciência da lógica* (1812-1816) e o *Resumo da Enciclopédia das Ciências Filosóficas* (1817), uma exposição dos pontos fundamentais de seu sistema.

Convidado para a cadeira de Berlim, aquele que será chamado "professor dos professores" goza de grande prestígio. A maioria de seus cursos serão publicados postumamente a partir de seus manuscritos e nas anotações feitas por seus estudantes: *Lições sobre a história da filosofia* (1833-1836), sobre a *Estética* (1832). *Lições sobre a filosofia da religião* (1832), e *Lições sobre a filosofia da história* (1837).

Durante o último ano de sua vida. Hegel exercerá as funções de reitor na Universidade de Berlim.

Teses essenciais

Fundador de um verdadeiro sistema filosófico, Hegel é um dos pensadores mais influentes do século XIX. Insatisfeito com as consequências do sistema kantiano, ele elabora uma nova visão do mundo e da história em sua relação com o espírito, que ele qualificará de idealismo absoluto. A maior parte dos grandes pensamentos elaborados depois dele (o de Marx, Sartre, Merleau-Ponty...) surgem a partir de seu sistema e contra ele.

O espírito sistêmico

Hegel é o pensador sistêmico e enciclopédico por excelência: ele elabora um pensamento da totalidade que visa superar os dualismos kantianos (por exemplo, o noumeno e o fenômeno, a fé e o saber, o espírito e a natureza...) e a **apreender a realidade em sua unidade e em sua racionalidade imanente**. O sistema que ele elabora visa mostrar a racionalidade do real em seu próprio movimento. É um pensamento totalizante da história que lhe evidencia o sentido.

A filosofia não é, para Hegel, amor pela sabedoria, mas sabedoria propriamente que deve poder dar uma explicação de tudo, pensar a totalidade em seu próprio vir a ser, como algo racional.

O real é racional

Se a apreensão do absoluto pode ser assumida como objeto da filosofia, é porque "tudo que é racional é real, tudo que é real é racional".

A filosofia hegeliana é um **idealismo absoluto**: ela afirma a reconciliação e a unidade da ideia e do real. O real não é irracional e a apreensão da verdade não se reduz, como entendia Kant, à apreensão dos fenômenos. A filosofia é apreensão da verdade em seu caráter absoluto. O verdadeiro, o absoluto (o que é em si e por si) não é inacessível. A **razão** não é apenas o modo de compreensão do mundo, como afirma Kant; ela é também, e principalmente, a essência da realidade em si, o princípio divino imanente às coisas. A ideia é aquilo que se manifesta e se realiza nos fatos, não aquilo que se opõe a eles ou se lhes sobrepõe, como implicado na visão dualista do mundo derivada da tradição platônica que distingue entre mundo sensível (mundo da aparência, dos fenômenos) e mundo inteligível (mundo das ideias).

A verdade do todo: o resultado de um desdobramento

A fim de apreender a unidade de tantos fatos contraditórios é preciso compreender, como escreve Hegel em *Fenomenologia do espírito*, que "o verdadeiro é o todo. Mas o todo é apenas a essência que se realiza pelo desdobramento": **o verdadeiro, absoluto, não está presente à primeira vista, mas se desdobra, revela-se na temporalidade**, e apenas no fim do processo histórico é que ele será tudo aquilo que é, em sua forma estendida.

Hegel é, assim, um dos primeiros pensadores a considerarem o absoluto como resultado, e não como aquilo que está aí desde toda a eternidade. A ideia, em Platão, era concebida como imutável e eterna. Em Hegel, ela é o resultado de um longo processo de desdobramento, existindo na origem apenas enquanto virtualidade não consciente de si mesma.

A história: a marcha progressiva do Espírito

A história não é o lugar de um caos incompreensível, mas sim da **realização do Espírito** que se exprime através do modelo cultural dominante em uma época. "A história universal é apenas a manifestação da razão". O Espírito se encarna nas obras da civilização: a arte, a religião e a filosofia são igualmente lugares de seu desenvolvimento progressivo".

Existe, portanto, um **sentido** (um progresso) e também um **fim da história**. E se aparentemente a história nos parece caótica, isto se deve ao fato de nós não sermos capazes de captar o movimento dialético que anima a ideia que se realiza nela.

A dialética

A marcha do Espírito acontece por meio de um movimento dialético: cada etapa da história é, ao mesmo tempo, a **realização**, a superação, e a **negação** da etapa precedente.

Para se compreender o movimento dialético pode-se usar como representação uma planta: a flor é, ao mesmo tempo, a negação, a superação e a realização do botão, uma vez que ela marca o desaparecimento dele, mas o realiza, ao mesmo tempo, ao superá-lo. Igualmente, o fruto nega e realiza a flor.

A **contradição**, longe de ser irracional e paralisante, é o motor da história. É desse modo que Hegel concebe que os momentos de paz e de felicidade são páginas brancas da história, páginas sem avanço, sem progressos: a guerra é o meio que os povos têm de conquistar a liberdade e ultrapassar a época e a situação presentes.

A cada etapa, o Espírito se encarna em uma cultura, em um povo particular de maneira mais expressiva do que outros em determinada época. Assim, Hegel distingue três momentos decisivos da história: no **mundo oriental,** despótico, um só homem é livre. Aqui, o Espírito está presente somente **em si**, e a consciência da liberdade, que é também consciência de si do Espírito realizado só existe em germe. O **mundo greco-romano** afirma a liberdade de alguns, dos cidadãos. Ele é símbolo do **para si**, o Espírito tomando consciência de si mesmo. Enfim, **o Estado moderno** sabe que todos os homens são livres, que o homem é livre enquanto homem: o Espírito **em si e para si**, consciência de si como substância e sujeito, chegou à sua plena realização. A história marca o desenvolvimento da consciência de si e da liberdade.

Existe, portanto, **um fim da história**: o Espírito realizado, a história se acaba. Mas ela não é o fim dos tempos, nem um fim dos acontecimentos.

É o fim da marcha do Espírito, simplesmente. O sentido da história (a liberdade universal) estando realizado, nenhum grande princípio poderia superar esse sentido e impor-se.

A paixão, artimanha da razão

Mas dizer que "a razão governa o mundo", como escreve Hegel ao analisar a história filosófica, é supor que o homem, comparável a uma marionete, é o seu brinquedo. Ora, a história parece ser lugar de fatos contingentes e particulares, e o homem histórico parece agir mais por interesse e por paixão do que pela razão.

É que razão e paixão não se opõem: a **artimanha da razão** universal consiste em se servir das paixões humanas para se realizar e levar a cabo a realização efetiva da liberdade concreta através do Estado moderno. Napoleão, por exemplo, em quem Hegel via "a alma do mundo", não realiza apenas seu próprio projeto, mas é o particular realizando o universal. O homem, no entanto, não é, simplesmente, um autômato, pois a história é uma marcha através da liberdade.

Hegel reabilita a **paixão**: diante da tradição que considera a paixão como uma doença da alma, ele afirma que a paixão é positiva, que ela produz a energia necessária para a ação.

A dialética do senhor e do escravo

Individualmente, a tomada de consciência de si mesmo se realiza igualmente por um movimento dialético. A consciência de si não poderia ser alcançada sem uma **luta** anterior **pelo reconhecimento**, como ensina a dialética do mestre e do escravo, famoso episódio da *Fenomenologia do espírito.*

A luta mortal das consciências manifesta o ser para si do indivíduo que não se reduz à sua simples existência biológica (em si). Cada indivíduo somente se afirma opondo-se a outras consciências. Mas, paradoxalmente, ela quer igualmente ser reconhecida pela outra. É assim, nesta contradição, que ela se constitui enquanto consciência.

O escravo é aquele que prefere sua vida à liberdade, aquele que quer viver e submeter-se à dominação do senhor para salvaguardar sua existência biológica. O senhor, em contrapartida, é aquele que arrisca sua vida para afirmar sua liberdade.

O senhor submete o escravo: este último trabalha para aquele e lhe assegura uma existência tranquila, livre de qualquer necessidade. O escravo reconhece o senhor como consciência. Mas o escravo é tido como coisa pelo senhor.

Contudo, servindo ao senhor, o escravo se confronta com a resistência da natureza e põe suas forças à prova, toma consciência de si mesmo, a ponto de dominar, finalmente, o senhor amolecido por sua situação ociosa e dependente do escravo. A situação passa por uma inversão própria do mundo dialético. O escravo torna-se, então, o senhor do senhor. O **trabalho** é uma transformação da natureza, mas que realiza também uma transformação de si e nisso ele permite à consciência apreender-se ela mesma. "É pela mediação do trabalho que a consciência chega a si mesma" (*Fenomenologia do Espírito*).

Esta dialética inspirará principalmente as obras de Marx e sua análise da luta de classes (cf. p. 209s.).

• *A arte, manifestação sensível do Espírito*

A arte é um "modo de manifestação particular do Espírito", portanto, ela tem uma história. Como toda manifestação cultural, a arte evolui de maneira dialética na história.

Toda obra de arte é uma união entre o espiritual e o material, pelo fato de comportar uma forma, elemento sensível, material e um fundo, elemento inteligível, espiritual. A dominação de um dos dois elementos permite distinguir na história da arte três grandes períodos característicos do desenvolvimento do Espírito.

O primeiro período é o da **arte simbólica**, que caracteriza a arquitetura. Ele se estende da civilização indiana antiga até a alta Antiguidade Grega. A matéria, imponente, nessa época domina sobre o espiritual. Em seguida vem a **arte clássica** (no século V a.C., em Atenas), que manifesta o equilíbrio perfeito do espiritual e do material, sobretudo, através da escultura. Enfim, **a arte romântica** presencia a superioridade do espiritual, manifestado por excelência na música e na poesia da época do cristianismo.

Assim como existe um fim da história, existe, portanto, **um fim da arte**: chegada à sua plena efetividade, o Espírito não se realiza mais, hoje, na arte. Esta não é mais uma necessidade, mas o produto da liberdade individual.

• *A beleza artística, superior à beleza natural*

Não existe beleza, sem que se tenha um espírito que a contemple. Assim, a beleza natural não é percebida como beleza senão pelo fato de ser assumida pelo espírito, pelo fato de o espírito entrever nela seu próprio reflexo. Se o canto do pássaro nos encanta, se o consideramos bonito, é porque ele se assemelha com uma doce melodia, e não o contrário.

Consequentemente, a beleza artística, longe de ser cópia, imitação mais ou menos perfeita da beleza natural, é a **manifestação sensível da verdade.** Ela exprime a encarnação sensível da ideia que nela se desdobra.

No entanto, a arte é "alguma coisa do passado". É destinada a ser superada por formas culturais mais espirituais, repelindo o sensível: a religião e, por último, a filosofia.

Uma obra-chave: *Estética*

• *Contexto*

Nesse conjunto de lições proferidas em Berlim, Hegel analisa o pensamento artístico e, mais particularmente, as condições e a legitimidade de uma reflexão sobre a arte. A arte é a manifestação da vida do Espírito e é assim que ela deve ser pensada, em sua relação com a totalidade da história.

No texto que segue, mais especificamente, é a atividade prática (de que a arte é uma das expressões) e sua relação com a constituição da consciência que Hegel tem em mente.

• *Extrato*

As coisas da natureza existem apenas imediatamente e de uma só maneira, ao passo que o homem, por ser espírito, tem uma dupla existência; por um lado, ele existe da mesma forma que as demais coisas da natureza, mas, por outro, existe também para si, ele se contempla, representa a si mesmo, pensa-se, e não é espírito senão por essa atividade que constitui um ser para si.

Esta consciência de si o homem a adquire de duas maneiras: primeiro, *teoricamente*, pois deve inclinar-se sobre si mesmo para tomar consciência de todos os movimentos, recônditos e propensões do coração humano e, de uma maneira geral, contemplar-se, representar para si mesmo aquilo que o pensamento puder lhe indicar como essência, enfim, reconhecer-se exclusivamente, tanto naquilo que ele obtém dentro de si mesmo quanto nos dados que recebe do exterior.

Em segundo lugar, o homem se constitui por meio de sua atividade *prática*, pois carrega o impulso de encontrar seu eu, de reconhecer a si mesmo naquilo que lhe é dado de maneira imediata, naquilo que se oferece a ele exteriormente. Ele faz isso interferindo nas coisas exteriores, marcando-as com o selo de sua interioridade e nas quais ele encontra apenas suas próprias determinações. O homem age dessa forma, em sua liberdade de sujeito, para subtrair ao mundo exterior seu caráter barbaramente estrangeiro e para usufruir das coisas simplesmente porque encontra nelas uma forma exterior de sua própria realidade. Essa necessidade de modificar as coisas exteriores já está inscrita desde as primeiras inclinações da criança: o menino que atira pedras na água e admira os círculos que se formam na superfície, admira, na verdade, uma obra em que pode ver o espetáculo de sua própria atividade (*Esthétique*. Paris: PUF, 1995).

Chaves textuais

• *O que distingue o homem da natureza: a consciência*

- Modo de existência dos seres da natureza (animais, vegetais...): existência em si (enquanto corpos), imediata (ausência de consciência).

- Dupla existência do homem: em si (enquanto animal, organismo biológico), mas também para si (ser consciente, espírito que pode se contemplar: instauração de uma mediação entre si e si mesmo).

- Um tema recorrente em Hegel: o homem se distingue da natureza por ser espírito, consciência de si.

• *Duas maneiras de adquirir consciência de si*

- Teoricamente: a introspecção, a reflexão sobre si mesmo, o retorno sobre si da consciência refletida.
- Praticamente: pela ação e o trabalho, tomada de consciência de si e de sua capacidade de transformar o mundo à sua maneira (aqui, oposição a Descartes para quem a consciência de si advém da simples introspecção).
- Humanização da natureza, transformação do dado bruto como marca da liberdade humana tornada possível pela autoconsciência do homem, que ela exprime e desenvolve.

SCHOPENHAUER

1788-1860

"O mundo é minha representação" (*O mundo como vontade e representação*).

Elementos biográficos

• *Uma formação eclética*

Arthur Schopenhauer, oriundo de uma rica família de banqueiros, é destinado ao comércio por seu pai, que o encaminha para o aprendizado do ofício e o faz viajar pela Europa.

Mas o jovem retoma, por fim, o caminho da universidade e descobre as obras de Platão e de Kant. Inicia-se nas religiões orientais. Ouvinte nos cursos de Fichte, ele critica a "tagarelice de demente" do filósofo.

• *A longa travessia do deserto*

Solitário, Schopenhauer passa por inúmeros fracassos que parecem alimentar seu pessimismo e seu cinismo.

Muito cedo, elabora sua obra-prima, *O mundo como vontade e representação*, publicada em 1819. A obra não teve nenhum sucesso nessa época.

Ele dá cursos em Berlim ao mesmo tempo que Hegel, mas mesmo ali desgosta-se e abandona rapidamente o ensino, não sem menosprezo por esse ambiente. Retira-se então para Frankfurt.

• *Finalmente, o reconhecimento tão aguardado*

Os *Parerga e Paralipomena*, que redige para o público, o levarão, enfim, à celebridade. Somente no fim de sua vida é que *O mundo como vontade e representação*, reeditado em 1859, conhecerá o sucesso e Schopenhauer será, enfim, reconhecido.

Teses essenciais

Fundador do pessimismo, Schopenhauer se opõe aos grandes sistemas racionalistas dos filósofos alemães (Hegel, sobretudo), criticados por ele de maneira acerba. No entanto, ele reconhece sua dívida para com a obra de Kant, que era, segundo suas próprias palavras, "a coisa mais considerável que se produziu em vinte séculos de filosofia". A influência de Schopenhauer é perceptível em Nietzsche, sobretudo, que se empenhará em combater o ideal ascético defendido por Schopenhauer, em que Nietzsche vê o sintoma da decadência da vontade de potência.

O mundo é minha representação

Como Kant, Schopenhauer distingue o mundo (a coisa em si) e a representação que temos dele (o fenômeno). Nós não conhecemos o mundo em si.

O mundo que nosso espírito constrói é fictício, ilusório. Não passa de nossa representação, o que nós percebemos através de um véu ilusório, o **véu de Maya**, segundo os termos do pensamento brâmico. **O mundo como representação é um mundo de aparências.**

O mundo como vontade

Mas a reflexão interior do sujeito torna possível o acesso à realidade. Schopenhauer se afasta da posição kantiana: a coisa em si não é incognoscível; é possível rasgar o véu das aparências.

A experiência interior, com efeito, faz-nos intuitivamente descobrir a essência humana e, por extensão, do mundo em seu conjunto como vontade, **querer-viver**. Todo ser, do inorgânico ao homem, é animado por esse esforço, essa vontade de afirmação da vida sem origem nem fim. **O mundo como vontade é a realidade**. E é uma realidade absurda: a vontade é sem razão, sem causa, cega.

A felicidade é inacessível

Por ser essencialmente querer-viver, o homem não pode esperar atingir a **felicidade** entendida como satisfação total. Submetido ao **desejo** que renasce sem cessar, ele experimenta primeiro o **sofrimento** da **privação**, da falta que caracteriza todo desejo, a satisfação não sendo outra coisa que a ausência de sofrimento que em pouco tempo leva ao **tédio**. Ela não é nada de positivo, mas somente ausência de sofrimento que não pode perdurar, pois o desejo renasce sem cessar.

O homem, assim, não pode esperar o repouso que lhe daria uma satisfação completa. Esta é apenas uma ilusão: "Toda a nossa vida oscila, como um pêndulo, da direita para a esquerda, do sofrimento ao tédio" (*O mundo como vontade e representação*).

A negação do querer-viver

Schopenhauer convoca a uma **moral da renúncia**: uma vez que o querer-viver nos impele à desgraça da frustração e do tédio, é preciso aboli-lo, desapegar-se disso. É por meio da moral, assentada sobre a piedade, a arte e o ascetismo que se opera essa **negação do querer-viver.**

Cada homem, movido pelo querer-viver, quer realizar seus desejos: como Hobbes, Schopenhauer afirma o egoísmo inato dos indivíduos que, apesar disso, exprimem uma mesma vontade universal. É preciso retirar o véu de Maya e captar a unidade dos seres, compreender que cada indivíduo é apenas a expressão de uma vontade universal que a transcende e a engloba, e que assim o egoísmo de cada um o impele a voltar-se, finalmente, contra si mesmo ao lutar contra o outro. A **piedade**, compaixão para com a infelicidade universal decorrente da consciência do trágico da condição humana e da unidade dos seres, pode desenvolver o altruísmo e limitar os malefícios do egoísmo.

Mas a piedade não suprime, de maneira alguma, o sofrimento. Assim, é no caráter desinteressado da contemplação estética, evidenciado por Kant, que Schopenhauer vê a ocasião da negação do querer-viver. A **arte** seria a expressão do ser, e nos desviaria de toda preocupação egocêntrica, libertando da tirania dos desejos.

• *O ascetismo, a verdadeira sabedoria*

Mas a contemplação estética dura apenas um tempo e é preciso substituí-la por um modo mais durável e mais radical de negar o querer-viver: o **ascetismo.**

Esta atitude de renúncia, de resignação e de indiferença consiste em negar em si o querer-viver. Schopenhauer se inspira, aqui, no princípio do não apego budista que permite atingir o estado de serenidade correspondente ao nirvana. Em sua verdadeira sabedoria, "o homem chega ao estado de abnegação voluntária, de resignação, de calma verdadeira e de cessação absoluta do querer".

Uma obra-chave: *O mundo como vontade e representação*

• *Contexto*

Nesta obra Schopenhauer revela sua intuição essencial: o mundo é fundamentalmente querer-viver, tudo não passa de expressão de um esforço universal absurdo. Pessimismo e ateísmo estão lado a lado na defesa do ascetismo, modo de encontrar a serenidade.

• *Extrato*

A satisfação, a felicidade, como a chamam os homens, não passa, na verdade e essencialmente, de algo *negativo*; nela nada há de positivo. Não existe satisfação que, por si mesma e por seu próprio movimento, venha a nós; ela precisa ser a satisfação de um desejo. O desejo, com efeito, a privação, é a condição preliminar de todo gozo. Ora, com a satisfação cessa o desejo e, consequentemente, o gozo também. Assim a satisfação, o contentamento, não passaria de uma libertação em relação a uma dor, a uma necessidade; sob esse nome, na verdade, não se deve entender apenas o sofrimento efetivo, visível, mas toda espécie de desejo que, pelo incômodo que causa, prejudica nosso repouso, e até mesmo esse tédio que mata, que faz de nossa existência um fardo. – Ora, é algo difícil de conseguir, a conquista de um bem qualquer; é um bem que está separado de nós por dificuldades, que requer trabalhos sem fim. No caminho, a cada passo surgem obstáculos. E a conquista, uma vez feita, uma vez atingido o objeto, o que é que se ganhou? Nada, seguramente, além de se ter libertado de algum sofrimento, de algum desejo, de se ter retornado ao estado em que se estava antes da aparição desse desejo. – O fato imediato para nós é a necessidade, unicamente, ou seja, a dor. Quanto à satisfação e o gozo, não podemos experimentá-los senão indiretamente; temos que apelar à lembrança do sofrimento, da privação passada, que, antes de tudo, fora eliminada (*Le monde comme volonté et comme représentation*. Livro IV. Paris: PUF, 1966).

Chaves textuais

• *A felicidade é essencialmente negativa*

- A felicidade, a satisfação, remete sempre a uma privação anterior: nós satisfazemos sempre um desejo concebido como carência. Não existe, portanto, satisfação sem sofrimento anterior.

- A satisfação não passa de uma libertação de algo, nunca sendo um gozo positivo por si mesmo. É ausência de privação, e não positividade.

- Além disso, a satisfação não é, em si, algo durável: o tédio aparece assim que a falta é preenchida.

• *O ressurgimento do querer-viver*

- A satisfação existe apenas correlacionada à lembrança da dor da privação anterior: sua existência é precária.

- Com efeito, o mundo é vontade. O homem é condenado a desejar sempre, a nunca estar satisfeito.

1798-1857

"A fórmula sagrada dos positivistas: o amor como princípio, a ordem como base, e o progresso como fim" (*Sistema de política positiva*).

Elementos biográficos

• *As premissas do sistema*

Aos dezesseis anos Augusto Comte ingressa na Escola Politécnica, da qual é expulso por indisciplina. Desprovido de situação estável, ele vive principalmente de cursos particulares de matemática.

Junto a Saint-Simon, o "profeta do industrialismo" de quem foi secretário, Comte elabora o primeiro esboço de seu sistema.

• *De cursos de filosofia positiva à religião da humanidade*

Comte publica, de 1830 a 1842, os seis volumes dos *Cursos de filosofia positiva*, uma exposição de seu sistema. Ele nunca receberá o cargo de professor da Escola Politécnica que desejava, mas exercerá funções de tutor, suplente e, também, examinador.

Em 1844, quando é publicado o *Discurso sobre o espírito positivo*, preâmbulo de um curso de astronomia dado gratuitamente aos operários, ele se apaixona perdidamente por Clotilde de Vaux. Mas o idílio platônico tem curta duração: Clotilde falece dois anos mais tarde. Transtornado, Comte lhe devota um verdadeiro culto, e direciona sua filosofia rumo a uma "religião da humanidade", à qual se dedicará até sua morte.

Comte se proclama sumo sacerdote da religião da humanidade, institui o "calendário positivista" (cujos santos são os grandes pensadores da história) e funda igrejas positivistas. O *Sistema de política positiva* (1851-1854) foi sua última grande obra.

Teses essenciais

O duplo projeto de Comte era edificar uma filosofia das ciências e elaborar uma política racional. Fundador do Positivismo, pai da sociologia, Augusto Comte representa a crítica da teologia cuja teoria terminará em uma religião que alguns positivistas recusam e acusam de delírio político-religioso.

• *A lei dos três estados*

Dotada de sentido, a história é o lugar da evolução necessária do espírito da humanidade. A humanidade progride segundo a **lei dos três estados**.

Esta lei diz que os grandes momentos do desenvolvimento histórico correspondem a três estados da humanidade, três estágios da inteligência: "O espírito humano, por sua natureza, emprega sucessivamente em cada uma de suas pesquisas três métodos filosóficos, cujo caráter é essencialmente diferente e até radicalmente oposto: inicialmente, o método teológico, em seguida o método metafísico e, enfim, o método positivo" (*Curso de filosofia positiva*).

O **estado teológico ou "fictício"** constitui o estágio mais primitivo da inteligência. Como a criança que recorre a explicações irracionais apelando ao sobrenatural, a humanidade acreditou, inicialmente, na existência de entidades dotadas de vontade que explicariam os fenômenos naturais. O espírito humano, com efeito, espontaneamente tem a tendência de buscar as causas absolutas dos fenômenos, quer dizer, tanto as causas primárias quanto as finais, os objetivos últimos do ato. O estado teológico compreende três momentos: o **fetichismo** (os objetos, encarnações de espíritos, seriam dotados de poderes e de intenções); o **politeísmo** (crença na existência de seres divinos, responsáveis pelos fenômenos naturais e humanos); e, enfim, o **monoteísmo** (Deus é a origem única de todos os fenômenos).

No **estado metafísico ou "abstrato"**, o espírito persegue essa busca das causas absolutas, mas argumenta, em vez de imaginar. Entidades abstratas, essências, conceitos arbitrários desfazem os mitos e substituem os deuses. Este estado corresponde, no indivíduo, à adolescência.

O **espírito positivo**, ou, ainda, **científico**, é o estágio da maturidade do adulto rumo ao qual todo indivíduo e todo povo tende necessariamente.

O espírito positivo

O espírito positivo renuncia à busca de causas absolutas (o porquê) para dedicar-se à busca das **leis** (o como). Ele deve descrever como os fenômenos se encadeiam uns aos outros. O verdadeiro objeto da ciência são os fatos e suas relações, não suas causas últimas. No *Discurso sobre o espírito positivo*, Comte desenvolve os diversos sentidos do termo "positivo". Esta palavra "designa o real em oposição ao quimérico": o espírito positivo se prende ao que é real. Útil, permite prever e, portanto, agir pela técnica: "Ciência, logo previdência; previdência, logo ação". O espírito positivo é igualmente certo, preciso, construtivo (ele instaura ordem, coesão social e progresso). Enfim, ele substitui o absoluto pelo relativo, estabelecendo leis e renunciando à busca pelas causas.

• *Sociologia, rainha das ciências*

As ciências se tornam positivas ao longo da história. Comte as hierarquiza: antes de tudo são as ciências exatas que acedem ao rol de ciências positivas, depois a astronomia, a física, a química, a biologia e, enfim, a sociologia, que coroa este edifício. Primeiramente denominada "física social", depois **sociologia** por Comte, a ciência da humanidade é a mais digna de todas. Cada ciência depende das ciências anteriores. Por exemplo, é preciso ser matemático para ser físico. O sociólogo, portanto, deverá conhecer o essencial de todas as ciências anteriores.

A sociologia persegue um fim prático: instaurar uma coesão social durável, instituir um altruísmo generalizado.

• *A religião da humanidade*

Para estabelecer a ordem social é necessário haver um poder temporal (a força política e econômica dos industriais), mas sobretudo um poder espiritual que o aconselhe. Este último não pode se impor senão por meio de uma verdadeira religião, da qual Comte se coloca como fundador e sumo sacerdote: a religião da humanidade. A humanidade, esse **Grande Ser** de que fazemos parte, mas que nos transcende (pois é constituído do conjunto de todas as gerações passadas e futuras), deve ser venerado.

São os servidores mais prestigiosos da humanidade que melhor a representam: o culto comum será o dos grandes homens. Mas como cada pessoa faz parte da humanidade, a veneração provada dos seres amados (de Clotilde, para Comte) é igualmente legítima.

Uma obra-chave: *Curso de filosofia positiva*

• *Contexto*

O *Curso de filosofia positiva* realiza o primeiro projeto de Augusto Comte, o de erigir uma filosofia das ciências. Comte funda assim o Positivismo, filosofia que afirma a superioridade do conhecimento científico e rejeita o metafísico.

• *Extrato*

No estado teológico, o espírito humano, dirigindo sua busca essencialmente para a natureza íntima dos seres, as causas primeiras e finais de todos os efeitos que o atingem, em uma palavra, para os conhecimentos absolutos, imagina os fenômenos como sendo produzidos pela ação direta e contínua de entidades sobrenaturais mais ou menos numerosas, cuja intervenção arbitrária explica todas as anomalias aparentes do universo.

No estado metafísico que, no fundo, é apenas uma simples modificação genérica do primeiro, os agentes sobrenaturais são substituídos por forças abstratas, verdadeiras entidades (abstrações personificadas) inerentes aos diversos seres do mundo e concebidas como capazes de gerar por si mesmas todos os fenômenos observados, cuja explicação consiste então em atribuir para cada um a entidade correspondente.

Enfim, no estado positivo, o espírito humano, reconhecendo a impossibilidade de obter noções absolutas, renuncia a buscar a origem e o destino do universo, e a conhecer as causas íntimas dos fenômenos, para interessar-se unicamente em descobrir, pelo uso bem combinado do raciocínio e da observação, suas leis efetivas, quer dizer, suas relações invariáveis de sucessão e similitude. A explicação dos fatos, reduzida então a termos reais, não é mais outra coisa senão a ligação estabelecida entre os diversos fenômenos particulares e alguns fatos gerais cujo número os progressos da ciência tendem a diminuir cada vez mais (*Cours de Philosophie Positive* – Première leçon. [s.l.]: Hermann, 1975).

Chaves textuais

• *Os três estados*

- Progresso do espírito da humanidade que passa da infância (estado teológico) à idade adulta (estado positivo).

- O estado metafísico: um estado transitório que supera o estado teológico.

- O estado positivo, estado definitivo e normal da inteligência, torna possível o progresso das ciências.

• *A lei substituta da causa*

- O estado teológico e o estado metafísico procuram as causas primeiras ou finais dos fenômenos. O estado positivo, ao contrário, não busca mais as causas, mas os vínculos entre os fatos e as leis que os regem.

1801-1877

"A filosofia sem a ciência [...] se perde em espaços imaginários" (*Ensaios*).

Elementos biográficos

- *Universitário e alto funcionário*

Antoine-Augustin Cournot, recebido na Escola Normal Superior pela via científica, faz estudos superiores de matemática. Foi professor de análise e de mecânica na Universidade de Lyon, e depois reitor da Academia de Grenoble, antes de tornar-se inspetor-geral e reitor da Academia de Dijon.

- *Matemático, economista e filósofo*

Pioneiro da economia matemática, ele publica, mormente, as *Investigações sobre os Princípios matemáticos da Teoria das Riquezas* em 1838.

Este eminente pensador, no entanto, pouco conhecido por seus contemporâneos, também atuou como filósofo em seu *Ensaio sobre os fundamentos do conhecimento humano e sobre os caracteres da crítica filosófica* (1851), e em *Materialismo, vitalismo, racionalismo* (1875), em que analisa o emprego dos dados da ciência na filosofia.

Teses essenciais

Pensador do Racionalismo do século XVII, fino conhecedor das probabilidades, Cournot renova a reflexão sobre o acaso e projeta "fazer compreender o valor filosófico das ideias de chance, acaso, probabilidade" (Exposição da teoria das chances e das probabilidades, 1843). *Toda a sua obra exprime a "união íntima e, contudo, a primitiva independência do elemento filosófico e do elemento positivo, ou propriamente científico no sistema do conhecimento"* (Ensaio, § 329).

- *O acaso, uma realidade*

Laplace, estritamente determinista, negava a existência do acaso: uma inteligência capaz de ver o mundo em sua totalidade, como também as leis que o regem, poderia prever todos os acontecimentos futuros. O acaso se reduz, assim, a uma impressão subjetiva causada pela fragilidade do espírito humano ao ignorar as causas de um fenômeno. Essa não é a opinião de Cournot, que lhe confere uma verdadeira existência sem, contudo, renunciar à ideia de um mundo ordenado.

Determinista, Cournot afirma que todo acontecimento possui causas, mas ele concilia a ordem do mundo com a existência objetiva do acaso.

• *O acontecimento aleatório não é desprovido de causa*

O acaso não se reduz à contingência, e se distingue nitidamente dela. Chamamos ordinariamente de contingente o que não tem causa, aquilo que é começo absoluto. Ora, o que acontece por acaso, segundo Cournot, não é acausal. Nada se produz sem uma causa. Com efeito, cada acontecimento possui uma causa que, por sua vez, é o efeito de uma causa anterior. Todo acontecimento é, assim, um elo de uma série causal.

Mas as séries causais são independentes umas das outras e o acontecimento fortuito, originado por acaso, resulta do encontro de duas séries causais independentes. "Os acontecimentos originados pela combinação ou o encontro de outros acontecimentos que pertencem a séries independentes umas das outras são o que se chama de acontecimentos fortuitos ou de resultados do acaso". Se, por acaso, uma telha cai de um telhado atingindo um passante, nós vemos nisso um azar. Mas isso não é um acontecimento sem causa. A telha cai, por exemplo, porque o telhado está velho. Se o pedestre está presente nesse lugar nessa hora, é em virtude de uma outra série causal, totalmente independente daquela que preside à queda da telha. O acontecimento fortuito (a telha cai na cabeça do passante) é, portanto, resultado da interferência de duas séries causais, mas não é acausal. Desse modo, existem simultaneamente ordem e desordem no mundo: determinismo e acaso não são incompatíveis.

• *A filosofia da história*

Existem duas maneiras de pensar a história, conforme se enfoquem as causas ou as razões dos acontecimentos. A **causa** é aquilo que produz o efeito, ao passo que a **razão** é o que o explica. A **história anedótica** se limita ao desvelamento das causas, e se preocupa em mostrar a pequenez das causas e a grandeza dos efeitos. Ela explica como os fatos aconteceram. A **história filosófica**, mais esclarecedora, dedica-se à busca das razões dos acontecimentos, a retraçar a ordem à qual eles obedecem. Ela desvela o porquê dos acontecimentos.

Mas, como no mundo existem tanto a ordem quanto a desordem, a história não deve ser compreendida nem como lugar de uma contingência pura nem como desdobramento racional de um princípio único. Ela é o reino do acaso e da necessidade. "Não existe história propriamente dita, lá onde todos os acontecimentos derivam necessariamente e regularmente uns dos outros, em virtude das leis constantes pelas quais o sistema é regido" (*Ensaio*). Contra as filosofias totalizantes (a de Hegel, por exemplo) e contra uma concepção irracional da história, Cournot elabora uma visão original da história, em que coexistem a ordem e o acaso. Daí decorre um **probabilismo** que afirma a legitimidade da tomada em consideração do provável no conhecimento em geral.

Uma obra-chave: *Ensaio*

- *Contexto*

Cournot se interessa no *Ensaio* pelo papel da razão na elaboração do conhecimento humano. Neste extrato ele analisa mais particularmente o objeto do saber do historiador.

- *Extrato*

Se não existe história propriamente dita lá onde todos os acontecimentos derivam necessariamente e regularmente uns dos outros, em virtude das leis constantes pelas quais o sistema é regido, e sem concurso acidental de influências estranhas ao sistema que a teoria abarca, tampouco haverá história, no verdadeiro sentido da palavra, para uma série de acontecimentos que não possuísse relação alguma entre si. Assim, os registros de uma loteria pública poderiam oferecer uma sucessão de ações singulares, quem sabe até interessantes para a curiosidade, mas elas não constituiriam uma história: pois as ações se sucedem sem encadeamento, sem que as primeiras exerçam qualquer influência sobre as seguintes, mais ou menos como nesses anais em que os sacerdotes da Antiguidade tinham o cuidado de anotar as monstruosidades e os prodígios na medida em que eles lhes chegavam aos ouvidos. Todos esses acontecimentos maravilhosos, sem relação uns com os outros, não podem formar uma história, no verdadeiro sentido do termo, mesmo que se sucedam seguindo uma determinada ordem cronológica (*Essai sur les fondements de la connaissance et sur les caractères de la critique philosophique*. Paris: Vrin, 1975).

Chaves textuais

• *O acaso não constitui a história*

- A história não é o conhecimento dos fatos passados em sua singularidade e sua contingência.

- Tal conhecimento não é mais que uma soma de anedotas sem interesse: apresenta causas sem razões, sem inteligibilidade, sem mostrar o vínculo que une os acontecimentos entre si.

- Um exemplo: os registros de uma loteria coletam fatos independentes uns dos outros, mas isto não constitui uma história, um conjunto compreensível e dotado de sentido.

• *A história tampouco é lugar de uma necessidade absoluta*

- O historiador deve explicar a razão dos acontecimentos e desvelar a ordem que os preside, mas não deve esquecer a existência de fatos aleatórios na história.

- Quando os acontecimentos se encadeiam rigorosa e regularmente, fala-se de ciência, não de história.

- A história, na verdade, dedica-se ao conhecimento das razões e leva em conta a existência do acaso.

1805-1859

"Aquele que procura na liberdade outra coisa senão ela mesma foi feito para servir" (*O Antigo Regime e a Revolução*).

Elementos biográficos

• *Uma viagem decisiva*

Nascido em uma família aristocrática, Alexis de Tocqueville é um dos principais pensadores da Revolução e da democracia.

Suas funções de magistrado o levam a residir nos Estados Unidos para analisar o sistema penitenciário americano. Esta missão é apenas um pretexto para Tocqueville, que deseja satisfazer sua curiosidade pelo sistema democrático que se desenvolve na América. Desta viagem se origina um relatório enviado ao ministro do Interior, intitulado *O sistema penitenciário norte-americano e sua aplicação na França.* Mas, sobretudo, Tocqueville redige a obra que o torna célebre, *A democracia na América* (1835-1840).

O sucesso imediato faz de Tocqueville um personagem reconhecido: é nomeado Cavaleiro da Legião de Honra, eleito para a Academia de Ciências Morais e Políticas, e também para a Academia Francesa.

• *Um político apaixonado*

Tocqueville inicia, então, uma intensa carreira política. Será, principalmente, deputado, membro da comissão encarregada de elaborar a Constituição de 1848, e ministro dos Negócios Exteriores.

Opondo-se ao golpe de Estado de Louis-Napoleão Bonaparte, ele é aprisionado em Vincennes e em seguida libertado. É o fim de sua carreira política. Dedica-se então à redação de *O Antigo Regime e a Revolução* (1856).

Teses essenciais

"Aristocrata de coração, mas democrata de cabeça", Tocqueville é, antes de tudo, um defensor da liberdade. Consciente do progresso inevitável da democracia, ele analisa seus benefícios e seus perigos, e coloca um olhar novo e esclarecedor sobre o sistema democrático e sua evolução.

• *A igualdade, valor essencial da democracia*

Tocqueville denomina **democrática** toda sociedade que valoriza a igualdade e permite a todos tomarem parte dos assuntos públicos. A democracia progride no mundo de maneira inevitável. A sociedade muda e o povo exige a **equiparação das condições**. Já não existe mais superioridade hereditária legítima, e as diferenças ligadas ao nascimento, os privilégios e as classes desaparecem progressivamente.

Mas com a igualdade, o que se desenvolve é o **individualismo**: cada um usufruindo cada vez mais de conforto, ou ao menos podendo esperar melhorar sua condição, afasta-se das preocupações políticas em vista de buscar satisfazer suas próprias ambições e se volta apenas para si mesmo. O individualismo, esse "sentimento refletido e tranquilo que leva cada cidadão a isolar-se da massa de seus semelhantes e retirar-se à parte com sua família e seus amigos", distingue-se, no entanto, do egoísmo, "amor apaixonado e exagerado por si mesmo". A paixão pelo bem-estar material, eis o que caracteriza os membros de uma sociedade na qual cada um pode esperar uma vida melhor. Dessa forma, cada indivíduo é levado a se preocupar principalmente com seus próprios assuntos e dos seus próximos do que com a política.

• *Os perigos da democracia*

Amantes da igualdade, os povos das sociedades democráticas não veem, contudo, que sua **liberdade** está em perigo. Ao darem preferência à igualdade e não à liberdade, eles se arriscam a permitir que se instale um despotismo insidioso.

Em uma sociedade igualitária as opiniões têm o mesmo valor: a **tirania da maioria** pode vir a instalar-se, levando a uma perigosa uniformização do pensamento e à opressão da minoria. A maioria passa a ter razão e constitui a norma e a bitola pela qual todo pensamento é avaliado. Interiorizada, ela gera um **conformismo** frouxo e passivo propício ao desenvolvimento da submissão a um pensamento único e ao desinteresse pela política.

A atomização do corpo social e o individualismo crescente dos cidadãos os tornam seres passivos e despolitizados, que não se preocupam senão com sua tranquilidade e seu conforto em detrimento da liberdade política, que supõe engajamento e riscos. Eles abandonam ao poder político a responsabilidade de cuidar do seu bem-estar e de sua segurança. O poder, centralizado, reforçado, corre o risco de tornar-se um tutor paternalista, ditando opinião e vontade, **um déspota doce e regular**, que faz o bem, mas infantiliza.

• *A liberdade política*

A **liberdade** do homem reside em sua capacidade de se autodeterminar. Mas esse "direito igual e inalienável de cada indivíduo a viver de maneira independente de seus semelhantes em tudo aquilo que diz respeito somente a ele mesmo e a conduzir da maneira que bem entender seu próprio destino" sofre de uma equiparação das condições que a **centralização do poder** engendra. Somente um poder forte e tutelar parece ser capaz de realizar uma sociedade sem privilégios. Mas, então, coloca-se em perigo a possibilidade de cada um se autodeterminar e afirmar sua diferença.

Tocqueville não apregoa um retorno ao regime aristocrático, mas sim um direito à diferença e uma verdadeira liberdade política. Para que a democracia seja favorável à liberdade, o poder social deve ser descentralizado, limitado por **contrapoderes**, por **poderes intermediários** realizados pelas **associações** (partidos políticos, organizações cooperativas). O direito de associação, a independência judiciária e a liberdade da imprensa (que não pode, então, ser utilizada para manipular a opinião pública), são os garantes da liberdade. Para assegurar o reino da liberdade é preciso educar o cidadão, responsabilizá-lo, mostrar-lhe a necessidade de sua participação nos negócios públicos.

Uma obra-chave: *A democracia na América*

• *Contexto*

Tocqueville analisa a democracia norte-americana e desvela as características essenciais de toda sociedade democrática e os perigos que a cerca. A igualdade reivindicada pela sociedade democrática ameaça a liberdade. É preciso, portanto, perguntar-se sobre a possibilidade de uma sociedade democrática que reconcilie liberdade e igualdade.

• *Extrato*

Eu quero imaginar sob quais novos traços o despotismo poderia se produzir no mundo: vejo uma multidão incontável de homens semelhantes e iguais que giram incessantemente sobre si mesmos para darem-se pequenos e vulgares prazeres com que enchem sua alma. Cada um, afastado dos demais, é um estranho em relação ao destino dos outros: seus filhos e seus amigos particulares compõem, para eles, toda a espécie humana; quanto ao restante de seus concidadãos, ele está do seu lado, mas não os vê; toca-os, mas não os sente absolutamente. Cada um existe somente em si mesmo e para si mesmo e, se lhe resta ainda uma família, pode-se dizer, pelo menos, que ele não tem mais pátria.

Acima desses todos se eleva um poder imenso e tutelar, que se ocupa sozinho de lhes assegurar satisfação e cuidar de sua sorte. É absoluto, pormenorizado, regulado, previdente e doce. Parecer-se-ia com o poder paterno se, como ele, tivesse por objetivo preparar os homens para a idade viril; mas só se quer, pelo contrário, conservá-los irrevocavelmente infantis; ele gosta que os cidadãos se divirtam, desde que não queiram mais do que isso. Trabalha com disposição para a felicidade deles; mas quer ser o único agente e o único juiz; ele providencia a segurança deles, provê e garante suas necessidades, facilita seus prazeres, conduz seus principais negócios, dirige sua indústria, regula suas sucessões, divide sua herança; se pudesse lhes pouparia inteiramente do trabalho de pensar e do esforço de viver!

É dessa forma que, dia após dia, ele torna menos útil e mais raro o emprego do livre-arbítrio; trancafia a ação da vontade em um espaço cada vez menor e extorque pouco a pouco de cada cidadão até o uso de si mesmo. A igualdade preparou os homens a todas essas coisas; ela os dispôs a aceitá-las e muitas vezes até mesmo a considerá-las um benefício (*De la démocracie em Amérique*. Paris: Gallimard, 1968).

Chaves textuais

• *A atomização da sociedade*

- Individualismo generalizado que impele cada um a preocupar-se somente com seu próprio bem-estar.

- Foco na esfera privada: a humanidade se reduz aos mais próximos, aos amigos e à família.

- Consequência: um desinteresse crescente pelas questões públicas, ligadas mais com o bem comum (entende-se que aquilo que não nos atinge diretamente fica distante das preocupações cotidianas) do que com o bem privado.

• *Uma nova forma de despotismo*

- Um poder político paternalista provedor de segurança que cuide do destino de cada cidadão.

- Porém, um poder perigoso porque infantiliza: ele nega a autonomia dos cidadãos, impede a autoafirmação e a liberdade. Um Estado tutelar que desresponsabiliza e submete o cidadão.

- O novo despotismo: não é uma tirania, mas uma sujeição abjeta que destitui o homem de sua humanidade ao pensar e agir em seu lugar.

1806-1873

"As ações são boas ou más na medida em que tendem a aumentar a felicidade ou a desgraça" (*O utilitarismo*).

Elementos biográficos

• *Um ambiente influente*

Filho de James Mill, filósofo inglês que era amigo de Jeremy Bentham, fundador do utilitarismo, John Stuart Mill foi iniciado muito cedo nesta filosofia que coloca o fundamento da moral sobre a felicidade.

Submetido a um pai autoritário, privado das alegrias da infância em favor dos estudos, John Stuart Mill entrou em depressão ao tentar afastar-se da disciplina imposta por seu pai.

• *A descoberta dos sentimentos*

Ao final desta crise, ele se aproxima de Augusto Comte, depois de Alexis de Tocqueville. Descobre o amor e decide desenvolver um utilitarismo mais humano do que o de Bentham. Redige inúmeras obras, entre as quais os *Princípios de economia política* (1848), o ensaio *Sobre a liberdade* (1859) e *O utilitarismo* (1860).

Militante, eleito para o Parlamento de Westminster, ele defende os direitos das mulheres e das minorias.

Teses essenciais

John Stuart Mill é um dos mais ilustres representantes do utilitarismo. Herdeiro das teses de Jeremy Bentham, afasta-se, no entanto, de seu mestre enquanto concebe um utilitarismo altruísta, não fundado no interesse particular do indivíduo, mas no bem comum.

• *A via indutiva*

No *Sistema da lógica dedutiva e indutiva* (1843), Mill se interroga sobre as ciências. Procura fundar uma metodologia válida para todas as ciências. Inspirado no associacionismo de Hume, desenvolve uma teoria empirista do conhecimento.

É por meio da **indução** que conhecemos a natureza. A partir de uma série de observações particulares concordantes, nós inferimos leis gerais. "A indução é o procedimento pelo qual concluímos que aquilo que é verdadeiro sobre alguns indivíduos de uma classe é verdadeiro sobre a classe inteira, ou que aquilo que é verdadeiro algumas vezes o será sempre em circunstâncias semelhantes" (*Sistema de lógica*).

A via indutiva se assenta sobre a convicção de que o universo é governado por leis estáveis e gerais, que a natureza é uniforme e homogênea. Por serem fenômenos da natureza humana, os fenômenos sociais devem igualmente obedecer a leis fixas: a via indutiva autoriza o projeto de fundação das ciências morais e políticas.

• *A moral utilitarista*

Stuart Mill, fiel ao princípio utilitarista, considera a **utilidade** como o critério dos valores morais: é boa a ação que contribui para a felicidade do maior número de pessoas, entendendo-se por felicidade o prazer e a ausência de dor.

Porém, diferentemente de Bentham, Stuart Mill procura avaliar o prazer não somente enquanto quantidade, mas também por sua **qualidade**. Existem dois tipos de prazer: superiores e inferiores. São de qualidade superior os prazeres ligados às faculdades superiores do indivíduo, faculdades do espírito. São inferiores os prazeres apenas carnais, ligados ao corpo. Esses últimos proporcionam apenas uma baixa **satisfação**, ao passo que os prazeres de qualidade superior são fontes de felicidade e de uma vida digna.

Além disso, não é o interesse pessoal de cada indivíduo que deve ser buscado em primeiro lugar, mas o **interesse geral**: Mill desenvolve um utilitarismo altruísta que considera o devotamento do indivíduo à felicidade do outro como a mais alta virtude. Amigo de Tocqueville, John Stuart Mill vê na educação e na associação os meios de desenvolver em todo ser humano o senso de justiça.

Uma obra-chave: *O utilitarismo*

• *Contexto*

Mil apresenta nesta obra sua concepção utilitarista da moral, e mostra que o utilitarismo não se reduz a um cálculo frio, egoísta e desumano, mas pode ser concebido como fundante de uma moral altruísta.

• *Extrato*

Poderiam perguntar-me: “O que você entende com uma diferença de qualidade entre os prazeres? O que poderia tornar um prazer mais precioso do que outro – enquanto prazer, puro e simples – se não for por ser maior quantitativamente?” A isto só existe uma resposta possível. De dois prazeres, se houver um ao qual todos ou quase todos que experimentaram de um e de outro dão uma preferência bem definida, sem serem influenciados por um sentimento de obrigação moral, é esse prazer que é o mais desejável. [...]

Poucas criaturas humanas aceitariam ser trocadas por animais inferiores mediante a promessa de receberem a maior quantidade de prazeres de animal; nenhum ser humano inteligente consentiria em ser um imbecil, nenhum homem instruído em ser um ignorante, nenhum homem de coração e de consciência a ser egoísta e vil, mesmo que tivessem a convicção de que o imbecil, o ignorante ou o patife estão, com sua respectiva sorte, mais completamente satisfeitos do que eles mesmos com a sua. [...]

Acreditar que, ao manifestar tal preferência, sacrifica-se alguma coisa de sua felicidade, ou acreditar que o ser superior – em circunstâncias que seriam equivalentes em todos os sentidos para um e outro – não é mais feliz do que o ser inferior, é confundir as duas ideias muito diversas de felicidade e de satisfação. [...] Mais vale ser Sócrates insatisfeito do que um imbecil satisfeito. E se o imbecil ou o porco tiverem uma opinião diferente, é porque eles só conhecem um lado da questão: o deles. A outra parte, para fazer a comparação, conhece os dois lados (*L'Utilitarismo*. Paris: Flammarion, 1988 [Coll. "Champs"].

Chaves textuais

• *Qualidades diferentes de prazer*

- É moral a ação que gera o prazer. Os prazeres são certamente diferentes uns dos outros quantitativamente, mas o são também, e sobretudo, qualitativamente. A qualidade do prazer determina a moralidade da ação que o gera.
- Prazeres inferiores: relativos à animalidade, ao corpo, "prazeres animais".
- Prazeres superiores: relativos à humanidade, ao espírito.
- Aqueles que conhecem os dois gêneros de prazer, que fizeram a experiência dos dois, são os mais aptos a julgar a qualidade dos prazeres. O inteligente não deseja voltar a ser ignorante, mesmo que lhe prometam em troca inúmeras satisfações corporais.

• *Satisfação e felicidade*

- Distinguir a satisfação (ausência de carências de um ponto de vista corporal) e a felicidade (gozo de prazeres superiores).
- Imperfeição da felicidade: o ser inteligente tem consciência daquilo que lhe falta, mas prefere a consciência a ser ignorante e contentar-se com prazeres animais.

1813-1855

"Trata-se de encontrar uma verdade que seja uma verdade para mim, e encontrar a ideia pela qual eu queira viver e morrer" (*Jornal*).

Elementos biográficos

Uma "estranha educação"

Søren Aabye Kierkegaard nasceu em Copenhague. Seu pai, profundamente protestante, tem a certeza de dever ser punido por seus pecados pela desgraça de seus filhos.

Kierkegaard tem o sentimento de ter nascido sob o sinal da culpa e destinado a um futuro sombrio. Sua infância ocupa uma função essencial na constituição de sua filosofia existencial.

Da perversão à angústia

A vida de Kierkegaard, trágica, é permeada de fracassos: após um período de excessiva perversão, ele abandona o "caminho da perdição" em prol de uma vida mais regrada, porém atormentada pela angústia; noivo, ele renuncia ao casamento com sua prometida; após os estudos de teologia, abandona seu primeiro projeto, tornar-se pastor.

Publica inúmeras obras, muitas vezes utilizando-se de pseudônimos, cada um deles revelando uma faceta diferente da verdade e da subjetividade: *O conceito de angústia* (1844), *Migalhas filosóficas* (1844), *O desespero humano* (1849).

Ele conhece a celebridade, mas se vê igualmente no coração de virulentas polêmicas. Adversário do cristianismo dos "padres funcionários", critica com veemência a Igreja oficial em sua última obra, *A escola do cristianismo* (1850).

Teses essenciais

Oposto ao hegelianismo dominante em sua época e ao espírito sistêmico, Kierkegaard é o pensador da existência e da subjetividade. Precursor do existencialismo do século XX, ele exerce enorme influência sobre pensadores como Gabriel Marcel, Karl Jaspers, Heidegger, ou ainda Sartre.

A subjetividade é a verdade

Contra o ideal hegeliano de um saber objetivo e abstrato sistematizado, Kierkegaard afirma a primazia da existência individual. A "subjetividade é a verdade": não pode haver um sistema da existência, pois **a existência** é a vivência humana concreta e subjetiva, verdadeira manação do sujeito que não pode ser contido em um sistema fechado. "Existir significa, antes de tudo, ser um indivíduo" (*Post-scriptum às Migalhas filosóficas*), quer dizer, um ser único, singular, livre, que não pode ser pensado, uma vez que todo pensamento apenas apreende o geral. Contraditória e ambígua, a vida não pode ser reduzida ao conceito que pretende explicá-la.

Contrariamente ao que afirma Hegel, o indivíduo não recebe sua significação da história universal. Não se pode falar da vida em geral, porque o que está dado, o que existe, é sempre uma existência particular: *minha* existência, que eu devo compreender e à qual devo, eu próprio, dar sentido. O indivíduo subjetivo é origem de sua própria verdade, verdade essa produzida por sua ação. Não há nenhuma essência dada de forma antecipada ao indivíduo. Ele mesmo deve construí-la. Enquanto **existente** que se desenvolve livremente no mundo, ele se encontra diante de uma infinidade de escolhas, perante a contingência que deve assumir na **angústia**.

A verdade, múltipla e mutante, é relativa ao vínculo que une o indivíduo ao seu Criador, ele mesmo sendo visto em sua individualidade. Subjetiva, a verdade é também relativa: "A consciência cria a verdade a partir de si". A existência pode ser vivida de diversas maneiras. O indivíduo deve se empenhar pessoalmente, deve escolher sua maneira de viver para descobrir *sua* verdade.

Os três estágios da vida

Três estágios balizam as etapas da existência.

O estágio estético designa a vida no instante, a busca de satisfação no imediatismo das sensações isenta de qualquer preocupação moral. Este estágio é encarnado especialmente pela personagem de Dom Juan. Kierkegaard denuncia a vaidade de tal vida que se reduz ao prazer imediato.

O estágio ético é o da vida organizada e séria do cidadão responsável, que respeita a sociedade e as leis, e se preocupa com as exigências morais. A figura de Sócrates exprime a mais alta realização desse estágio. O ético, que pensa no geral, é, no entanto, fechado em ideias totalmente fabricadas que lhe impedem caminhar rumo à verdade subjetiva e autêntica. Ele esquece sua individualidade.

Enfim, **o estágio religioso** é o estágio supremo da existência autêntica durante o qual o sujeito é chamado a descobrir sua verdade no âmago da verdadeira religiosidade. Esta não designa a conformidade com a religião socialmente estabelecida, que Kierkegaard fustiga como hipocrisia, fonte de um otimismo vulgar e de uma existência inautêntica que submete a fé à razão. A religiosidade reside antes no vínculo único e individual, incompreensível e incomunicável, que une o indivíduo a seu Criador, a fé irracional em um Deus que se fez homem. Abraão exprime essa existência religiosa quando aceita, contra toda razão e para além de toda moral estabelecida, sacrificar seu filho Isaac.

A subjetividade religiosa é feita de uma **angústia** dilacerante, mas formadora, porque ela desvela o valor da unicidade. O indivíduo se descobre nela antes de tudo como um pecador, uma subjetividade livre e, contudo, que só pode sê-lo negando Deus, pois a afirmação de si mesmo enquanto ser finito acarreta de algum modo a negação da Infinidade divina.

A fé irredutível à razão

A pessoa religiosa é, antes de tudo, um ser **apaixonado**, pois é na paixão que se afirma a individualidade. O real não é racional, contrariamente ao que afirma Hegel, a fé não pode ser conceitualizada, pois ela é paixão individual e singular. Dessa forma, tudo foge às exigências da razão. A **verdade** é um ato de liberdade em si, não um ato resultante de uma escolha refletida, mas ato de uma **conversão**, de um salto no escuro para dentro do desconhecido: "a liberdade consiste precisamente nesse ato de audácia que opta pela incerteza objetiva com a paixão do infinito" (*Post-scriptum*). Não se pode ter certeza objetiva da existência de Deus; por isso, é a fé, verdadeira escolha, que se acompanha sempre da dúvida que instaura a razão. Por isso mesmo ela é apaixonada.

Consequentemente, querer provar a existência de Deus ou querer que a fé se enraíze no racional é blasfemo. É preciso crer contra ou apesar da razão: "Tornar o cristianismo verossímil [...] nisto está a destruição do cristianismo". Kierkegaard se coloca antes de tudo como antifilósofo (quer dizer, anti-hegeliano), adversário de toda redução da experiência à razão, e pensador religioso da existência contingente, subjetiva e apaixonada.

Uma obra-chave: *Post-scriptum às migalhas filosóficas*

Contexto

Publicado sob o pseudônimo de João Clímaco, o *Post-scriptum às migalhas filosóficas* é um verdadeiro manifesto anti-hegeliano que afirma o primado da subjetividade e sua irredutibilidade aos conceitos da razão.

Extrato

Não pode haver um sistema da existência. Quer dizer que ele não existe? De maneira alguma. A proposição não o afirma. A realidade, a existência mesma é um sistema – para Deus, mas ela não pode existir para um espírito existente. Quem diz sistema diz mundo fechado, mas a existência é justamente o contrário. Abstratamente, sistema e existência não podem ser pensados juntos porque, para pensar a existência, o pensamento sistemático deve pensá-la como suprimida, quer dizer, de maneira diferente do que como de fato dada. A existência separa as coisas e as mantém distintas; o sistema as coordena em um todo fechado (*Post-scriptum définitif et non scientifique aux miettes philosophiques*. Vol. I. [s.l.]: L'Orante, 1997.

Chaves textuais

• *A crítica da redução ao sistema*

- Um sistema: um todo fechado cujos elementos estão em conexão necessária. Referência crítica à filosofia hegeliana, eminentemente sistemática, que afirma que o real é racional.

- Pensando as coisas todas como elementos de um sistema, lhes damos uma explicação, mas lhes negamos sua individualidade, seu caráter de ser particular, de poder tornar-se isso ou aquilo por sua própria escolha. Suprimimos sua existência.

• *A existência é essencial*

- A existência: o ser de cada indivíduo particular e subjetivo em seu tornar-se. Existir é evoluir, mudar, experimentar por si mesmo.

- A liberdade caracteriza a existência: ela não pode ser encerrada por um sistema no qual tudo está necessariamente amarrado.

- A separação: existir, para um sujeito, é ser, enquanto interioridade, distinto dos outros e de Deus. É ser único. Ao contrário, no sistema, todos os elementos estão em interconexão.

- Consequentemente, pensar o mundo como sistema significa negar a realidade da existência e a impedir-se o acesso à própria realidade da vida que é feita de contradições e absurdos.

1818-1883

"Os filósofos simplesmente têm interpretado de maneiras diversas o mundo. Trata-se, agora, de transformá-lo" (*Teses sobre Feuerbach*).

Elementos biográficos

• *Do hegelianismo ao marxismo*

Karl Marx, figura incontornável do século XIX, encarna o militantismo político e um pensamento novo, alternativo ao hegelianismo que dominava sua época.

Contrário à filosofia hegeliana, Marx se afasta de toda carreira universitária e se torna jornalista, depois redator-chefe da *Gazeta Renana*. Suas tomadas de posição nos debates econômicos e políticos incomodam as autoridades berlinenses: a *Gazeta* é proibida.

• *O engajamento comunista*

Estabelecendo-se em Paris, ele escreve os *Manuscritos de 1844*, a *Questão judaica* e a *Crítica da Filosofia do Direito de Hegel*.

Marx descobre o pensamento socialista, engaja-se politicamente e participa de reuniões da Liga dos Justos, uma sociedade comunista. Conhece, então, Friedrich Engels (1820-1859) que será seu colaborador e fiel amigo até à morte.

• *A ação política revolucionária*

Expulso da França, Marx se instala na Bélgica e redige *Miséria da filosofia*, bem como *A ideologia alemã*, em colaboração com Engels. Ambos participam da criação da Liga dos Comunistas e elaboram o *Manifesto do Partido Comunista* (1848).

Exilado em Londres, Marx vive na miséria, mas se dedica à sua obra e ao combate político: cria a Primeira Internacional e ajuda Engels a redigir o *Anti-Dühring*, obra fundante do marxismo. Paralelamente, trabalha na elaboração de *O capital* (1867-1894).

Teses essenciais

Político, economista e filósofo alemão, Marx constrói seu sistema de pensamento a partir de uma crítica ao idealismo de Hegel – em que ele vê uma inversão da realidade – e do materialismo mecanicista de Feuerbach. O materialismo dialético que ele elabora em resposta terá um forte impacto sobre o pensamento econômico e político do século XX.

• *O materialismo dialético*

Os filósofos não fizeram mais que **interpretar** de maneiras diversas o mundo; trata-se agora de **transformá-lo.** O homem é, antes de tudo, um ser que age. Ele deve agir contra a ilusão gerada pela filosofia idealista e a religião: não é a ideia que governa o mundo, como afirma Hegel, mas a **matéria.** Tampouco é Deus que decide o curso da história: a **religião,** "ópio do povo", é apenas "a consciência de si e o sentimento de si que tem o homem que ainda não encontrou a si mesmo". Ela é **ilusão**: "abolir a religião enquanto felicidade *ilusória* do povo é exigir sua felicidade *real*". Pois a religião apenas exprime a condição humana de uma época.

"Não é a consciência dos homens que determina sua existência; pelo contrário, é sua existência social que determina sua consciência" (*Contribuição à crítica da economia política*). Com efeito, é a **organização econômica** de uma sociedade que determina as relações sociais que a estruturam e, consequentemente, o desenvolvimento de sua vida social, política e intelectual.

As **forças produtivas** (conjunto de meios materiais, humanos e técnicos que servem para produzir riqueza) determinam as **forças de produção** (as diferentes classes sociais, definidas por seu lugar respectivo no processo de produção), que, por sua vez, determinam as relações sociais e a **ideologia** de uma sociedade. A ideologia (conjunto de representações coletivas morais, filosóficas e religiosas de uma época, exprime os interesses, reais ou imaginários, de uma classe ou de um grupo social. Ela é, assim, universalizada de maneira ilegítima e produtora de ilusões, por ser parcial. "As ideias dominantes de uma época nunca foram outra coisa senão as ideias da classe dominante": são as forças de produção que determinam a ideologia.

A **infraestrutura** (as forças produtivas e as relações sociais) determina a **superestrutura** (aquilo que não é de ordem material, as manifestações do espírito humano: ideias jurídicas, filosóficas, religiosas, políticas, artísticas...).

Mas tal materialismo é **dialético** e não mecânico, como o é para Feuerbach: se as forças materiais têm influência sobre as ideias, o inverso é igualmente verdadeiro; o termo "dialético" remete ao método de análise hegeliano do real, que compreende a realidade como sendo construída por um jogo de contradições que se sobrepõem umas às outras.

• *O materialismo histórico e a luta de classes*

A história evolui de maneira dialética, como Hegel havia percebido, mas o motor da história, longe de ser a ideia, é a organização material das sociedades, a maneira como elas produzem suas riquezas. Esse é o princípio fundante do materialismo histórico.

A **luta de classes**, conflitos entre opressores e oprimidos (entre o escravo e o amo, entre o servo e o senhor, entre o proletário e o burguês), faz a sociedade evoluir de maneira necessária. Passando de um modo de produção a outro, a sociedade evolui inelutavelmente rumo à revolução do proletariado e ao estabelecimento de uma sociedade sem classes, que expresse a vitória do proletariado. Marx anuncia, assim, o fim da pré-história humana: o capitalismo se conduzirá, ele próprio, à destruição em prol do comunismo. Inclusive, o **advento de um estado operário é inelutável**, de modo que é preciso agir. A implicação do proletário na reivindicação política é essencial, enquanto permite precipitar a chegada da sociedade sem classes e, portanto, abreviar os sofrimentos do proletariado. Reconciliada consigo mesma, a humanidade se libertará de todas as alienações.

• *A crítica da economia capitalista*

Para tornar inteligível o vir a ser histórico do capitalismo, convém identificar seu modo de funcionamento. Para isso é necessário compreender como as trocas constitutivas do sistema capitalista permitem a acumulação das riquezas. Portanto, o que Marx analisa é a própria natureza nas **trocas**.

Devem-se distinguir os diversos tipos de trocas: a **troca** designa a permuta de uma mercadoria por outra; a **troca econômica** faz intervir o dinheiro (uma mercadoria é trocada por dinheiro, meio-termo que permite comprar, em seguida, outra mercadoria); a **crematística,** última forma de troca, permite, a partir de um capital (soma de dinheiro), apropriar-se de uma mercadoria subsequentemente trocada por mais dinheiro. Esse tipo de transação é próprio do sistema capitalista. Através da análise do trabalho assalariado, Marx desvela o meio pelo qual o capitalista consegue se enriquecer: a exploração do trabalhador.

• *A crítica do modo de produção capitalista: o trabalho alienado*

Na sociedade do século XIX o capitalismo crescente dá lugar a uma perversão do trabalho e da condição dos operários.

É pelo trabalho que o ser humano realiza sua essência, que ele se afirma como ser consciente e capaz de vontade e de esforço. O trabalho é fonte de liberdade de criação de si (veja o texto a seguir).

Mas, no regime capitalista, o operário não tem a posse do objeto que ele produz. Explorado e desumanizado, ele vende sua **força de trabalho**.

Esta é uma mercadoria que o capitalista se apropria pelo viés do salário, da mesma maneira que ele se apropriaria de uma máquina. O salário permite ao operário regenerar sua força de trabalho: ele corresponde à quantidade de mercadorias necessárias ao trabalhador para viver. Ora, o trabalho do operário produz mais do que o valor do seu salário, permitindo ao capitalista ter lucro. Assim, a **mais-valia** provém da diferença entre o **valor de troca** da força de trabalho (salário) e o **valor de uso** (o valor produzido pelo emprego da força de trabalho). O valor de uso sendo superior ao valor de troca, o trabalhador encontra-se **explorado**.

O operário vende sua vida, vende-se a si mesmo, e somente concebe sua gratificação no repouso. Com o trabalho, o trabalhador fica ainda mais distante de sua afirmação pelo fato de estar dividido, parcelado, e não se reconhecer mais no objeto que ele ajuda a fabricar. **Alienado**, o operário deve revoltar-se para fazer chegar uma sociedade sem classes que ponha fim à **exploração do homem pelo homem**.

Uma obra-chave: *O capital*

- *Contexto*

Por uma "crítica da economia política", Marx analisa a natureza do sistema capitalista e desvela as contradições que lhe subjazem. Ele conclama à ação revolucionária visando ao estabelecimento do comunismo.

- *Extrato*

Nosso ponto de partida é o trabalho sob uma forma que pertence exclusivamente ao homem. Uma aranha realiza operações que se assemelham às do tecelão, e a abelha confunde, pela estrutura de suas células de cera, a habilidade de muitos arquitetos. Mas o que distingue, desde o começo, o pior dos arquitetos da abelha mais esperta, é que ele construiu a célula em sua cabeça, antes de construí-la na colmeia. O resultado ao qual o trabalho leva preexiste de maneira ideal, imaginação do trabalhador. Ele não realiza apenas uma mudança de forma nas matérias naturais; ele realiza, simultaneamente, seu próprio fim, de qual tem consciência, que determina como lei seu modo de ação, e ao qual deve subordinar sua vontade. E esta subordinação não é momentânea. A obra exige, durante toda sua duração, além do esforço dos órgãos que atuam, uma atenção elevada que não pode resultar senão de uma tensão constante da vontade. Isso é ainda mais necessário devido ao fato de o trabalho, por seu objeto e seu modo de execução, cativar menos o trabalhador, e não representar tanto, para ele, um livre desempenho de suas forças corporais e intelectuais; em resumo, porque o trabalho lhe é menos *atraente* (*Le capital*. Livro I. [s.l.]: Sociales, 1978).

Chaves textuais

• *A atividade animal*

- Aparentemente, a atividade animal é comparável ao trabalho humano, por suas produções: a teia da aranha faz pensar em um objeto produzido por um artesão, a colmeia se assemelha a um edifício.

- Mas a produção animal acontece instintivamente, sem reflexão nem consciência, o que a diferencia do trabalho humano.

• *A especificidade do trabalho*

- No trabalho, o ser humano representa antes para si o objeto a ser realizado e tem consciência do fim a atingir. Assim ele pode organizar seu trabalho de diversas maneiras. A **consciência** exigida pelo trabalho o distingue da atividade animal.

- Importância da **vontade** e da **temporalidade** do trabalho: o esforço necessário para a produção exige uma consciência estendida para o fim a alcançar, uma concentração constante que supõe um esforço sobre si mesmo inexistente em uma atividade imediata regida pelo instinto.

- **Positividade do trabalho**: ele desenvolve a consciência de si mesmo e do mundo, bem como as faculdades manuais e intelectuais necessárias para sua realização.

1844-1900

"As verdades são ilusões que esquecemos que o são" (*O livro do filósofo*).

Elementos biográficos

• *Um admirador de Schopenhauer e de Wagner*

Friedrich Nietzsche estuda filologia e depois a leciona na Universidade de Basileia. A leitura do *Mundo como vontade e representação* de Schopenhauer o insere na filosofia. Inicialmente fascinado, Nietzsche se afastará, entretanto, do pessimismo de Schopenhauer.

Apaixonado por música, amigo e admirador de Richard Wagner, ele lhe dedica uma de suas primeiras obras, *O nascimento da tragédia* (1871).

• *A redação da obra*

Bem depressa, a admiração abre espaço à crítica, e a ruptura com Wagner se consuma em 1879, assim que são publicadas *Humano, demasiado humano* e *O andarilho e sua sombra.*

Enfermo, Nietzsche se obriga a abandonar a docência. A universidade lhe dá uma pensão que lhe permite viajar pela Europa.

Dedica-se então à redação de sua obra e publica, entre outras, *Aurora, A gaia ciência, Assim falava Zaratustra, Além do bem e do mal, A genealogia da moral, O Caso Wagner, Crepúsculo dos ídolos* e *O anticristo.*

• *A decadência*

Ecce homo, publicado em 1888, cujos capítulos se intitulam "Por que sou tão sábio", ou ainda "Por que escrevo livros tão bons", carrega as marcas da loucura que se desenvolve nele e do orgulho delirante que o acompanha.

Uma crise de demência precipita sua decadência: após um período em um hospital psiquiátrico, ele será cuidado por sua mãe e depois por sua irmã até a morte.

Esta última assume a edição das obras de Nietzsche e orienta a escolha dos aforismos que constituem *A vontade de potência*, contribuindo para uma leitura nacionalista das obras de seu irmão, que, contudo, tinha claramente afirmado sua repulsa pelo antissemitismo. É assim que Nietzsche pôde ser malcompreendido e associado equivocadamente a um movimento que ele execrava.

Teses essenciais

Crítico da metafísica e da religião, Nietzsche instaura uma ruptura decisiva na história do pensamento. Trata-se de filosofar "a golpes de martelo", de destruir os valores da cultura moderna desvelando suas origens, a fim de vir a ser aquilo que se é, e viver. O pensamento de Nietzsche inaugura uma nova era, a era da suspeita em relação à razão e aos ideais que ela forjou.

• *A genealogia da moral e a transmutação dos valores*

Nietzsche critica a moral judaico-cristã. Ele atua como **genealogista**: desvela as origens das posições que critica. A moral dos escravos é oriunda do **ressentimento** dos fracos contra os fortes, e tem assim sua origem em um sentimento que ela própria considera imoral: o ódio. A moral dos fracos se cria simplesmente pela inversão dos valores aristocráticos, e é profundamente negativa, incapaz de afirmar positivamente novos valores: o fraco, antes considerado negativamente, tornou-se bom, ao passo que o forte é sempre suspeito de ser mau.

O ascetismo visa tão somente bestializar o rebanho, generalizar o instinto gregário que permite a dominação em entraves do cristianismo. Para se consolar de seus sofrimentos, os vencidos da vida inventaram um outro mundo: um paraíso que permite esperar uma felicidade possível no além e um inferno que refreia os instintos, esses, contudo, característicos da própria vida.

Contra essa moral castradora e hostil à vida, Nietzsche realiza uma **transmutação** (inversão) dos valores tradicionais: o bem é aquilo que eleva o sentimento de potência, e não a humildade e o desprezo de si mesmo, defendido pela moral ascética. O que conta é a vida, e ela exige a superação da filosofia tradicional e do cristianismo.

• *A crítica à metafísica*

Nietzsche combate vigorosamente a filosofia proveniente da tradição platônica e o cristianismo, que valorizam o eterno inteligível e transcendente em detrimento da realidade sensível, contraditória e mutável. Para a metafísica, a realidade verdadeira se encontra em um além imóvel, nosso mundo fenomenal não sendo senão o lugar das aparências falsas e variáveis. O verdadeiro, segundo esta concepção, é o que é uno, eterno e idêntico.

Tal metafísica proclama a verdade como valor essencial e desvaloriza o erro. Diante de tal consenso, Nietzsche se interroga: a questão é saber **por que nós queremos o verdadeiro em vez do não verdadeiro.**

A genealogia do desejo da verdade

Se o ser humano inventa um outro mundo fora daquele em que está é por sua incapacidade de assumir a este. "O homem busca "a verdade": um mundo em que não haja contradição, nem engano, nem mudança, um mundo *verdadeiro* – um mundo em que não se sofra" (*Vontade de potência*). Os "alucinados do mundo do além", incapazes de viver plenamente suas paixões e assumir as contradições inerentes ao mundo, buscam refúgio e consolação em um mundo uno e eterno.

A **linguagem** conceitual contribuiu fortemente com a ilusão metafísica, fazendo crer na existência de uma essência transcendente às coisas. À força de falar de beleza, por exemplo, temos a tendência de acreditar na existência da beleza em si, ao passo que, aos olhos de Nietzsche, existem apenas belezas particulares, e sempre diferentes. Longe de falar do ser, a linguagem, fonte de ilusão, não consegue expressar a singularidade presente no real.

A vida, acima da verdade

Nada justifica o desejo da verdade e a valorização do racional. Tal atitude é, inclusive, profundamente reativa e perigosa. "Querer o verdadeiro", poderia significar, secretamente, querer a morte" (*A gaia ciência*).

Com efeito, essa metafísica desvaloriza o sensível, o corpo, o múltiplo, o mutável, enfim, a própria vida. Ora, o que existe realmente e deve ser valorizado é o *nosso* mundo, aquele em que vivemos, múltiplo e irracional.

O real, caótico, presta-se a uma infinidade de interpretações. Essa multiplicidade é fonte de riqueza. Não buscar outra coisa além da unidade e da identidade, querer racionalizar tudo, é negar a vida. O **perspectivismo** de Nietzsche é um esforço para pensar a realidade em todas as suas dimensões e ir além do **niilismo** ao qual conduzem o cristianismo e a metafísica tradicional.

O niilismo (*nihil* significa "nada") designa esse estado de perda do sentido, de negação da vida. Estabelecendo valores superiores à vida, o cristianismo contribui para sua desvalorização. E como o pensamento moderno se apega a tais valores e "assassina" Deus, como "Deus está morto", o homem se encontra só neste mundo esvaziado de sentido, incapaz de criar novos valores.

A vontade de potência

Universal, a vontade de potência, motivo de todo ato, manifesta-se em todo ser. Ela não se reduz ao instinto de conservação, não é apenas um esforço para viver, mas sim tendência a aumentar indefinidamente sua potência.

Entre os **reativos**, a vontade de potência é destrutiva: os reativos afirmam seus valores somente destruindo os outros valores, opondo-se com ódio e ressentimento aos outros. Bem diferente disso é a vontade de potência positiva e criativa dos **ativos** que afirmam positivamente seus valores sem se oporem ao que quer que seja. O **homem superior** designa, assim, aquele que cria valores sem remorso e assume o mundo tal como ele é. O homem superior está além do bem e do mal: não é um ser bestial, imoral, mas afirma sua individualidade, sua liberdade em relação aos valores tradicionais e desenvolve de forma positiva a vontade de potência.

- *A arte como exaltação de si e embelezamento da vida*

É na arte que se exprime melhor a capacidade criativa que exalta a vontade de potência positiva. "Única vida possível: na arte. De outro modo, afastamo-nos da vida" (*O nascimento da tragédia*).

A arte, enquanto interpretação, aparece como fórmula para o conhecimento: lugar de criação, de interpretação, ele não pretende exibir uma verdade absoluta, mas uma avaliação singular, uma perspectiva adequada ao real múltiplo e mutável.

O gênio artístico exprime o real que o científico não pode atingir em sua tentativa falsificadora de generalização. A arte é "a tarefa suprema e a atividade propriamente metafísica desta vida" (*O nascimento da tragédia*). Afirmação de si e expressão autêntica da vida, a arte permite superar o niilismo, e não perecer pela verdade. Assim, "enquanto fenômeno estético, a existência continua sendo-nos suportável" (*O nascimento da tragédia*).

Uma obra-chave: *Aurora*

- *Contexto*

À alba da inversão dos valores, *Aurora* propõe, em forma de aforismos, reflexões sobre os preconceitos morais visando desvelar suas origens. Na passagem a seguir, Nietzsche se dedica ao elogio do labor.

- *Extrato*

Na glorificação do "trabalho", nos incansáveis discursos sobre a "bênção do trabalho", eu vejo o mesmo pensamento de fundo que existe por trás dos louvores dirigidos aos atos impessoais e úteis a todos: a saber, o medo de tudo aquilo que é individual. No fundo, sente-se hoje, com relação ao trabalho – entendendo-se sempre com este nome o duro labor da manhã à tarde –, que um trabalho assim constitui a melhor polícia, que mantém cada um nas rédeas e é capaz de impedir com eficácia o aprimoramento da razão, dos desejos, do gosto pela independência. Pois ele consome uma extraordinária quantidade de força nervosa e a subtrai à reflexão, à meditação, às fantasias, às preocupações, ao amor e ao ódio, ele oferece constantemente aos olhos um objetivo mesquinho e garante satisfações fáceis e regulares. Assim, uma sociedade em que se trabalhe duro o tempo todo terá muito mais segurança: e, hoje, venera-se a segurança como a suprema divindade... (*Aurore*. Livro 3. Paris: Gallimard, 1970).

Chaves textuais

• *O método genealógico*

- Nietzsche procura a origem do discurso que glorifica o trabalho, as peças que se escondem por trás do elogio ao labor.

- Crítica do cristianismo e dos valores tradicionais que apresentam o ócio como um vício e o trabalho como fonte de virtudes.

• *As razões da glorificação do trabalho*

- O medo da individualidade: o trabalho disciplina, impede o desenvolvimento das faculdades intelectuais e da individualidade.

- Não é o trabalho em geral que Nietzsche condena, mas o duro labor da manhã à tarde. Hostil a qualquer realização pessoal, ele esvazia o indivíduo de seus recursos físicos e intelectuais.

- O trabalho é glorificado porque ele constitui a melhor das polícias: ele esgota o indivíduo, disciplina-o e se torna uma polícia interior. Esse discurso que valoriza o trabalho é nada mais que um meio de garantir a segurança pela bestialização do gado (a massa de trabalhadores).

Século XX

Coordenadas

Enquanto o século XIX fundava suas esperanças em uma razão científica concebida como fonte infinita de progresso e de felicidade, o século XX se abre sobre uma crise científica e sobre o absurdo da guerra. A razão fica abalada, desfaz-se a confiança em sua onipotência, tanto no plano prático quanto no teórico.

Um século marcado por reviravoltas

• *A história do século XX*

O século XX começa com a guerra de 1914-1918. Seguem-se os "anos loucos" e a liberação dos costumes, que termina com a chegada da crise econômica mundial de 1929.

O conflito mundial que coloca em oposição os Aliados (Estados Unidos, Inglaterra e França) e as Potências do Eixo (Alemanha, Itália, Japão, entre outros) de 1939 a 1945 é um período tenebroso. A descoberta dos campos de concentração e das exações cometidas põe **a questão do mal e da natureza humana**. A razão, na qual as Luzes depositavam toda a esperança, revela-se capaz do pior. Os horrores, as exações cometidas, provocam uma crise de sentido, um sentimento de absurdidade e de injustiça sem precedentes.

• *O questionamento dos filósofos*

A guerra, o horror dos campos de concentração, o surgimento dos totalitarismos, a descolonização, a reforma das instituições, a perda da hegemonia da Europa diante do gigante americano, são fatos que suscitam, entre os filósofos, não apenas reflexão e debates, mas também um engajamento militante.

A maioria dos pensadores do século XX combateram no fronte. Alguns, como Freud, Husserl, Popper, Arendt, Lévinas, exilaram-se com a instauração do nazismo ou foram ameaçados pelo antissemitismo. Cada um foi levado a interrogar a política, o totalitarismo, o mal e sua banalidade, a ética e a relação com o outro ou ainda, como Michel Foucault, o poder. Muitos, à imagem de Bergson, de Alain, Sartre ou Merleau-Ponty, empenharam-se por um mundo mais justo e assumiram a postura de intelectuais engajados.

As filosofias da existência

Diante de um mundo que parece absurdo, o sujeito se descobre em sua contingência como único responsável por si mesmo e pelos valores que defende. O **existencialismo**, inspirando-se nas obras de Kierkegaard, desenvolve-se impulsionado, sobretudo, por Sartre, que reivindica a liberdade do sujeito e busca interrogar a existência em sua forma concreta.

Heidegger e Sartre se interessam, embora de maneira diferente, pelo sentido da existência humana, marcada com o selo da angústia e da contingência. O primeiro convoca a colocar a questão do Ser, que a relação técnica com o mundo fez esquecer. O segundo situa a subjetividade e a liberdade no centro de sua análise. Ambos questionam as modalidades de uma existência autêntica de um sujeito que perdeu os valores e as referências em um mundo caótico.

O sujeito em questão

Freud e a descoberta do inconsciente

O ser humano se imaginava livre, autor de seus atos. Freud vem desmentir essa ilusão ao colocar em evidência a existência de **processos inconscientes** fundamentais que escapam a qualquer controle do sujeito e determinam seu ser consciente. Se o Ego não é senhor em sua própria casa, a liberdade do sujeito e sua capacidade de ser senhor de si mesmo são colocadas em xeque.

Alain, Sartre, Popper se oporão a Freud, defendendo, os primeiros, a liberdade e a responsabilidade do sujeito, e o terceiro, o caráter não científico do freudismo.

A onda estruturalista

As ciências humanas experimentam um verdadeiro impulso, conquistando sua autonomia e parcelando o saber. Cada disciplina visa pensar o ser humano sob um determinado ponto de vista e de maneira científica, mas o estruturalismo que se desenvolve a partir de 1960 substitui a análise do sujeito pela das estruturas que o fazem agir. O estruturalismo, mais método do que doutrina, coloca em primeiro plano a ideia de estrutura (conjunto organizado no qual todo elemento só tem sentido em termos de relações e interdependência. É o fim do sujeito humano como fonte de sentido e centro de análise: o indivíduo se concebe somente como elemento de uma estrutura que o transcende, lhe foge e o constitui.

No final do século XX o estruturalismo perde sua influência e essa visão anti-humanista cede lugar a uma renovação da interrogação focada no sujeito.

A crise do pensamento

• *Uma física em mutação*

O século XX rompe com a fé em uma ciência onipotente. A física não pode mais apoiar-se no princípio que a fundamentava até então: o determinismo.

Albert Einstein elabora a Teoria da Relatividade e anuncia o fim da concepção newtoniana do espaço e do tempo absolutos. A relatividade contribui para o nascimento de uma nova teoria que põe fim à mecânica quântica.

A teoria quântica se embasa no indeterminismo e desenvolve a ideia de uma física probabilista. **Heisenberg** afirma o princípio de incerteza: não se pode determinar simultaneamente a posição e a velocidade de uma partícula atômica. A previsão certa da evolução de um sistema microfísico é impossível. Existe, em escala microscópica, uma indeterminação objetiva dos fenômenos. Einstein se insurge: Deus não joga dados com o universo! A natureza não pode ser lugar do acaso. No entanto, os trabalhos ulteriores dos físicos estão longe de afirmar esta visão indeterminista da natureza.

• *Matemática: a crise dos fundamentos*

Nos anos de 1930, o matemático **Kurt Gödel** sacode o mundo matemático: ele demonstra, por meio do teorema da incompletude, que o conjunto de axiomas que formam os fundamentos da matemática é incompleto e que não se pode demonstrar nem a verdade e nem a falsidade de algumas propriedades. Por meio de um segundo teorema, ele põe fim à esperança de um fundamento absoluto da matemática: nenhum sistema formal é capaz de demonstrar sua consistência (sua não contradição, sua coerência) por si mesmo. É o fim das certezas.

• *A epistemologia diante das crises das ciências*

As ciências biológicas tampouco são poupadas e experimentam também grandes reviravoltas. A descoberta do DNA, a possibilidade de manipulações genéticas contribui para o aumento do conhecimento da vida, mas não deixam de colocar problemas de ordem ética: aquilo que nós podemos fazer, devemos fazê-lo? Diante de tantas incertezas, a filosofia se empenha em pensar sua relação com as ciências: contra a **tendência neopositivista** do Círculo de Viena, que pretende renovar a confiança em uma ciência objetiva e rejeitar qualquer pseudoproblema metafísico, **Husserl** reabilita a filosofia como ciência rigorosa ao desenvolver a **fenomenolo-**

gia. **Bergson** se opõe à visão científica, muito redutora, e reabilita a intuição, modo de conhecimento imediato da experiência concreta.

A epistemologia (filosofia das ciências) exerce um papel predominante: **Bachelard** analisa as crises da ciência e vê nela a confirmação do conceito de ruptura epistemológica: toda teoria se constrói apenas em oposição àquelas que a precedem. **Popper** se interroga a respeito dos critérios de cientificidade e conclui a impossibilidade de se estabelecer uma verdade absoluta em matéria científica.

O século XX é testemunha do horror do mal, da perda dos ideais, da ilusão do domínio do sujeito sobre si mesmo e de sua capacidade de atingir uma verdade absoluta. Esse é também o século da defesa da liberdade e dos direitos humanos, da rejeição ao totalitarismo e ao dogmatismo, bem como de um avanço técnico sem precedentes que é preciso colocar em discussão a fim de se evitar o risco de uma visão por demais tecnicista com o mundo, que não teria outro objetivo senão a eficiência e o consumo. Consciente quanto aos seus limites, a razão se liberta de suas antigas ambições. Porém, ante a afirmação do individualismo e de uma busca constante de conforto e de bem-estar, parece emergir uma exigência espiritual: a tarefa da filosofia, em um mundo deslocado, ainda é muito grande.

Quadro cronológico

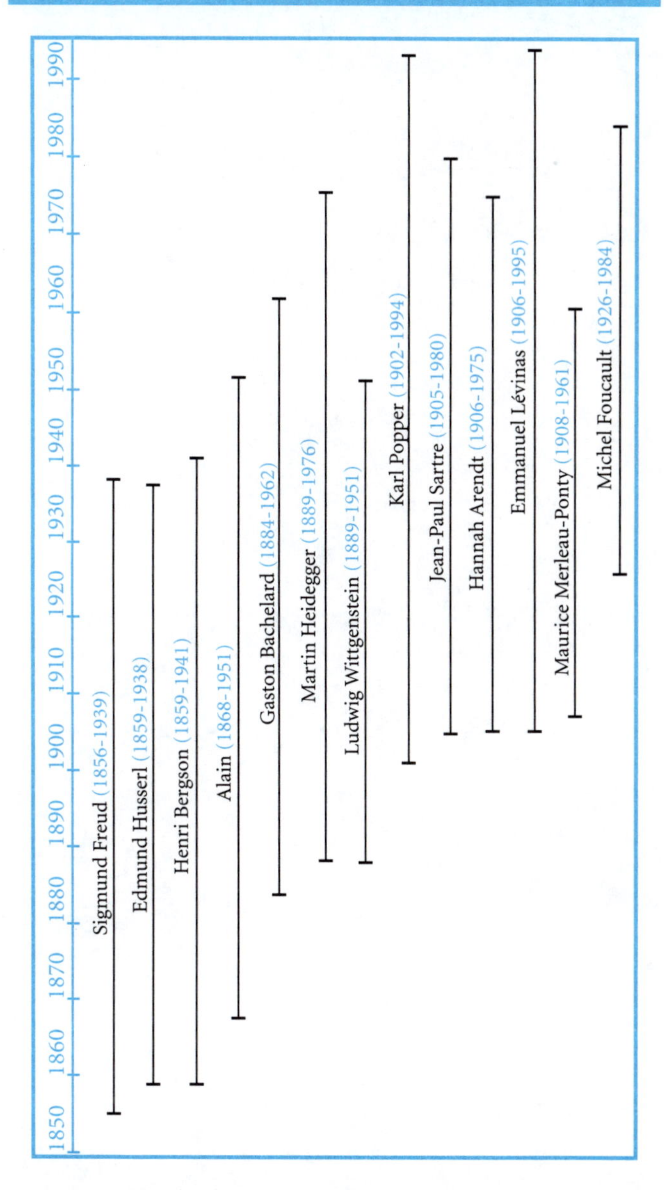

1856-1939

"A análise psicológica [...] se propõe a mostrar ao Ego que ele não é senhor em sua própria casa" (*Introdução à psicanálise*).

Elementos biográficos

• *Formação em medicina*

Nascido na Morávia, em uma família judaica, Sigmund Freud viveu desde 1860 em Viena. Diplomado em Medicina, especializou-se no estudo do sistema nervoso.

• *A descoberta da psicanálise*

Iniciado no método catártico pelo Professor Charcot, que procura purificar o espírito dos doentes histéricos fazendo-os contar suas lembranças por meio da hipnose, Freud dá continuidade às pesquisas sobre a histeria com o Dr. Breuer, um célebre neurologista. Juntos, eles publicam em 1895 os *Estudos sobre a histeria*.

Freud dedica sua vida à psicanálise e publica o resultado de suas pesquisas em inúmeras obras, como *A interpretação dos sonhos* (1900), *Sobre a psicopatologia da vida cotidiana* (1901), *Cinco lições de psicanálise* (1910), *Totem e tabu* (1913), *O futuro de uma ilusão* (1927), *O mal-estar na civilização* (1929).

Ameaçado diante do nazismo, ele se exila definitivamente na Inglaterra em 1938.

Teses essenciais

Fundador da Psicanálise, método de análise dos processos psíquicos, Freud afirma a existência do inconsciente no centro do psiquismo. A teoria freudiana permite a explicação dos fatos aparentemente mais dementes, porém coloca igualmente em causa o domínio que o sujeito acredita possuir sobre si mesmo. A teoria freudiana exerce influência essencial no desenvolvimento das filosofias do século XX, seja inspirando-as, seja ficando no foco de suas críticas (Sartre, Alain).

• *As primícias da descoberta do inconsciente*

Freud interessa-se particularmente pela histeria, doença que se manifesta por meio de sintomas físicos (convulsões, paralisias...), mas cujas causas a medicina tem dificuldades para identificar. Com o Dr. Breuer que, por meio da hipnose, consegue fazer com que os pacientes recobrem as lembranças traumáticas e superem, dessa forma, alguns sintomas, Freud teve a intuição de que os sintomas que acometem os histéricos são resíduos e símbolos de acontecimentos traumáticos do passado.

Processos psíquicos poderosos impelem o sujeito a agir de forma inconsciente. Eles constituem obra do **inconsciente**, parte da psique ativa, incontrolada e inacessível à consciência. Nossa vida psíquica não se reduz àqueles fenômenos mentais dos quais nós temos consciência.

• *A estrutura do psiquismo*

Freud se empenha em descrever o funcionamento do psiquismo e os mecanismos que regem o inconsciente. A **primeira tópica** (primeira elaboração do sistema psíquico) considera o espírito humano como sendo composto por três planos: o consciente, o pré-consciente e o inconsciente. O consciente **designa** tudo aquilo que temos atualmente na mente. O **pré-consciente** contém tudo aquilo que não está atualmente consciente, mas pode tornar-se. Por fim, o **inconsciente** é a parte dinâmica constituída pelo conteúdo **reprimido** (aquilo que está atualmente fora do campo da consciência).

Mas Freud é levado a elaborar uma segunda tópica que distingue igualmente três instâncias na mente: o Id (ou Isso), o Ego (ou Eu) e o Superego (ou Supereu). O **Id** remete ao polo pulsional, totalmente inconsciente, governando pelo princípio do prazer (desejo de satisfazer imediatamente todos os desejos sem considerar suas possibilidades nem suas consequências). Ele se constitui de pulsões, de lembranças e de desejos reprimidos por entrarem em conflito, sobretudo, com o Superego. O **Superego**, constituído pela interiorização inconsciente das proibições parentais, morais e sociais, impede a realização e mesmo a tomada de consciência de nossos desejos sempre que eles não são convenientes. Quanto ao **Ego**, exerce a função de mediador entre o Id e o Superego: ele tenta satisfazer as pulsões e desejos reprimidos sem ferir as exigências do Superego, ao mesmo tempo em que leva em conta o princípio de realidade: a busca de satisfação deve considerar as necessidades do mundo exterior. Deve manter o equilíbrio psíquico.

O inconsciente designa, então, uma realidade psíquica, uma força dinâmica de nosso espírito que escapa ao controle da consciência e determina nossos comportamentos, pensamentos, atos. Por isso, a transparência do sujeito e o domínio sobre si parecem colocados em questão.

• *Os sonhos, manifestações do inconsciente*

O inconsciente se manifesta cada dia, além de outras coisas, através daquilo que se denomina **atos falhos**: lapsos, esquecimentos... tudo possui um sentido oculto, segundo Freud: nós não temos controle sobre todos os nossos atos e pensamentos, eles dizem algo a nosso respeito sem que o queiramos e sem que o tenhamos previsto.

Mas é sobretudo por meio da análise dos sonhos que se pode compreender como funciona nossa psique: "A interpretação dos sonhos é a via régia que conduz ao conhecimento do inconsciente" (*A interpretação dos sonhos*).

Dois conteúdos devem ser distinguidos no sonho: o **conteúdo manifesto** (o que lembramos do sonho, a história, com todas as suas incoerências e seus absurdos), e o **conteúdo latente** (o desejo ou a lembrança inconsciente que se manifesta à consciência de maneira simbólica, a fim de subtrair-se à censura).

Os desejos inconscientes, reprimidos, são satisfeitos no sonho. A **censura** (constituída pela atenção às conveniências, às ideias morais) reprime os desejos proibidos no estado de vigília, mas esses desejos se mostram no sonho de maneira velada, simbólica. O sonho necessita, portanto, de uma **interpretação**.

As contribuições da psicanálise

Freud é o pai da psicanálise. Ele formula a teoria da noção de inconsciente e estabelece um método terapêutico fundado na linguagem que permite identificar mais ou menos as raízes inconscientes de nossos comportamentos e a lidar com eles.

A psicanálise afirma que todos os fenômenos psíquicos, mas também os coletivos (a religião ou a arte, por exemplo, têm um sentido, mesmo parecendo desordenados). Ela coloca a tônica no papel da **infância** e da **sexualidade** na formação da personalidade. Os traumas psicológicos da infância permitem compreender as reações atuais de um sujeito adulto. Aos olhos do psicanalista, eu sou aquilo que meu passado me fez.

A psicanálise também destaca a importância da **linguagem**: todo trabalho da cura psicanalítica repousa sobre a fala do paciente. É por meio da fala que se adquire mais ou menos consciência daquilo que estava inconsciente.

A hipótese do inconsciente: uma verdadeira revolução

Segundo os termos do próprio Freud, a descoberta do inconsciente representa a terceira ferida imposta sobre a megalomania humana.

A primeira fora obra de Copérnico, ao pôr fim à ilusão geocêntrica (a terra não está no centro do universo).

Em seguida, veio Darwin que, apresentando o ser humano como fruto da evolução animal, reduziu sua pretensão a um lugar privilegiado na ordem da criação.

Enfim, Freud, com a psicanálise, afirma a existência de um determinismo psíquico e "se propõe a mostrar ao Ego que ele não é o único senhor em sua própria casa" (*Introdução à psicanálise*). Freud desfaz, assim, a ilusão humana de uma total consciência e domínio sobre si mesmo e sobre seus pensamentos.

Uma obra-chave: *Ensaios de metapsicologia*

• *Contexto*

Como a teoria elaborada por Freud ultrapassa a psicologia, ele cria, para designar sua teoria do inconsciente, o termo "metapsicologia" (meta = para além de). Neste conjunto de ensaios ele eleva a psicanálise à posição de teoria e se dedica a especificar com rigor os seus conceitos e princípios.

• *Extrato*

De todos os lados, contestam-nos o direito de admitir um psiquismo inconsciente e de trabalhar cientificamente com essa hipótese. A isso podemos responder que a hipótese do inconsciente é *necessária* e *legítima*, e que possuímos inúmeras *provas* da existência do inconsciente. A hipótese é necessária porque os dados da consciência são extremamente lacunares; tanto no indivíduo são quanto no enfermo, produzem-se, muitas vezes, atos psíquicos que, para serem explicados, pressupõem outros atos que, por sua vez, não gozam do testemunho da consciência. Tais atos não são apenas os atos falhos e os sonhos, no sujeito saudável, e tudo aquilo que se chamam sintomas psíquicos e fenômenos compulsivos no enfermo; nossa experiência cotidiana mais pessoal nos coloca na presença de ideias que nos chegam sem que tenhamos conhecimento de sua origem, bem como de resultados de pensamentos cuja elaboração se nos mantém oculta. Todos esses atos conscientes permanecem incoerentes e incompreensíveis se pretendermos obstinadamente insistir que tudo o que nos acontece em termos de fatos psíquicos deva ser percebido pela nossa consciência; mas eles se organizam em um conjunto do qual podemos mostrar a coerência, se interpolamos os atos inconscientes inferidos; ora, nesse ganho de sentido e de coerência nós vemos uma razão plenamente justificada para ir além da experiência imediata. E caso se verifique, além disso, que podemos fundar sobre a hipótese do inconsciente uma prática coroada de sucesso, pela qual influenciamos, de acordo com um determinado fim, o curso dos processos conscientes, então teremos adquirido, com o sucesso, uma prova incontestável da existência daquilo de que postulamos a hipótese (*Métapsychologie*. Paris: Gallimard, 1968).

Chaves textuais

• *A dupla estrutura da psique*

- A psique não é formada apenas pela consciência, mas constituída também pelo inconsciente.
- A existência do inconsciente é uma hipótese necessária, legítima e comprovada.
- Nossos pensamentos não são tão claros como gostaríamos de crer; suas origens, por exemplo, nos escapam: existem lacunas na consciência.

• *A necessidade da hipótese do inconsciente*

- Necessária é alguma coisa que não pode não existir. Ora, sem o inconsciente as lacunas da consciência não podem ser explicadas. Se quisermos dar uma explicação suficiente dos fatos psíquicos, torna-se necessário postular a existência do inconsciente.
- Por exemplo, os atos falhos (aqueles que não controlamos) como lapsos, pelo qual dizemos uma palavra em lugar de outra, se compreendem como manifestações do inconsciente. Igualmente, os sonhos são uma realização de desejos inconscientes reprimidos.
- O inconsciente existe tanto na pessoa doente quanto na pessoa sã: ele não tem caráter patológico.

• *A legitimidade da hipótese do inconsciente*

- É legítimo aquilo que se justifica. É legítimo pensar que o inconsciente existe: isto permite compreender e dar sentido a fatos que, na ausência de tal hipótese, permaneceriam misteriosos e incompreensíveis.
- Impossibilidade de compreender os sonhos sem recorrer à noção de inconsciente, por exemplo.
- Enfim, a principal prova da existência do inconsciente é a eficácia da prática terapêutica da psicanálise.

HUSSERL

1859-1938

"Quem quiser, realmente, tornar-se filósofo, deverá uma vez em sua vida dobrar-se sobre si mesmo e, dentro de si, tentar desfazer todo o conhecimento adquirido até aqui e, então, tentar reconstruí-lo" (*Meditações cartesianas*).

Elementos biográficos

• *Da matemática à filosofia*

Edmund Husserl é originário da Morávia (atual República Tcheca). Dedica-se, em um primeiro momento, ao estudo da matemática. Junto a Brentano, psicólogo e filósofo alemão que foi também professor de Freud, Husserl toma gosto pela filosofia, à qual decide consagrar-se.

• *Carreira universitária abortada*

Universitário, Husserl se interessa inicialmente pela filosofia matemática e pela lógica, antes de se dedicar a uma refundação das ciências e do conhecimento em geral. Essas obras se transformam na publicação das *Investigações lógicas* (1900-1901). Husserl é então nomeado para a Universidade de Göttingen, e depois para lecionar em Friburgo.

De origem judaica, ele é obrigado a abandonar sua cadeira e é retirado da lista de professores eméritos pelos nazistas. Heidegger, que foi seu aluno, o sucede. Entre as principais obras de Husserl podemos destacar as *Ideias para uma fenomenologia pura e uma filosofia fenomenológica* (1913-1952), as *Meditações cartesianas* (1929) e *A crise das ciências europeias e a fenomenologia transcendental* (1936).

Teses essenciais

Filósofo, lógico e matemático alemão, Husserl é o promotor de uma das principais correntes da filosofia contemporânea, a ***fenomenologia****. Encontra-se influência de seu pensamento em Heidegger, Merleau-Ponty, Sartre e ainda Lévinas.*

• *A filosofia como "ciência rigorosa"*

A época de Husserl é marcada pela crise da filosofia e dos fundamentos da matemática, ameaçados pelo positivismo e o psicologismo ambientes. O **psicologismo** afirma que as leis da lógica se reduzem às leis psicológicas e aniquilam, com tal relativismo, toda esperança de objetividade. Quanto ao **positivismo**, limita-se à análise de fatos objetivos e vê na ciência o único acesso à verdade, negando qualquer importância à experiência e qualquer interrogação do sentido. Tal positivismo significa a rejeição da matemática concebida como estudo da essência última das coisas.

Husserl se propõe, então, reabilitar a filosofia: embasando-se na razão universal, ela deve ser entendida como **ciência rigorosa** que permite compreender a experiência. Husserl convoca a uma refundação do conhecimento. Retoma, mas radicaliza, a proposta de Descartes: é preciso reformar a filosofia; ela deve servir de base para as ciências, a fim de torná-las menos ingênuas quanto à sua produção.

• *A redução eidética*

A fenomenologia designa em Husserl a filosofia nova que assume para si a tarefa de tornar-se uma ciência rigorosa que permita pensar e compreender o mundo. Trata-se de **retornar às coisas em si mesmas** considerando o fenômeno (literalmente, aquilo que se manifesta à consciência) não como uma aparência enganosa, mas como uma aparição cujo sentido é preciso elucidar.

A fenomenologia consiste, portanto, por meio de uma **redução eidética** (*eidos* significa essência), em identificar a **essência** das coisas: fazendo variar mentalmente as perspectivas das coisas a fim de extrair delas as suas características empíricas variáveis é que se chegará a identificar sua essência, ou seja, a realidade última que faz com que as coisas sejam aquilo que são, as propriedades que não se podem suprimir sem suprimir o próprio objeto. Por exemplo, a essência do triângulo é o conjunto das propriedades que permitem defini-lo como triângulo, propriedades sem as quais não se poderia defini-lo como triângulo. Esta essência é independente dos elementos particulares de cada triângulo concreto que podemos representar. A fenomenologia é, assim, **intuição das essências**.

• *O cogito, fundamento da fenomenologia*

A segunda redução realizada por Husserl é a **redução fenomenológica** (Husserl emprega o termo grego *epoché* para designar essa suspensão do juízo que não é, contudo, comparável a uma negação da existência do mundo): ela consiste em colocar entre parênteses a existência do mundo exterior a fim de ater-se ao fenômeno, apenas àquilo que se manifesta.

Ora, o que se depreende finalmente desta redução fenomenológica é o **Ego transcendental**, a consciência pura que dá unidade e sentido ao mundo. Como em descartes, o **cogito** é para Husserl o elemento fundador de todo conhecimento.

Mas Husserl não concebe o cogito como uma substância, e, aqui, ele se afasta fortemente das conclusões cartesianas ao desenvolver a teoria da **intencionalidade** inspirada nas teses de Brentano. A consciência não é uma "coisa", ou ainda um continente de nossos pensamentos. Ela é, antes de tudo, intenção, abertura para o mundo: toda consciência é consciência *de* alguma coisa. Se a consciência é intencionalidade, é inútil e equivocado opor radicalmente objeto e sujeito. Não há objeto senão para um sujeito e, inversamente, não há sujeito senão em relação a um objeto. A consciência, portanto, é sempre abertura para o mundo, para o outro, ela é doadora de sentido. Por exemplo, perceber e imaginar uma flor não é a mesma coisa, é dar um sentido diferente a um objeto que é, contudo, único em sua essência.

Uma obra-chave: *Meditações cartesianas*

• *Contexto*

As *Meditações cartesianas* reúnem as conferências proferidas por Husserl na Sorbonne em 1929. Nelas encontram-se os grandes princípios da fenomenologia transcendental. O texto que segue define a consciência como visada intencional.

• *Extrato*

Todo cogito ou ainda todo estado de consciência "visa" alguma coisa e [...] traz em si, enquanto "visado" (enquanto objeto de uma intenção), seu *cogitatum* respectivo. Cada cogito, além disso, o faz a seu modo. A percepção da "casa" "visa" (se reporta a) uma casa – ou, mais exatamente, tal casa individual – de maneira perceptiva; a lembrança da casa "visa" a casa como lembrança; a imaginação, como imagem; um juízo predicativo que tenha como objeto a casa "situada aí, diante de mim" a visa da maneira própria ao juízo predicativo; um juízo de valor acrescentado a visaria também à sua maneira, e assim por diante. Esses estados de consciência também são chamados estados intencionais. O termo intencionalidade não significa nada mais que essa particularidade congênita e geral que a consciência tem de ser consciência de alguma coisa, de trazer, em sua qualidade de cogito, seu *cogitatum* em si mesma (*Méditations cartésiènnes*. Paris: Vrin, 1953).

Chaves textuais

• *A consciência, um elã para o mundo*

- Cogito: "Eu penso", a consciência. *Cogitatum*: o que é pensado, o objeto visado pela consciência. Não há oposição ou separação entre o objeto e o sujeito, mas correlação.

- Não existe consciência sozinha, sem objeto visado: toda consciência é consciência de alguma coisa. A consciência é o ato, o movimento pelo qual um objeto é visado. É abertura para a alteridade e somente se torna ela mesma nesta interação contínua com o mundo.

• *O caráter intencional da consciência*

- A consciência visa intencionalmente, ou seja, ela dá sentido ao objeto visado: a percepção visa a casa como presença, a imaginação a visa virtualmente... e, a cada vez, o objeto recebe um sentido diferente.

- A concepção, então, é constitutiva do mundo, ela lhe dá sentido no ato de visá-lo intencionalmente.

1859-1941

"A vida ultrapassa a inteligência" (*A evolução criadora*).

Elementos biográficos

• *Um pensador extraordinário*

Henri Bergson, aluno superdotado, ingressa na École Normale Supérieure e é admitido na *agrégation* de filosofia, onde defende, em 1889, duas teses de doutorado, sendo uma os *Ensaios sobre os dados imediatos da consciência.* Leciona como mestre de conferências na École Normale Supérieure, em seguida assume uma cadeira no Collège de France. Seu livro *Matéria e memória*, publicado em 1896, conhece um grande sucesso.

• *Um homem discreto, porém célebre*

A publicação da *Evolução criadora* (1807) faz aumentar a celebridade de Bergson. Em 1914, é eleito para a Academia Francesa.

Abalado com a guerra, ele não deixa, no entanto, de exercer um importante papel como diplomata junto ao Presidente Wilson e participa da Comissão Internacional de Cooperação Intelectual, antiga Unesco.

Em 1828, Bergson recebe o Prêmio Nobel de Literatura. Vítima de reumatismo, é com dificuldades que ele conclui, em 1932, sua última obra, na qual apresenta sua filosofia moral: *As duas fontes da moral e da religião.*

Mesmo dizendo-se próximo do catolicismo, sobretudo por sua reflexão sobre o misticismo, Bergson, oriundo de uma família judaica, renuncia a converter-se por solidariedade aos outros judeus ameaçados pelo crescente antissemitismo.

Teses essenciais

Filósofo espiritualista, Bergson se opõe às tendências que têm as ciências positivas a considerar a vida e a consciência como coisas materiais. Afirma a superioridade do conhecimento imediato intuitivo do movente em relação à obra fria da razão científica que imobiliza seu objeto. Assim fazendo, ele reabilita a metafísica.

• *O homem* é homo faber

A tradição caracteriza o homem por sua faculdade de pensar. Mas para Bergson o homem é *homo faber*, quer dizer, fabricante de utensílios, antes de ser *homo sapiens* (dotado de razão). O homem é, antes de tudo, um **técnico**: a inteligência que o caracteriza não é especulativa, mas de ordem prática. Ela visa, antes de tudo, à eficácia da ação: "A inteligência, vista no sentido que parece o mais original, é a faculdade de fabricar objetos artificiais, em particular utensílios para fazer outros utensílios, e variar a fabricação infinitamente" (*A evolução criadora*).

O homem procura essencialmente viver, e a **inteligência** é a faculdade que lhe permite realizar esse fim, assim como o instinto serve para o animal. A diferença está no fato de o animal não ser capaz de variar infinitamente seu modo de agir, ao passo que o homem pode agir de diversas maneiras para o mesmo objetivo.

• *A linguagem, véu do real*

A inteligência é pragmática: visando à eficácia, ela recorta o real generalizando-o e simplificando-o para facilitar a ação. A **linguagem** é, assim, procedente da inteligência. Conceitual, ela coloca etiquetas sobre as coisas, retendo apenas aquilo que elas têm em comum, para simplificar a ação.

Mas a linguagem nos introduz no coração de um mundo espacializado, recortado, em que não mais percebemos a singularidade. Dessa forma, "não vemos mais as coisas em si; limitamo-nos geralmente a ler as etiquetas coladas sobre elas" (*O riso*). Por exemplo, a palavra "ódio" expressa apenas um sentimento genérico, mas não as suas múltiplas nuances possíveis: todo sentimento é singular e pretender reduzir o sentimento que esse ou aquele homem experimenta em determinado momento; é, no fim das contas, reduzir o próprio real, impedir-se de perceber sua riqueza.

Inapta para expressar o individual, o singular, a linguagem nos afasta por fim do ser sempre novo e único, e nos impede de ver as coisas em si. O artista, criando uma obra de arte única, desvela a realidade: ele nos faz olhar as coisas por si mesmas e não por sua utilidade, e mostra a unicidade, a criatividade da vida.

• *A intuição, captação imediata da experiência vivida*

O conhecimento verdadeiro é o da **intuição**, "visão direta do espírito pelo espírito" (*O pensamento e o movente*).

Visão imediata do real, ela nos permite aceder ao inexprimível e à singularidade do objeto, desvelando o concreto e o vivenciado ocultos pela ciência. A intuição ultrapassa, portanto, o conhecimento conceitual e nos permite captar nossa essência verdadeira, **a duração pura** e **a liberdade criadora**, bem como o princípio último da vida, **o elã vital**.

• *Tempo e duração*

Bergson distingue o tempo científico, elaborado pela inteligência, e a duração, percebida pela intuição.

O tempo é espacializado: ele se mede pela distância percorrida por um ponteiro em um relógio. É homogêneo (uma hora é sempre igual a uma hora), dividido (uma hora contém sessenta minutos) e previsível (em uma hora serão quinze horas). Útil para a ação, ele, no entanto, não esgota toda a realidade temporal, permanecendo uma abstração oriunda da inteligência.

A duração corresponde ao tempo concreto, à vivência imediata e contínua da consciência. Por duração é preciso entender "uma sucessão que não é uma justaposição, o crescimento por dentro, o prolongamento ininterrupto do passado em um presente que se lança sobre o futuro" (*O pensamento e o movente*). A duração, assim, é um fluxo ininterrupto, heterogêneo (uma hora parece mais ou menos longa), contínuo, imprevisível, propício à criação e à liberdade. A ciência, que confunde tempo e espaço, é incapaz de explicar a vida e a realidade em seu aspecto imediato e singular.

• *A memória*

Dualista, Bergson distingue **matéria** e **espírito**. O espírito, ou mente, não se reduz ao cérebro, mas ambos não deixam de ser solidários. O cérebro seria como um prego, onde a veste (o espírito) estaria pendurada, porém, se ele for fraco, a veste cai. Bergson distingue duas formas de memória. A primeira, a **memória motriz**, repousa no hábito e depende do cérebro. Ela consiste na lembrança proveniente da repetição (por exemplo, lembrar-se que dois mais dois são quatro). Mas devemos admitir que existe, ao lado dessa **memória-hábito**, uma **memória pura** que não tem nada a ver com o cérebro, mas consiste na lembrança das experiências particulares (quando recordamos uma cena vivida, como um encontro em um parque, com um amigo de infância).

É da memória pura que brota a **consciência**: ao se recordar das lembranças passadas, o indivíduo toma consciência de sua interioridade e da duração que o caracteriza. Ponte entre o passado e o futuro, a consciência garante a continuidade da experiência vivida.

• *O elã vital e a liberdade*

A vida do espírito se manifesta como **liberdade**. A vida é criação permanente, dinamismo animado pelo **elã vital**, sopro original criador e imprevisível que percorre o vivente.

Contra o mecanismo (que pretende poder reduzir o vivente à matéria e explicá-lo mecanicamente) e o finalismo (que pensa que a evolução segue um plano previamente traçado), Bergson vê na evolução da vida a manifestação do elã vital que cria constantemente, de maneira indeterminada, novas formas de vida (contrariamente ao que afirma Darwin). A vida é liberdade, novidade imprevisível.

- *O fechado e o aberto*

A moral e a religião possuem duas formas de existência: elas são denominadas fechadas (forma inferior) ou abertas (forma superior).

A **moral fechada** (a da tradição, sistema de regras rígidas), repousa no costume da obrigação moral que a sociedade impõe. A **moral aberta**, a dos heróis, transcende obrigações e proibições: ela manifesta um elã espiritual e exprime a energia espiritual do herói criador que age para além de qualquer obrigação.

A **religião estática** (fechada) designa a religião que poderíamos qualificar como "social", com suas instituições, seus ritos e dogmas que garantem a sobrevivência e a coesão da comunidade e a protegem da desesperança. Quanto à **religião dinâmica** (aberta), essa é fundada na relação individual que une o santo a Deus e exalta o amor.

Assim, as **sociedades fechadas** se caracterizam pela inércia própria da inteligência, visando apenas à sobrevivência da espécie, ao passo que as **sociedades abertas**, inspiradas no elã vital, criam novos valores e manifestam a liberdade.

Uma obra-chave: *A energia espiritual*

- *Contexto*

Nesta obra, Bergson reúne diversas conferências voltadas para "determinados problemas da psicologia e da filosofia".

- *Extrato*

Que acontece quando uma de nossas ações deixa de ser espontânea para tornar-se automática? A consciência se retira. No aprendizado de um exercício, por exemplo, nós começamos tendo consciência de cada um dos movimentos que executamos, porque é algo que vem de nós, porque resulta de uma decisão e implica uma escolha; depois, na medida em que esses movimentos vão se encadeando uns nos outros e se determinam mais mecanicamente uns nos outros, dispensando-nos, assim, de decidir e escolher, a consciência que temos deles diminui e desaparece. Por outro lado, quais são os momentos em que nossa consciência atinge mais vivacidade? Não são os momentos de crise interior, em que hesitamos entre dois ou mais partidos a tomar, quando sentimos que nosso futuro será aquilo que tivermos feito dele? As variações de intensidade de nossa consciência parecem, portanto, corresponder ao volume mais ou menos considerável de escolhas ou, podemos dizer, de criação, que distribuímos ao longo de nosso comportamento. Tudo leva a crer que é assim que acontece com a consciência em geral. Se consciência significa memória e antecipação, é porque consciência é sinônimo de escolha (*L'énergie spirituelle*. Paris: PUF, 2005 [Coll. "Quadrige"].

Chaves textuais

• *Da espontaneidade ao automatismo*

- Ato **espontâneo**: ato realizado completamente por vontade própria. Ele supõe a escolha e, portanto, a atenção da consciência. Por exemplo: aquele que aprende a dirigir presta muita atenção a cada um de seus gestos, como coordenar esquerdo e mão direita ao passar uma marcha.

- Ato **automático**: ato sem consciência, o costume, que torna a escolha inútil, e os gestos se encadeiam automaticamente uns nos outros. Por exemplo, o motorista habituado desacelera automaticamente quando o trânsito à sua frente se torna lento.
- Uma vez que se assimilam os movimentos e sua ordem, não há mais espaço para a liberdade nem a consciência: tudo fica automático e mecânico.

• *A escolha crucial: o apogeu da consciência*

- A consciência como fonte de liberdade, de autoafirmação, de criação: ela é tanto mais vivaz quanto mais importante é a escolha a ser feita.

- A consciência como memória (a escolha necessita que o passado seja levado em consideração) e antecipação (para escolher bem, sem arrepender-se depois, devemos imaginar as consequências possíveis de nossos atos).

- A tônica é colocada aqui na temporalidade da consciência. Ela é um vínculo entre o passado e o futuro, "uma ponte lançada entre o passado e o futuro".

1868-1951

"Pensar é dizer não" (*Considerações sobre a religião*).

Elementos biográficos

• *Um professor memorável*

Após seus estudos na École Normale Supérieur, Émile Chartier, denominado Alain, é recebido na *agrégation* de filosofia. Leciona para as classes terminais, e também para as letras superiores. Fantástico pedagogo, professor influente, ele impressiona seus alunos e discípulos, entre os quais Raymond Aron, Simone Weil, e mesmo Georges Canguilhem.

Sendo também jornalista, publica crônicas semanais, depois diárias, as *Considerações* (*Propos*), que serão depois reunidas em cerca de trinta volumes.

• *O engajamento pela paz*

Alain presencia, como brigadeiro de artilharia, às atrocidades da Grande Guerra, que lhe inspiram seu célebre panfleto: *Mars ou la guerre jugée* (Marte ou a guerra julgada, 1921). Sua obra é testemunha de sua luta pela paz e contra a vitória do fascismo. Politicamente engajado entre os radicais, ele milita em favor de uma república liberal estritamente controlada pelo povo. Alain escreveu inúmeras obras, dentre as quais os *Propos* (1908-1919), *O sistema das belas-artes* (1920), *As ideias e as épocas* (1927) e os *Elementos de filosofia* (1940).

Teses essenciais

Símbolo de professor filósofo anti-intelectual, combatendo todo preconceito e militando pelo desenvolvimento do livre-pensar de cada um, Alain não constrói um sistema, mas elabora pensamentos, considerações sobre diversos assuntos, analisando assim a realidade de sua época. Para aquele a quem muitos qualificam como "despertador do espírito", a filosofia deve ser, antes de tudo, uma atividade crítica: "Pensar é dizer não".

• *Perceber é julgar*

Racionalista, Alain coloca toda sua confiança na razão. O conhecimento procede do julgamento e não da pura experiência sensível. A percepção, em si, pela qual a consciência cria a representação do objeto, não é obra apenas dos sentidos, não é simples sensação, mas julgamento, ato do espírito que "dá mais de si mesmo do que pensa" (*Elementos*).

Toda percepção, de fato, é uma construção, uma reunião e uma interpretação das sensações que o espírito elabora a partir de seus conhecimentos anteriores.

Com efeito, quando eu digo que percebo, por exemplo, um dado cúbico, o que eu toco, na verdade, são arestas, pontas, planos duros e lisos, mas nunca meus sentidos me permitem tocar ao mesmo tempo todos os elementos desse dado. Da mesma forma, eu nunca vejo ao mesmo tempo as seis faces que o compõem, embora a noção de dado cúbico pressuponha que assim seja: isto porque "a percepção é, já, uma função de entendimento" (*Elementos*). Ela provém não da sensação, mas do julgamento: a partir da visão de três faces do dado, eu julgo que é um cubo, mesmo que um cubo possua seis faces. Perceber já é julgar, é ir além da simples informação bruta dos sentidos.

O entendimento produz o mundo objetivo, comum a todos os seres humanos: a percepção é começo do conhecimento, ele põe ordem nas aparências. Então, é preciso educar a percepção para evitar as aparências enganadoras: claro, um bastão reto mergulhado na água pode nos parecer quebrado, mas a percepção educada (aquela que conduz ao verdadeiro) considera esta aparência de ruptura como fruto dos mecanismos óticos que a regem.

• *A crítica da imaginação*

O entendimento permite perceber corretamente o mundo. Em contrapartida, a imaginação está na origem da percepção falsa; ela produz o **imaginário**, o irreal. Contrariamente à percepção vigilante do real, o fruto da imaginação se esvai quando a consciência está atenta: no sonho ou na imaginação se crê ver, mas, precisamente, não se vê. Chega-se, assim, à necessidade da **dúvida** que nos desperta e desfaz a ilusão que nossa crença mantém.

A imaginação exerce um papel essencial na vida das **paixões**: o apaixonado, dominado por sua imaginação, cria para si uma existência imaginária na qual tomam forma todos os seus fantasmas. A filosofia, ao permitir identificar os mecanismos das paixões, oferece a possibilidade de uma vida digna e razoável.

Uma obra-chave: *Elementos de filosofia*

• *Contexto*

Os *Elementos de filosofia* reúnem as aulas dadas por Alain no Licée Henri IV e no Collège Sévigné. Ele trata nesta obra do conhecimento, da experiência, da ação, das paixões e das virtudes.

Extrato

O *freudismo*, tão famoso, é a arte de descobrir em cada pessoa um animal temerário a partir de indícios totalmente ordinários; os sonhos são tais indícios; os homens sempre interpretaram seus sonhos, de onde vem um simbolismo fácil. Freud gostava de mostrar que esse simbolismo fácil nos engana e que nossos símbolos constituem tudo que existe de indireto. As coisas relacionadas ao sexo escapam, evidentemente, à vontade e à previsão; são crimes do Eu, aos quais se assiste. Adivinha-se, por si, que esse tipo de instinto oferecia uma rica interpretação.

O homem é obscuro para si mesmo; isto se deve saber. Apenas é preciso evitar aqui diversos erros gerados pelo termo *inconsciente*. O mais grave desses erros é acreditar que o inconsciente seja um outro Eu que tem seus preconceitos, suas paixões e suas artimanhas; uma espécie de anjo mau, conselheiro diabólico. Contra isso é preciso compreender que não existe pensamento algum em nós senão unicamente pelo sujeito, o Eu; esta é uma observação de ordem moral (*Éléments de Philosophie*. Paris: Gallimard, 1941 [Coll. "Idées"]).

Chaves textuais

• *As origens do freudismo*

- O freudismo: teoria de Freud (cf. p. 227) que afirma a existência de um inconsciente psíquico dinâmico e inacessível.

- O que leva a comprovar a ideia da existência do inconsciente: os fenômenos obscuros, difíceis de explicar e que, aparentemente, escapam à nossa vontade, como os sonhos e as pulsões sexuais.

• *A crítica do freudismo*

- O freudismo é um erro: ele inventa na pessoa um outro Ego, duplica o sujeito, sendo que somente o sujeito consciente (o "Ego) é apto a produzir pensamentos. O freudismo dá ao corpo o estatuto de sujeito, confundindo corpo e espírito.

- O freudismo como falha: perigo moral do estatuto atribuído ao inconsciente. O freudismo oferece o risco de legitimar a irresponsabilidade do sujeito (não sou eu que ajo, mas é o inconsciente que me leva a agir: portanto, não sou responsável por meus atos) e tornar inútil toda moral.

1884-1962

"É impossível haver uma verdade primeira. O que há são apenas erros primeiros" (*Études*).

Elementos biográficos

• *Uma formação científica...*

Gaston Bachelard inicia sua carreira como empregado dos correios. Em preparação para o concurso de engenheiro dos telégrafos, ele obtém a licença de matemática. Mobilizado por ocasião da Primeira Guerra (1914-1918), será, em seguida, professor de física e de química.

• *...e uma carreira filosófica prodigiosa*

Rapidamente, Bachelard se volta para a filosofia: *agregé* de filosofia em 1922, ele defende uma tese intitulada *Ensaio sobre o conhecimento aproximado*. Ele inicia, então, uma carreira universitária como professor de filosofia das ciências.

Considerado um sábio de barbas brancas, Gaston Bachelard foi um trabalhador obstinado de carreira prodigiosa. Recebeu o Grande Prêmio Nacional de Letras por sua obra que inclui, sobretudo, *O novo espírito científico* (1934), *A formação do espírito científico* (1938), *O materialismo racional* (1953), bem como *A poética do espaço* (1957) e *A poética do devaneio* (1960).

Teses essenciais

Bachelard orienta principalmente sua reflexão para os métodos e fundamentos do conhecimento científico e renova profundamente a epistemologia combatendo os dogmas de seu tempo.

• *As condições do conhecimento científico*

O conhecimento científico, longe de ser imediato, somente progride por meio do combate aos **obstáculos epistemológicos**, as representações que entravam o espírito do pesquisador. O primeiro obstáculo a ser superado é a opinião. Mas o pensamento científico enquanto tal é composto de convicções primeiras, conhecimentos elementares dos quais ele deve libertar-se para progredir.

Consequentemente, o "espírito científico deve se formar reformando-se" (*A formação do espírito científico*). Bachelard convida a uma "psicanálise do conhecimento objetivo", influenciado pela noção de inconsciente coletivo proposto por Carl Gustav Jung. É preciso purificar a razão das ilusões, dos mitos que dificultam a sua objetividade.

A evolução do conhecimento científico

Diante das crises por que passa a ciência no início do século XX, especialmente as da relatividade e do determinismo, Bachelard elabora o conceito de **corte epistemológico**: a ciência não progride de maneira contínua, linear, mas por meio da ruptura com os princípios anteriormente admitidos pela comunidade científica, pela mudança radical de método e de conceitos. Todo conhecimento se elabora *contra* um conhecimento anterior. Assim, a evolução da ciência supõe uma constante recolocação em causa das teorias atualmente aceitas: "Só existe um modo de fazer a ciência avançar, que é atacar a ciência já constituída, ou seja, alterar sua constituição".

Três etapas marcam assim a história das ciências: o estado pré-científico, da Antiguidade ao século XVIII, o estado científico, que se estende do fim do século XVIII até o começo do século XX, e, enfim, a terceira etapa, que coincide com o que Bachelard denomina "o novo espírito científico", começa em 1905 com o estabelecimento da teoria da relatividade de Einstein.

O novo espírito científico

O novo espírito científico designa a atitude reflexiva e crítica da ciência que torna possível a aparição de teorias novas e originais. As teorias científicas, cada vez mais abstratas e complexas, têm sua origem não na experiência sensível, mas na matemática. A experiência científica deve romper com a experiência comum e com a obsessão do geral.

Assim, o método científico deve ser da ordem do "racionalismo aplicado": a razão deve dialogar com a experiência e aplicar-se ao real. A experiência científica, teorizada, não reflete o real bruto captado pela experiência primeira. Daí se compreende por que "o mundo em que pensamos não é o mundo em que vivemos" (*Filosofia do não*).

A reflexão sobre o imaginário

Bachelard dedica igualmente à imaginação e à poesia toda uma parte de sua obra. A imaginação, potência primária do espírito humano, não é unicamente a faculdade de formar imagens. Antes de tudo, é a faculdade de deformar as imagens primeiras, constituir um domínio específico: o imaginário.

A imaginação criadora, distinta da imaginação reprodutora, é essencialmente abertura, experiência do novo. Ligada à natureza própria do psiquismo, ela é fonte de poesia.

Uma obra-chave: *A formação do espírito científico*

• *Contexto*

Esta obra, cujo subtítulo é *Contribuições a uma psicanálise do conhecimento objetivo*, põe em evidência os obstáculos encontrados pela ciência: a objetividade científica nunca é adquirida de forma definitiva, mas supõe uma ruptura com a afetividade, com as representações individuais ou coletivas que constituem igualmente obstáculos epistemológicos que freiam seu avanço.

• *Extrato*

A ciência, tanto em sua necessidade de realização como em seu princípio, opõe-se completamente à opinião. Se acontece, sob alguma questão particular, de ela legitimar a opinião, isto se deverá a razões diferentes daquelas que fundamentam a opinião; de modo que a opinião estará, certamente, sempre errada. A opinião pensa errado; ela não pensa: ela transforma necessidades em conhecimentos. Ao designar os objetos de acordo com sua utilidade, ela se impede de chegar a conhecê-los. Não se pode fundar nada sobre a opinião. É preciso, antes de tudo, destruí-la. Ela é o primeiro obstáculo a superar. Não bastaria, por exemplo, corrigi-la em pontos particulares, mantendo, como uma espécie de moral provisória, um conhecimento vulgar provisório. O espírito científico nos proíbe ter uma opinião sobre assuntos que não compreendemos, sobre questões que não sabemos formular claramente. Primeiramente, temos que saber colocar problemas. E, o que quer que se diga, na vida científica, os problemas não se colocam sozinhos. É precisamente o sentido do problema que marca o verdadeiro espírito científico. Para um espírito científico, todo conhecimento é uma resposta a uma questão. Se não houve uma questão, não é possível haver conhecimento científico. Nada acontece por si. Nada está dado. Tudo é construído (*La formation de l'esprit scientifique*. Paris: Vrin, 1938).

Chaves textuais

• *A opinião: uma visão utilitária que prejudica a ciência*

- Bachelard contrapõe a ciência à opinião. A opinião, compreendida como ideia recebida ligada ao hábito, é o primeiro obstáculo epistemológico para o conhecimento científico.

- A razão do perigo da opinião: ela está ligada à utilidade, entende o verdadeiro como aquilo que dá certo. Pelo contrário, a ciência procura antes de tudo explicações, não efeitos.

• *O pesquisador científico deve saber, antes de tudo, formular problemas*

- A opinião não se interroga, mas julga de acordo com a primeira impressão a eficácia, ao passo que um conhecimento verdadeiro supõe um "sentido do problema", uma capacidade de interrogar a natureza.

- A opinião afirma de maneira dogmática, sem questionar. Ora, o verdadeiro espírito científico é aquele que sabe colocar as questões e tenta resolvê-las por meio de demonstrações.

• *"Nada está dado. Tudo é construído"*

- Necessidade de um diálogo constante entre a razão e a experiência na ciência para saber formular problemas.

- A ciência é vista como uma perpétua reconstrução; os questionamentos e as retificações é que são permanentes: ela deve romper com a opinião e a experiência sensível, opondo-se às teorias anteriores e aos preconceitos.

1889-1976

"Pensar é limitar-se a uma única ideia que, um dia, permanecerá como uma estrela no céu do mundo" (*Questions III*).

Elementos biográficos

• *A influência de Husserl*

Filósofo alemão, Martin Heidegger foi aluno e assistente de Husserl. Dedicou-lhe sua obra-prima *Ser e tempo* (1927) "em testemunho de veneração e amizade". A partir de *Ser e tempo*, o público apressou-se a ouvir o jovem professor que tanta sensação causava na Universidade de Marburgo.

Quando Husserl se aposenta da Universidade de Freiburg, Heidegger, cuja celebridade ia aumentando, torna-se seu sucessor. Rapidamente suas relações com Husserl se envenenam, até que desaparecem totalmente.

• *A polêmica*

Assim que os nazistas assumem o poder, Heidegger é nomeado reitor da Universidade de Freiburg. Seus vínculos com o partido nazista, ao qual ele pertenceu até 1945, são até hoje objeto de vivas polêmicas. É inegável, contudo, que um de seus primeiros atos como reitor foi proibir a propaganda antissemita no interior da universidade. Um ano depois de sua nomeação, ele se demite de seu posto de reitor e se dedica unicamente à docência.

Em 1945, os Aliados proíbem Heidegger de lecionar, acusando-o por não ter denunciado as atrocidades do nazismo. No entanto, Heidegger torna-se cada vez mais popular na França. Em 1951, é reintegrado na função de professor que exercerá, então, até 1973, multiplicando viagens e conferências.

Heidegger é autor, sobretudo, de *O que é metafísica?* (1929), *Caminhos da floresta* (1950) e *A questão da técnica* (1953).

Teses essenciais

Martin Heidegger está entre os pensadores mais marcantes do século XX. A questão do sentido do ser, questão fundamental e, contudo, esquecida na ontologia tradicional, constitui o centro de sua reflexão. Heidegger não apresenta a seus leitores uma filosofia constituída, mas abre caminhos de pensamento propícios à escuta do ser.

• *A questão do ser*

A questão do sentido do ser (o que significa "ser"?) está por trás de toda a obra de Heidegger. Este procura "fornecer uma interpretação do tempo como horizonte de toda compreensão do ser" (*Ser e tempo*). O ser somente se revela através do ente. Colocar a questão do ser, portanto, é interrogar-se pelo seu vínculo e sua diferença ontológica com o ente no qual ele se dá. Se o **ser** designa o fundo enigmático de todo ente, o que constitui sua força ativa, origem de todo ente sem, no entanto, ser isso ou aquilo, então o **ente** remete a toda realidade concreta e particular, às coisas que são isso ou aquilo.

O ser, fonte de todo ente, não é um ser supremo (Deus, as ideias platônicas...), como a filosofia concebeu ao longo de sua história. Ele não é isto nem aquilo, mas um não ente, "nada" (*das Nicht*) que a metafísica esqueceu, mas que é essencial pensar.

A tradição, muitas vezes, privilegiou a eternidade para pensar o ser. Ora, é **o tempo** que permite compreendê-lo, segundo Heidegger: como o ser, o tempo não é nem isto nem aquilo, não é um ente, mas é aquilo em que todo ente se desdobra.

• *O Dasein, o estar aí do ser*

Entre os entes, o homem é o único que se coloca a pergunta pelo sentido do ser. O homem é o ***Dasein***: "o estar aí" do ser, ou "ser aí", o lugar do desdobramento do ser no qual a questão do ser vem à luz. Esse "pastor do ser" já está desde sempre em contato com o ser.

Ora, o modo de ser do *Dasein*, pelo fato de não se limitar simplesmente a subsistir, caracteriza-se pela **existência**. Existir, *ek-sistere*, é, literalmente, não coincidir consigo mesmo, estar fora de si, não ser simplesmente aquilo que se é, mas ser igualmente aquilo que se pode ser. O *Dasein* é projeto de ser, "lançado no mundo", sua existência somente se compreende no horizonte da **temporalidade**. Portanto, é na análise da existência do *Dasein* que se revela a temporalidade do ser.

O tempo não é uma sucessão linear de instantes, mas surge no homem como unidade, contemporaneidade do passado, do presente e do futuro. É o ser essencial do homem que, enquanto ser-no-mundo, já está sempre no mundo, descobre-se em sua **faticidade**, ou seja, marcado de **contingência**, ser finito (mortal), mas cuja existência também é poder ser, liberdade que se desdobra nas possibilidades que se oferecem a ele.

A morte, possibilidade última do Dasein

O *Dasein* sabe que é votado à morte e, nesse sentido, é um **ser-para-a-morte**. Com essa expressão, Heidegger não designa o fato de todo homem ter que morrer algum dia, mas sim a consciência assumida do fato de que se pode morrer a cada instante e, isto, desde nossa mais tenra idade: "Desde o momento em que um ser humano vem à vida, ele já é velho o suficiente para morrer" (*Ser e tempo*).

Existência autêntica e existência inautêntica

Diante da provação da finitude, que determina o *Dasein* como sendo fundamentalmente **cuidado**, duas possibilidades se apresentam ao existente: existir autenticamente (ser ele mesmo) ou de maneira inautêntica.

A **existência inautêntica** se perde no anonimato do (impessoal) "se". Ao dizermos "morre-se", ou "a gente morre", em vez de dizer "eu vou morrer", atribuindo à humanidade em sua generalidade a morte como horizonte, evitamos olhar este horizonte como sendo o nosso próprio horizonte; cedemos, assim, à ditadura do (impessoal) "se".

Ao contrário, a **existência autêntica** é a do *Dasein* que assume sua mortalidade e se engaja no projeto.

Assim, Heidegger não concebe o tempo e a morte negativamente: eles permitem a existência autêntica, dão forma ao nosso estar-no-mundo. **O tempo autêntico**, abertura que permite ao ente ser, constitui a **verdade do ser**.

Não é porque o ser humano é um ser temporal que ele é votado à morte. É, inversamente, porque é mortal que sua existência é essencialmente inscrita na temporalidade. Existindo, mantendo-se fora de si mesmo na **antecipação da morte** (quer dizer, na apreensão da morte como possibilidade da impossibilidade da existência), transcendendo seu ser biológico, o *Dasein* realiza sua essência própria.

A virada

Ser e tempo interrogava o sentido do ser a partir da análise das modalidades de existência do *Dasein*. A partir dos anos 1930, Heidegger se volta mais resolutamente para o ser em si mesmo, e busca pensar a verdade do ser. Essa verdade, que Heidegger designa pelo termo grego ***alètheia***, é o desvelamento daquilo que estava anteriormente dissimulado. A verdade não provém do ser humano, e, sim, se dá a ele na contemplação.

A língua tem dificuldade para expressar o ser quando é utilizada de maneira técnica. Por outro lado, a palavra dos poetas e dos pré-socráticos é abertura ao ser. É preciso escutar o ser que se desvela nela. "A linguagem é a casa do ser" (*Carta sobre o humanismo*): o ser está presente na linguagem; esta é o advento da abertura ao ser, o "dizer" do ser. No dizer poético, palavra despojada de seu caráter instrumental, Heidegger vê o desvelamento do ser. O poema é palavra pura, desnudada de informação sobre o mundo, presença do ser.

• *A essência da técnica*

A técnica designa, em Heidegger, **a maneira como o ser humano se reporta ao mundo**. Nesse sentido, manifesta de maneira extrema o esquecimento do ser que caracteriza os tempos modernos.

Com efeito, a técnica é uma **provocação**, uma requisição que Heidegger designa por meio do termo **arrazoamento**. A técnica interpela a natureza a entregar seus recursos, os extrai e os acumula: fazendo do ente um **fundo sempre disponível**; ela designa um verdadeiro modo de ser em face ao mundo. Tudo, incluindo a própria vida, é considerado como objeto a ser dominado, numa perspectiva utilitária. A técnica propõe-se um único fim: ela mesma.

Multiplicando os meios, oculta-se a questão dos fins que esses meios perseguem. Com a utilidade transformada em único valor, a relação técnica do homem com o mundo destrói a essência humana que consiste na abertura à contemplação do mistério do ser. Assim, é preciso recuperar uma relação contemplativa e não mais apropriativa com o mundo.

Uma obra-chave: *Heidegger*

• *Contexto*

Não tendo sido autorizada a citação de um extrato das obras de Heidegger, aqui apresentamos um extrato da obra de Alain Boutot sobre Heidegger.

• *Extrato*

[A técnica] coloca o homem em perigo, não apenas porque os meios técnicos, atualmente, tornam possível a destruição completa de toda a espécie humana, mas porque ela ameaça, de maneira bem mais profunda, a essência pensante do ser humano, isto é, sua relação com o ser. Como ela não passa de um fundo, o homem moderno se erige em "senhor e dono da natureza", a ponto de lhe parecer que, em toda parte, ele sempre se depara somente consigo mesmo, que não existe nada mais que não esteja, ou não possa vir a estar em seu poder. Na realidade, trata-se da maior ilusão. [...] O ser humano, que enxerga todas as coisas e a si mesmo do ponto de vista do pensamento calculista, apega-se ao ente sobre o qual tenta exercer sua dominação e não se preocupa mais com aquilo que deveria lhe interessar muito mais do que todas as outras coisas, isto é, o ser em si. Sem mais se preocupar em entrar na proximidade essencial das coisas, nem em salvaguardar seu desvelamento na presença, ele erra em um não mundo. [Sua] agressão contra tudo aquilo que é culmina na tentativa, atualmente em curso, de dominar a própria vida que assume forma de mais um produto como outros, que se tenta manipular ou transformar. Essa agressão contra a vida e contra o próprio ser do homem é mais inquietante aos olhos de Heidegger do que a hipótese de uma destruição que pese sobre o planeta, talvez por ela ter permanecido, geralmente, no silêncio (BOUTOT, A. *Heidegger*. Paris: PUF, 1991 [Coll. "Que sais-je?"]).

Chaves textuais

• *A relação técnica com o mundo*

- A técnica: não o conjunto de instrumentos ou procedimentos usados pelo ser humano para chegar aos seus fins, mas uma forma utilitária de relação do homem com o mundo.

- A técnica é o remate da metafísica ocidental; ela encarna o projeto inaugurado pelo cartesianismo de tornar-se "senhores e donos da natureza". A vontade de potência se torna vontade de vontade, sem questionar os fins.

• *Os perigos da técnica*

- Primeiro perigo: a destruição dos recursos naturais.

- O perigo essencial: o esquecimento do ser. O ser humano, obnubilado pela rentabilidade, a eficácia, perde-se em uma visão essencialmente utilitária do mundo e da vida.

- O ser humano acredita ver apenas a si mesmo, em sua dominação da natureza, mas, na realidade, não encontra jamais seu próprio ser nessa forma técnica de relação com o mundo; ele vê apenas os entes e suas funções e esquece a questão do ser.

1889-1951

"Aquilo sobre o que não se pode falar é preciso calar"
(*Tractatus Logico-philosophicus*).

Elementos biográficos

• *As primícias de um gênio*

Último dos oito filhos de uma família rica e culta instalada em Viena, Ludwig Wittgenstein estuda primeiramente construção mecânica e se volta para a aeronáutica, mas depois se apaixona pela matemática pura.

• *Encontros determinantes*

Ele tem contatos com Frege, antes de seguir o ensinamento de Hussell, célebre lógico inglês. Este, admirado, descobre seus dons excepcionais e o incita a resolver problemas espinhosos de lógica matemática sem que ele tenha ainda nenhuma formação filosófica. Wittgenstein encontra-se, a convite, com os membros do Círculo de Viena a partir de 1927. Suas discussões são a oportunidade para Wittgenstein esclarecer o sentido de sua filosofia que esses últimos entendem, equivocadamente, como uma condenação da metafísica.

• *Um personagem fascinante*

Engajado no fronte em 1914, Wittgenstein redige nesse ambiente a única obra que será publicada durante sua vida, o *Tractatus logico-philosophicus* (1921). Além de sua carreira universitária, ele teve diversas atividades profissionais (engenheiro, arquiteto, soldado carregador de feridos em macas...). Wittgenstein se torna conhecido como pessoa de gênio instável e prodigioso.

Seu pensamento passa por uma mutação profunda, como se vê nas *Investigações filosóficas* que serão publicadas apenas em 1953.

Homem de caráter, ele se descreve como um aristocrata fracassado e repudia a herança familiar que teria feito dele um dos homens mais ricos da Europa. Ao saber que está com câncer, sente-se desolado, não pelo diagnóstico, mas pelo fato de saber da existência de uma terapia eficaz, argumentado que não tem nenhum desejo de continuar a viver.

Teses essenciais

Na linhagem de Russell, que emprega em seus Principia Mathematica *o método da análise com vistas a identificar os átomos lógicos, Wittgenstein se interessa pela estrutura lógica da linguagem e do real.*

Linguagem e mundo no Tractatus: *uma mesma estrutura*

O mundo é composto de fatos atômicos, de **estados de coisas**, concebidos como conexões de objetos: "O mundo é o conjunto dos fatos, não das coisas! O fato é a unidade elementar da realidade na medida em que o objeto não se deixa atingir em si mesmo.

As proposições da linguagem, igualmente analisáveis em proposições atômicas, pelas quais são reunidos nomes, **signos simples** dos objetos, manifestam a mesma forma lógica, embora elas devam ser concebidas como quadros, representações dos fatos.

Distinção do dizível e do indizível

Apenas as proposições passíveis de se verificar empiricamente (as proposições que descrevem o mundo sem, no entanto, explicá-lo realmente, ou seja, as proposições das ciências da natureza) são dotadas de sentido. As proposições da lógica (redutíveis à tautologia) e da matemática, por sua vez, não dizem nada sobre o mundo, não tendo nenhum referente.

Enfim, os enunciados da metafísica, da ética e da estética, não representando um estado de fato, são privados de sentido. Mas ao dizer isso, contrariamente ao que acreditaram os positivistas do Círculo de Viena, não condena a metafísica.

Com efeito, se pela linguagem se pode apenas descrever o mundo, não é por isso que esta não tenha um valor ou um sentido. Contudo, este sentido não pode ser dito, é algo inexprimível que pode ser somente "mostrado": "existe, certamente, algo inexprimível. Isso se mostra, é o elemento místico". Assim, o *Tractatus* define os limites entre o dizível e o inefável, e culmina em um misticismo que convida ao silêncio: "sobre aquilo de que não se pode falar, é preciso guardar silêncio".

Consequentemente, a filosofia deve clarear o pensamento. Ela "não é uma doutrina, mas uma atividade" que consiste em iluminar e delimitar os pensamentos que são conturbados e fluidos. Aqui se depreende um projeto, o da constituição de uma linguagem rigorosa e perfeita que evitaria qualquer equívoco.

Os jogos da linguagem

Mas o pensamento de Wittgenstein evolui e, a partir de 1929, ele passará a condenar fortemente algumas teses que antes havia defendido no *Tractatus*.

Recusando a perspectiva ontológica e, com ela, a ideia segundo a qual apenas a descrição da realidade comporta um sentido, será pela linguagem considerada como universo autônomo e não mais como "imagem dos fatos" que ele se interessará. A linguagem deve ser compreendida pela análise de seu uso, pois ela é atividade. Wittgenstein distingue, assim, diversos **jogos de linguagem**, que são usos da linguagem que comportam suas próprias normas e são irredutíveis uns aos outros.

A linguagem, então, é apenas uma "caixa de ferramentas". Só se pode compreender a significação dos termos (e da ferramenta) quando se apreende seu uso, quando se sabe aplicar corretamente as regras que o regem.

Os problemas filosóficos encontram sua origem na interferência e na confusão entre diferentes jogos de linguagem.

Uma obra-chave: *Tractatus logico-philosophicus*

• *Contexto*

No *Tractatus*, Wittgenstein busca esclarecer as inúmeras controvérsias filosóficas derivadas de um mau uso da linguagem. Trata-se, então, de desvelar a estrutura lógica da linguagem a fim de compreender a estrutura do real

• *Extrato*

4.002. [...] A linguagem traveste o pensamento. E, especialmente, de tal modo que, pela forma exterior da veste, não se pode concluir a forma do pensamento travestido; a razão é que a forma exterior da roupagem visa algo totalmente diferente de permitir reconhecer a forma do corpo.

Os arranjos tácitos para a compreensão da linguagem cotidiana são de uma complicação enorme.

4.003. A maior parte das proposições e das questões que foram escritas sobre assuntos filosóficos não são falsas, mas, sim, desprovidas de sentido. Por essa razão, não podemos absolutamente responder às questões desse gênero, mas apenas afirmar que elas são desprovidas de sentido. A maior parte das proposições e das argumentações dos filósofos é decorrente do fato de que não compreendemos a lógica da nossa linguagem.

[...] E não surpreende que os problemas mais profundos não sejam, em suma, de modo algum problemas (*Tractatus logico-philosophicus.* Paris: Gallimard, 1961 [Coll. "Tel", 1961]).

Chaves textuais

• *O erro da filosofia: a má utilização da linguagem*

- Os problemas e doutrinas filosóficas são desprovidos de sentido. Eles provêm de um mau uso da linguagem.

- A linguagem é imagem do mundo. Consequentemente, tudo aquilo que não é descrição é indizível.

- Metáfora: o corpo fica oculto e a percepção dele é modificada pelas vestes, da mesma maneira que o pensamento não descritivo é travestido, pervertido pela linguagem.

• *Os enunciados da filosofia são vazios de sentido*

- Vazio de sentido: aquilo que não remete a um estado de coisas, a uma realidade empiricamente verificável.

- Vazio de sentido não significa insensato: a filosofia não enuncia proposições falsas. O erro da filosofia está em apresentar problemas que não são problemas.

• *Uma nova concepção da filosofia, não uma condenação*

- O objetivo da filosofia: esclarecer a lógica da linguagem, remediar os transtornos que ela engendrou.

- A crítica da filosofia que não leva, no entanto, a uma condenação da metafísica, da ética e da estética: elas pertencem à ordem do que se vive, se mostra, mas não daquilo que pode ser dito.

- O indizível (o que não pode ser expresso em palavras) não é desvalorizado, muito ao contrário.

1902-1994

"O critério de cientificidade de uma teoria reside na possibilidade de invalidá-la, refutá-la ou ainda de testá-la" (*Conjecturas e refutações*).

Elementos biográficos

• *O interesse pelas ciências*

Sir Karl Raimond Popper, professor de matemática e física, interessa-se pelos debates que animam o Círculo de Viena e pelos pensamentos de Carnap e Wittgenstein, embora ele não partilhe de seus pontos de vista positivistas.

Fascinado pela relatividade e pela mecânica quântica, ele se interroga a respeito da natureza e os métodos das ciências. Na *Lógica da pesquisa científica* (1934) ele se opõe ao positivismo lógico do Círculo de Viena que fundamenta a ciência na experiência e no método indutivo.

• *Uma epistemologia inovadora*

Sob a ameaça da expansão alemã, Popper deixa a Áustria para lecionar na Nova Zelândia até 1945, ano da publicação de suas obras políticas pelas quais ele critica o historicismo e as concepções políticas dele decorrentes: *A sociedade aberta e seus inimigos* e *Miséria do historicismo.*

Quando se torna professor de lógica e de metodologia científica em Londres, publica as *Conjecturas e refutações* (1953), obra que oferece uma visão nova da ciência e de seus métodos.

Teses essenciais

Grande figura da epistemologia contemporânea, Karl Popper contribuiu para a renovação do método e do estatuto das ciências empíricas. Diante da hegemonia do Círculo de Viena, ele desenvolve um racionalismo crítico que visa desvelar as ilusões da postura positivista.

• *A falsificabilidade, critério de demarcação da ciência*

Popper se associa ao problema da existência de um **critério fiável** que permita definir o estatuto científico de uma teoria. Trata-se de saber como distinguir uma teoria científica (a relatividade de Einstein, por exemplo) de uma teoria não científica (as ideologias como o marxismo ou a psicologia freudiana).

Uma teoria pode ser denominada científica não porque pode ser comprovada ou verificada cientificamente: é fácil encontrar aspectos confirmáveis de inúmeras teorias na experiência e, inversamente, a teoria da relatividade nem sempre corresponde à nossa experiência do mundo. Popper se opõe ao **verificacionismo** defendido pelo Círculo de Viena.

Antes, é porque ela é **falsificável**, ou seja, susceptível de ser desmentida, testada, refutada, que uma teoria é científica. Para toda teoria deveríamos poder dizer em que condições ela poderia se revelar falsa, imaginar uma experiência que, *se ela se realizasse*, nos permitiria invalidá-la. Não existem senão provas negativas. Quanto mais uma teoria é falsificável, mais ela é científica, pois mais ela se expõe ao risco, mais ela pode ser submetida aos testes e à crítica.

Ora, teorias como o marxismo, a psicologia individual ou a psicanálise são discursos totalizantes que dão explicações para todos os fatos possíveis em seu domínio e que, por isso, não podem ser refutadas. São ideologias, não teorias científicas. "Uma teoria que explica tudo o que poderia acontecer não explica nada" (*A miséria do historicismo*).

• *Contra a indução, o método dedutivo*

O Círculo de Viena admite que é por seu caráter empírico que a ciência se distingue da pseudociência (da metafísica, sobretudo). A ciência se funda em uma base empírica e procede por **indução**: partindo da observação dos fatos particulares, ela identifica as leis universais que os ordenam. Popper denuncia esse método, fonte de ilusões: não é porque nós observamos inúmeras vezes que os corvos são pretos que todos eles o serão necessariamente. De uma multidão de casos particulares não podemos legitimamente induzir uma lei universal.

Popper propõe, então, um outro método, **dedutivo**: da teoria nós devemos poder deduzir enunciados singulares, "predições" que permitam testá-la na experiência (da lei "todos os corvos são pretos" se deduz a predição: "o próximo corvo observado será preto"). Se ela não resistir ao teste, será refutada. Senão, será **provisoriamente** aceita, "corroborada". Toda teoria é, portanto, uma conjectura sujeita a refutação.

• *A teoria: uma conjectura*

A teoria é **provisoriamente** aceita, pois nenhuma experiência permite validá-la de uma vez por todas. As teorias são apenas **conjecturas**, hipóteses, já que não são verificáveis, e nunca estarão ao abrigo de uma refutação posterior.

Contra a atitude **dogmática** que consiste em admitir como verdadeira uma teoria que a experiência não refuta, Popper defende um **racionalis-**

mo crítico: o erro é uma etapa necessária à evolução da ciência. Esta se desenvolve por meio de rupturas, por tentativas e erros, e não pela acumulação dos saberes.

Se a comunidade científica aceita uma nova teoria, é porque ela é uma aproximação melhor, e porque ela explica o real melhor do que a teoria anterior. Ela deve ter um conteúdo informativo mais rico e resolver o problema que fez submergir a teoria anterior. Assim, a escolha de uma teoria se justifica, mas a teoria nem por isso é definitiva e/ou aceita de forma absoluta. Não se dirá, portanto, que uma teoria é verdadeira, mas que ela é **verossímil**.

Popper volta a questionar toda a pretensão da ciência de apresentar uma certeza absoluta: o que a ciência sempre deve fazer são conjecturas mais ou menos aceitáveis. O papel do cientista é, antes de tudo, eliminar as soluções falsas.

• *O indeterminismo*

Popper rejeita a visão determinista do mundo. O universal é **indeterminado**. Com efeito, uma criação original como a *Sinfonia em sol menor* de Mozart não pode ser predita. A unicidade, a novidade e a criação manifestam a **liberdade** humana.

Essa concepção, que rejeita igualmente a pretensão das ciências humanas de conceber o fato humano como sujeito a leis universais e necessárias, implica uma crítica do historicismo dos sistemas totalizantes que pretendem explicar todos os fatos relacionando-os a um princípio único. As filosofias da história, que pensam explicar os fatos, são as premissas do **totalitarismo**: elas justificam os fatos mais horríveis. A história não tem sentido. Escrever a história é excluir inúmeros fatos particulares. Nas suas obras políticas, Popper defende, contra esses discursos globalizantes que pensam uma evolução necessária da humanidade rumo a um objetivo final, uma sociedade aberta e democrática que reconheça a liberdade humana.

Uma obra-chave: *A lógica da pesquisa científica*

• *Contexto*

Popper se interroga sobre o estatuto das teorias científicas e toma o contrapé das teses defendidas pelo Círculo de Viena. Ele redefine, no texto a seguir, o critério de demarcação entre ciência e pseudociência.

• Extrato

As teorias, portanto, jamais são verificáveis empiricamente [...]. Contudo, eu admitiria, certamente, que um sistema somente é empírico ou científico se for suscetível de ser submetido a testes experimentais. Essas considerações sugerem que é a falsificabilidade e não a verificabilidade de um sistema que se deve tomar como critério de demarcação. Em outras palavras, eu não exigiria de um sistema científico que ele pudesse ser escolhido, de uma vez por todas, em uma acepção positiva, mas exigiria que sua forma lógica seja tal que ele possa ser distinguido, em meio a testes empíricos, em uma acepção negativa: um sistema que faça parte da ciência empírica deve poder ser refutado pela experiência (*La logique de la découverte scientifique*. Paris: Payot, 1973).

Chaves textuais

• *Questionamento do verificacionismo*

- Verificabilidade: possibilidade, para uma teoria, de ser confirmada pela experiência. Critério de demarcação da ciência, para o positivismo; ilusão, segundo Popper.

- Os testes não bastam para validar definitivamente uma teoria científica: seria necessário fazer isso infinitamente, e isso é impossível. A passagem do geral ao universal é problemática e ilegítima.

• *O critério de cientificidade: a falsificabilidade*

- Critério de demarcação entre teoria científica e teoria não científica: a falsificabilidade, possibilidade, para uma teoria, de ser testada empiricamente.
- Papel dos testes nas ciências: não de validar a teoria, confirmar sua verdade, mas refutá-la, e dizer quais são as más soluções.
- Consequência: não se fala de verdade definitiva, mas de hipótese provisoriamente aceita.

1905-1980

"O homem é condenado a ser livre" (*O existencialismo é um humanismo*).

Elementos biográficos

• *Os primeiros anos*

Jean-Paul Sartre, órfão de pai, passa sua infância em Paris em meio à sua mãe e seus avós paternos. Quando sua mãe se casa novamente, a família muda-se para Rochelle. Período difícil para Sartre, que se sente rejeitado e tem uma relação conflituosa com seu padrasto. Apaixonado pelos livros, ele se entrega à escrita e à atividade docente. Na Escola Normal Superior estuda com Raymond Aron e Paul Nizan. Por ocasião de sua preparação para o exame oral da agregação de filosofia, une-se a Simone de Bouvoir. O casal que formarão, livre e solidário, será legendário. Agregado de filosofia, Sartre leciona e publica suas primeiras obras filosóficas e literárias: *A imaginação* (1936), introdução a *O imaginário*, que somente será publicado quatro anos mais tarde. *A náusea* (1938), e *O muro* (1939).

• *Um intelectual engajado*

Enviado à guerra em 1939, Sartre é mantido cativo até março de 1941. Retornando à França, cria uma rede de resistência intelectual (socialismo e liberdade). *O ser e o nada* é publicado em 1943, mas é sobretudo pelo teatro que Sartre se faz conhecer, principalmente com *As moscas* e *Entre quatro paredes*. Consciente das responsabilidades que recaem sobre os intelectuais que se colocam na linha de frente, Sartre renuncia à docência para se dedicar inteiramente ao jornalismo e à escrita. Cria a revista *Os tempos modernos*.

Inicialmente engajado com os comunistas, ele rompe definitivamente tal vínculo após a derrota da "Primavera de Praga". Seu combate contra as lutas anticoloniais (guerra da Indochina, da Argélia, do Vietnã), o transforma no mentor da esquerda intelectual.

Atingido cada vez mais pela cegueira, Sartre deixa uma obra inacabada. Célebre por suas obras teatrais, literárias e filosóficas, foi um homem engajado, um gênio incansável e desinteressado representante dos defensores da liberdade.

Teses essenciais

Pensador da liberdade e da contingência, Sartre desenvolve um existencialismo ateu: "uma doutrina que torna a vida humana possível e que, além disso, declara que toda verdade e toda ação implicam um contexto e uma subjetividade humana" (O existencialismo é um humanismo).

O primeiro princípio do existencialismo é que a existência precede à essência, de tal modo que o homem é absolutamente livre.

• *A existência precede a essência*

As coisas **são** enquanto o homem **existe**: as coisas têm uma **essência** antes de serem. Por exemplo, esse corta-papel foi pensado de acordo com sua função antes de ser fabricado e de vir a ser. Ele permanecerá sempre corta-papel. Ele existe conforme sua essência.

Em contrapartida, "o ser humano não é, de início, coisa alguma", no sentido de que não se pode reduzi-lo a um conjunto de determinações: ele **existe** antes de tudo. Nele, "a existência precede a essência". Com efeito, o ser humano apenas subsiste, ele surge fora de si mesmo, não para atualizar uma hipotética essência que lhe teria sido já anteriormente atribuída, mas para inventar-se a si mesmo através do **projeto**, verdadeira superação de si. "O ser humano é antes de tudo um projeto que se vive subjetivamente, em vez de ser uma mosca, uma podridão, ou uma couve-flor" (*O existencialismo é um humanismo*).

• *Contingência e responsabilidade*

A **contingência**, definida em *O ser e o nada* como "pura apreensão de si como existência de fato, sem justificação, caracteriza a existência humana: o existencialismo ateu de Sartre afirma que Deus não existe e, consequentemente, não existe uma natureza humana predefinida de que a existência seria meramente o desenvolvimento.

Assim, **a subjetividade é o fundamento dos valores e das ações**. Uma multiplicidade de possibilidades se oferecem ao sujeito, e ele se encontra obrigado a fazer **escolhas** que orientarão sua existência. Cada um é o único responsável por suas escolhas, de modo que **se torna aquilo que faz de si mesmo.**

Mas ao nos escolhermos, também é a todos os seres humanos que escolhemos: "decidir ser isso ou aquilo é afirmar ao mesmo tempo o valor daquilo que escolhemos". Nossa responsabilidade, portanto, é dupla: através de nossos atos manifestamos a imagem de homem como consideramos que ele deva ser. Consequentemente, responsável por si mesmo, cada um é igualmente **responsável pela humanidade inteira**. "Ao me escolher, eu escolho o homem" (*O existencialismo é um humanismo*).

• *A náusea*

Diante da consciência da faticidade e da absurdidade da existência humana (ela é, de fato, sem razão), o homem está sujeito à **náusea**, esse sentimento de vazio que revira o coração, essa vertigem diante da ausência de razão de ser que gera o sentimento de ser "demais". A angústia se apodera do indivíduo quando ele compreende que é o único responsável pelo caminho de sua existência, e que esta não tem justificação, que poderia muito bem não ser, como se fosse inteiramente gratuita.

A **liberdade** é fonte de angústia: ela faz do homem um ser inteiramente responsável por si mesmo, sem desculpas quando fazer escolhas erradas. Mas ela é também o que lhe permite projetar-se no futuro e agir.

• *A má-fé*

Como é difícil assumir tal liberdade, aquele que Sartre denomina "o safado" tende a comportar-se com a **má-fé**, essa ausência de sinceridade para consigo mesmo. O safado, ou sujo, é frouxo. Ele se desvia de sua liberdade mentindo para si mesmo, cedendo à ilusão da necessidade dos acontecimentos.

O safado, por exemplo, explica seu ato invocando um determinismo psíquico porque não tem coragem de assumi-lo. Dessa forma sente-se um pouco menos culpado, mas é evidente que tentar se justificar recorrendo ao álibi do determinismo (quer seja psíquico, natural ou ainda social) é uma frouxidão de que se é absolutamente responsável. A existência autêntica, pelo contrário, exige que assumamos nossa liberdade.

• *Uma liberdade na situação*

A ideia central de Sartre é, portanto, otimista, pois, no fim das contas, o destino do homem está completamente em suas mãos, e porque ele tem que decidir, por seu engajamento, sobre aquilo que ele será. Obviamente, o homem está sempre **em uma situação**: ele não escolhe seu corpo, nem seu lugar geográfico, histórico ou social. Mas é no interior dessas condições existenciais que surge sua liberdade, e ela permanece inteira. A situação não determina a ação. É a ação, o engajamento, que dão sentido à situação e permitem superá-la. A enfermidade, por exemplo, que parece furtar ao homem certas possibilidades na medida em que o enfraquecem, não é um obstáculo à sua liberdade: suas antigas possibilidades não são suprimidas, senão substituídas por novas possibilidades dentre as quais ele deverá novamente fazer escolhas. "Dito de outra forma, a enfermidade é uma *condição* no interior da qual o homem é novamente livre e inescusável", embora o homem seja sempre "totalmente determinado e totalmente livre. É obrigado a assumir esse determinismo para colocar para além dele os objetivos de (sua) liberdade, fazer desse determinismo um engajamento a mais" (*Cadernos para uma moral*).

• *O outro: uma ameaça necessária*

Mas nossa liberdade se choca com o outro. O outro é, antes de tudo, aquele que, por cujo olhar, me objetifica e me reifica (faz de mim uma coisa), nega minha liberdade caracterizando-me ("ele é isso, aquilo..."). Deixar-se levar pelo olhar do outro é entrar em representação, desempenhar um papel disto ou daquilo, como aquele garçom perfeito que os outros desejam que ele seja. Assim, quando Sartre escreve, em *Entre quatro paredes*, que "o inferno são os outros", ele põe a tônica no fato de que o conflito é constitutivo da relação com o outro. Cada consciência é uma liberdade que sonha ser absoluta (totalmente independente) e transformar a liberdade do outro em coisa passiva. A simples presença do outro é violência. Mas o outro é também o vetor da tomada de consciência de si, é o "mediador indispensável entre mim e eu mesmo". A aparição do outro, "me permite emitir um julgamento sobre mim mesmo como sobre um objeto" (*O ser e o nada*). A experiência da vergonha retrata bem isso: esse sentimento sempre está relacionado com a presença de outrem, seja real ou virtual. Nós sempre temos vergonha diante de alguém: "a vergonha é, por natureza, reconhecimento. Reconheço que sou como outra pessoa me vê" (*O ser e o nada*).

Uma obra-chave: *O existencialismo é um humanismo*

• *Contexto*

Nesta conferência proferida com o fim de responder às acusações de seus críticos que pensam ver em suas obras um anti-humanismo, Sartre apresenta os princípios do existencialismo ateu, que reivindica a liberdade da existência humana.

• *Extrato*

Dostoievski escrevera: "Se Deus não existisse, tudo seria permitido". É este o ponto de partida do existencialismo. Com efeito, se Deus não existe, tudo é permitido; consequentemente, o homem encontra-se desamparado, pois não encontra, nem dentro nem fora de si mesmo, a possibilidade de agarrar-se a alguma coisa. Sobretudo, ele não tem mais escusas. Se, com efeito, a existência precede a essência, nunca se poderá recorrer a uma natureza humana dada e definida para explicar alguma coisa; dizendo de outro modo, não existe determinismo, o homem é livre, o homem é liberdade. Por outro lado, se Deus não existe, não encontraremos à nossa disposição valores ou ordens que legitimem nosso comportamento. Assim, nem atrás de nós, nem à nossa frente, ou no domínio luminoso dos valores, dispomos de justificativas ou escusas. Nós estamos sós, sem escusas. É o que exprimirei dizendo que o homem está condenado a ser livre (*O existencialismo é um humanismo*. Petrópolis: Vozes, 2010, p. 32-33).

Chaves textuais

• *Os princípios do existencialismo*

- O existencialismo ateu: Deus não existe.

- Consequentemente, nenhuma essência, nenhum destino, encontram-se predefinidos para o homem. Não há uma natureza humana: o homem não é determinado a ser isso ou aquilo.

- O homem existe antes de tudo: ele deve fazer-se, e é o único responsável por aquilo que ele vem a ser.

- Rejeição do determinismo: nossos atos não são determinados, não resultam de maneira necessária de causas antecedentes. O homem: um existente absolutamente livre.

• *A moral fundada na subjetividade*

- Deus não existindo, nenhum valor está dado de antemão: cabe ao homem inventar os valores morais.

- Responsabilidade inteira do sujeito que está só (o caminho a seguir não está traçado de antemão) e sem escusas (a existência não é o desdobramento necessário de uma natureza humana definida, o determinismo não existe na origem dos atos, eles dependem apenas do sujeito). É preciso assumir seu comportamento e suas escolhas.

- Expressão que pode parecer paradoxal: "o homem está condenado a ser livre". "Condenado: não se pode não escolher. Recusar-se a escolher já é fazer uma escolha".

- Portanto, somos sempre livres: sempre temos que fazer escolhas.

1906-1975

"A sociedade de massa [...] não deseja cultura, mas diversão" (*A crise da cultura*).

Elementos biográficos

- *Uma estudante formada por mestres ilustres*

Hannah Arendt segue com paixão o ensinamento de Heidegger, e depois os de Husserl. Redige sua tese sobre *O conceito de amor em Santo Agostinho* (1929) sob orientação de Karl Jaspers, seu mestre e amigo.

- *O combate contra o totalitarismo*

Diante da instauração do nazismo, Hannah Arendt se exila na França e, em seguida, nos Estados Unidos, onde desenvolve uma brilhante carreira universitária.

Ela também é jornalista e milita pela causa judaica. Suas origens e os acontecimentos a que assiste são motivadores de suas reflexões políticas.

Teses essenciais

Hannah Arendt se interessa pelos mecanismos dos sistemas totalitários e pela condição do homem moderno. Seu pensamento, durante muito tempo ignorado, abre novas perspectivas para a análise da crise da cultura por que passa atualmente nossa sociedade.

- *O totalitarismo: a negação do político*

Preocupada em pensar os acontecimentos de seu tempo, e sobremaneira o que tornou possível o horror da "solução final", Hannah Arendt mostra, em *As origens do totalitarismo*, que o sistema totalitário, longe de poder ser integrado nas outras formas de opressão política que são o despotismo, a tirania e a ditadura, é um tipo de regime radicalmente novo na história, possuindo sua própria especificidade. O sistema totalitário repousa na **atomização social**, criadora de uma massa amorfa constituída de indivíduos isolados que perderam toda consciência de viverem juntos, toda consciência política e, portanto, toda capacidade (e vontade) de se engajar politicamente.

O sistema totalitário assegura sua conservação por meio da **ideologia**, fazendo reinar continuamente o **terror**. Ele reivindica sua legitimidade pretendendo estar a serviço de leis transcendentes oriundas da natureza (a seleção das raças, pelo nazismo), ou da história (a luta de classes, pelo stalinismo) despreza as leis positivas (instituídas) em nome de leis pretensamente superiores e se apresenta como simples executante de uma lógica implacável a serviço da história ou da natureza.

• *A primazia do agir*

Em *A condição humana*, Hannah Arendt se propõe pensar a possibilidade, para a sociedade moderna, de se preservar do totalitarismo. Como é do vazio político que se alimenta o regime totalitário, é preciso reabilitar a **ação política**.

Então, Arendt analisa as diversas formas do agir humano. Porque é na ação que o homem poderá encontrar os meios para viver em paz, e não na contemplação. Trata-se de "pensar o que fazemos". A *vita activa* designa a **vida ativa**, em oposição à **vida contemplativa** promovida pela tradição platônica. Arendt traça uma tipologia do agir e distingue "três atividades humanas fundamentais: o trabalho, a obra e a ação".

• *O trabalho: a sujeição aos ciclos vitais*

O trabalho, indispensável à vida biológica, permite garantir a sobrevivência do indivíduo e da espécie. No entanto, o que ele produz é destinado a ser rapidamente consumido: o *animal laborans* está condenado a trabalhar sem cessar, esgotando-se em uma atividade que o submete à necessidade natural e constitui, nesse sentido, a menos humana das atividades.

• *A obra: a durabilidade em perigo*

A obra produz um mundo artificial de objetos mais duráveis do que os produzidos pelo trabalho. O *homo faber* se distingue do *animal laborans* pelo fato de produzir objetos técnicos externos ao processo vital, como edifícios, máquinas, obras de arte... Pela obra, o homem cria um espaço propriamente humano.

Resta certo que, muitas vezes, é em detrimento da natureza que se edifica esse espaço que, apesar de tudo, relaciona-se à utilidade. Ademais, confundindo trabalho e obra, e submetendo a técnica à lógica consumista do mundo do trabalho, a sociedade acaba perdendo esse mundo mais humano que ela havia engendrado: "Com a necessidade que temos de substituir cada vez mais rápido as coisas que nos cercam, já não podemos nos permitir utilizá-las, respeitá-las e preservar sua inerente durabilidade; precisamos consumir, devorar, por assim dizer, nossas casas, nossos móveis, nossos automóveis". Em um mundo em que a utilidade dos objetos técnicos chega a perder-se ela própria como fim, apenas a obra de arte resiste como símbolo de objeto durável que escapa à instrumentalização.

- *A ação salvadora*

A ação, única atividade que coloca diretamente os homens em relação uns com os outros, é a atividade mais elevada. Ela designa o **engajamento político** do homem atuante que, criando um espaço público, abre-se à consciência da pluralidade, ao fato de o mundo ser constituído por indivíduos iguais e, no entanto, distintos. Tomar consciência de que o mundo é povoado por pessoas diferentes umas das outras, eis o que torna possível o diálogo construtivo que permite escapar da ameaça totalitarista.

Para que a ação política alcance seu pleno sentido, a sociedade deve desfazer a confusão existente entre esfera **privada** e esfera **pública**. A política não se restringe à gestão, e as pessoas devem fugir da tendência a preocuparem-se apenas com suas questões particulares.

- *O poder é coletivo*

O verdadeiro poder político não é nem poderio, nem força, nem autoridade ou violência. Ele nasce de uma ação coletiva criativa: "O poder corresponde à aptidão humana para agir e agir de maneira coordenada" (*Da mentira à violência*).

O poder, oriundo de uma iniciativa coletiva, é uma liberdade partilhada que se opõe à violência e se instaura perenemente graças à lei que o estabiliza e o contém.

Uma obra-chave: *A condição humana*

- *Contexto*

Depois de analisar as origens do totalitarismo, Hannah Arendt se dedica, em sua segunda grande obra, a pensar as condições da evicção durável de todo sistema totalitário. O homem deve fazer surgir um espaço público propício ao intercâmbio e à ação política.

- *Extrato*

É o surgimento da automação que, em algumas décadas, provavelmente esvaziará as fabricas e libertará a humanidade do mais antigo e o mais natural dos seus fardos, o fardo do trabalho, e a sujeição à necessidade. Também aí está em questão um aspecto fundamental da condição humana, mas a revolta, o desejo de ser libertado das penas do labor, não são modernos, mas tão antigos quanto a história. O próprio fato de ser eximido do trabalho tampouco é algo novo; ele era contado outrora entre os privilégios mais solidamente estabelecidos da minoria [...]. A época moderna traz consigo a glorificação teórica do trabalho e chega, de fato, a transformar a sociedade inteira em uma sociedade de trabalhadores. [...]. É uma sociedade de trabalhadores que se vai libertar das cadeias do trabalho e essa sociedade não sabe mais nada das atividades mais elevadas e mais enriquecedoras pelas quais valeria a pena ganhar tal liberdade. Nesta sociedade que é igualitária, pois é dessa forma que o trabalho faz os homens viverem juntos, já não existem classe, nem aristocracia política ou espiritual que possam provocar uma restauração das outras faculdades humanas [...]. O que temos à nossa frente é a perspectiva de uma sociedade de trabalhadores sem trabalho, isto é, privados da única atividade que lhes resta. Não se pode imaginar nada de pior (*Condition de l'homme moderne.* [s.l.]: Calmann-Lévy, 1961).

Chaves textuais

• *O sonho popular: libertar-se do trabalho*

- Referência a uma concepção antiga, mas comum do trabalho: enquanto sujeição às necessidades vitais, fardo, ele não seria mais que alienação.

- O escravo dispensava o senhor do trabalho. Agora acredita-se que a técnica libere o homem do labor.

• *O retorno à realidade: o vazio a ser preenchido*

- Mas o cidadão sabia viver sem trabalhar. Sua realização não se assentava no trabalho. Ele se dedicava à política ou à filosofia.

- Contrariamente, a Modernidade valorizou o trabalho e faz do ser humano um *animal laborans* antes de tudo, um ser que se define por seu trabalho e se realiza nele, que não tem valor senão por ele.

- Não sabendo mais centrar-se em outra coisa a não ser na lógica da utilidade, o trabalhador é incapaz de ter atividades "inúteis" (independentes de toda perspectiva de rentabilidade) tais como pensar ou agir politicamente: tirar-lhe sua atividade não é libertá-lo, mas oferecer-lhe um mundo estranho no qual ele penará para encontrar seu lugar.

1906-1995

"A moral não é um ramo da filosofia, mas a filosofia primeira" (*Totalidade e infinito*).

Elementos biográficos

• *A descoberta da fenomenologia*

Nascido na Lituânia, em uma família judaica praticante, Emmanuel Lévinas, que será naturalizado francês em 1930, vive inicialmente na Rússia, onde seus pais se exilaram por ocasião da Primeira Guerra (1914-1918). É na França, em seguida na Alemanha, junto a Husserl e Heidegger, que ele se inicia na filosofia.

Lévinas torna os trabalhos de Husserl conhecidos na França: traduz as *Meditações cartesianas* e dedica sua tese de doutorado à *Teoria da Intuição na fenomenologia de Husserl* (1930).

• *A guerra, fonte de reflexões*

Mobilizado em 1940, Lévinas será feito prisioneiro e mantido cativo durante cinco anos. Ali redige *Da existência ao existente* (1947). A guerra, em nome da qual sua família é massacrada, deixará nele marcas indeléveis.

Suas origens e os acontecimentos aos quais é confrontado exercem um papel capital no desenvolvimento de suas análises filosóficas: especialista da fenomenologia alemã e devoto do Talmud, ele elabora uma ética nova.

Lévinas lecionou filosofia na Universidade de Poitiers, depois Nanterre e, finalmente, na Sorbonne. É autor, sobretudo, de *Totalidade e infinito* (1961), *Quatro leituras talmúdicas* (1969), *Outramente que ser ou além da essência* (1967), e *Ética e infinito* (1982).

Teses essenciais

Especialista inconteste da fenomenologia, Lévinas contribuiu para tornar conhecido na França o pensamento de Heidegger e de Husserl. Inspirado na Bíblia e no Talmud, ele renova as perspectivas do pensamento ético e reabilita o pensamento da alteridade.

• *A rejeição da totalidade*

A filosofia ocidental, dos gregos até a instauração da filosofia hegeliana, empenhou-se em reduzir a experiência concreta, fonte de diversidade, à totalidade, a um sistema fechado que explicaria todas as coisas. O sistema pretende poder abraçar a totalidade do ser e reduzir o Outro ao Mesmo. Significa a rejeição à alteridade e ao infinito. É perversão da consciência que, negando toda exterioridade – provavelmente por medo do desconhecido –, acha que não tem nada para aprender da alteridade e a submete, egocentricamente, à identidade de si.

Contra a compartimentalização operada por esse pensamento globalizante, Lévinas põe em evidência **o caráter irredutível da alteridade**. Ele pretende reabilitar um pensamento do infinito e da irredutibilidade da experiência subjetiva. A relação com o **Outro** não poderia ser sintetizada nem integrada em uma totalidade. O Outro não pode ser reduzido nem ao eu nem a um conceito.

• *A abertura à alteridade*

Outrem é "o absolutamente outro". Isto não significa que ele seja uma negação de mim mesmo, mas que me introduz na abertura ao que é positivamente outro.

Com efeito, ele se apresenta inicialmente como um **rosto**: não um rosto que eu posso fixar como a um objeto, mas um rosto que não é redutível aos traços objetivos que o determinam. Epifania do outro, o rosto manifesta a alteridade: por ser infinitamente mais do que os traços físicos que o constituem, ele nos abre ao infinito, a um além que não se reduz ao conceito. É revelação de um além do saber acabado, de uma transcendência não totalizante.

• *O significado ético do rosto*

A experiência intersubjetiva é uma experiência profundamente **ética**: "o 'Outro como outro' se revela no 'Não matarás', inscrito em seu rosto" (*Totalidade e infinito*). O rosto do outro é sagrado na medida em que representa, antes de tudo, um apelo. Ele se apresenta em sua nudez, vulnerável e frágil, suscetível de exposição a todas as violências e, como tal, é signo de uma injunção ética que ordena não cometer assassinato e me coloca em situação de responsabilidade em relação ao Outro: "O outro, quanto outro, não é apenas um *alter ego*. É aquilo que eu não sou: é o fraco ao passo que eu sou o forte" (*Da existência ao existente*). Cada um deve cuidar de seu próximo, mas não pode, no entanto, exigir dele reciprocidade: "Eu sou responsável pelo outro sem esperar reciprocidade, mesmo que isso me custasse a vida. A reciprocidade é assunto *dele*" (*Ética e infinito*).

A ética, fundada no cara a cara, tem sua origem na experiência no rosto sagrado do outro como um apelo à responsabilidade e abertura a Deus:

ela dá sentido à metafísica e à teologia. "No acesso à face se encontra certamente também o acesso à ideia de Deus" (*Ética e infinito*).

Uma obra-chave: *Ética e infinito*

• *Contexto*

Nas linhas seguintes, extraídas de *Ética e infinito – Diálogos com Philippe Némo*, Emmanuel Lévinas define o significado ético do rosto de outrem.

• *Extrato*

Pode-se dizer que o rosto não é "visto". Ele é o que não pode tornar-se um conteúdo, que nosso pensamento poderia abraçar. É o incontível, ele vos leva além. É nisto que o significado do rosto o faz sair do ser enquanto correlativo de um saber. Ao contrário, a visão é a busca de uma adequação; é o que, por excelência, absorve o ser. Mas a relação com o rosto é antes de mais nada ética. O rosto é aquilo que não se pode matar, ou pelo menos aquilo cujo *sentido* consiste em dizer: "Não matarás". O assassinato, é verdade, é um fato banal: pode-se matar a outrem; a exigência ética não é uma necessidade ontológica. A proibição de matar não torna o assassinato impossível, mesmo a autoridade da proibição se mantendo na malignidade do mal realizado (*Éthique et infini* – Dialogues avec Philippe Némo. Paris: Arthème Fayard, 1982).

Chaves textuais

• *A irredutibilidade do rosto*

- A visão: uma tentativa de globalização, um esforço para reduzir o outro ao mesmo, para abarcar de maneira sintética um conteúdo.
- O rosto não pode ser "visto", quer dizer, ele não se reduz a um objeto cujas características se poderiam, externamente, definir. O rosto é bem mais do que isso: é incontível, irredutível, é abertura para a alteridade e o infinito.

• *O rosto: questão central da ética*

- O rosto: um apelo à bem-querência em relação a outrem e signo da proibição do assassinato. É o símbolo de um mandamento divino.
- A distinção entre o fato e o direito: de fato, o assassinato pode ser cometido. No entanto, a exigência ética permanece de direito e conserva sua autoridade.

MERLEAU-PONTY

1908-1961

"O que faz o filósofo é o movimento que o reconduz sem cessar do saber à ignorância, da ignorância ao saber, e uma espécie de repouso nesse movimento..." (*Elogio da filosofia*).

Elementos biográficos

- *Um eminente professor*

Maurice Merleau-Ponty, normalista, *agregé* de Filosofia, foi professor na Sorbonne, e também no Collège de France.

Defendeu duas teses de doutorado que não passaram desapercebidas: *Estrutura do comportamento* (1942) e *Fenomenologia da percepção* (1945).

- *Um homem engajado*

Com Sartre, Merleau-Ponty participa ativamente da revista *Os tempos modernos*, sobretudo como redator de editoriais políticos. Defensor da liberdade, ele se reconhece no movimento existencialista.

Publica, entre outras, *Elogio da filosofia* (1952), *As aventuras da dialética* (1955), *Sinais* (1960).

Merleau-Ponty morre brutalmente aos cinquenta e três anos, deixando um pensamento e uma obra inacabados. *O visível e o invisível* será publicado postumamente em 1964.

Teses essenciais

A filosofia de Merleau-Ponty deve muito à fenomenologia de Husserl e, principalmente, à ideia de que é preciso "retornar às coisas elas mesmas". Trata-se de apreender a existência humana enquanto vivência concreta, habitar o mundo, descrever a percepção que temos dela, mais que explicá-la e analisá-la.

- *O retorno às coisas elas mesmas*

Merleau-Ponty reabilita a experiência sensível, longamente desvalorizada pela filosofia clássica. É preciso, na linha de Husserl, retornar às coisas elas mesmas. Não para captar suas essências, mas para reencontrar a opacidade do real.

"A ciência manipula as coisas e renuncia a habitá-las" (*O olho e o espírito*): ela inventa uma representação do mundo pensando-o de maneira sistematizada, e, ao fazer isso, oculta o que pertence à ordem da vivência. Buscando a verdade por trás das aparências, consideradas enganadoras, a ciência já não pode encontrá-la. Nós estamos na verdade, ela não precisa ser construída nem descoberta em um além.

O olhar de Merleau-Ponty é fenomenológico: o que precisa ser feito é substituir a questão da eficácia, induzida por um universo sempre mais técnico, pela do sentido, e dessa forma retornar à opacidade do mundo que a ciência gostaria de apagar, iluminando-o com o que não é. Reencontrar o sentido do ser exige retornar aos fenômenos, ao mundo sensível tal como é percebido em sua imediatez.

• *A existência como engajamento*

O homem não é apenas um espectador imparcial e passivo do teatro do mundo. Enquanto existente, ele está engajado no mundo, nele se faz: "A existência, no sentido moderno, é o movimento pelo qual o homem está no mundo, engaja-se numa situação física e social que se torna seu ponto de vista sobre o mundo" (*Sentido e não sentido*).

O homem, portanto, não está diante do e nem dentro do mundo, mas **no mundo**: ele o habita e o percebe de maneira ativa.

• *A percepção doadora de sentido*

A percepção não é ato de nossa razão, como pretende a teoria intelectualista. Perceber não é julgar, interpretar sensações que seriam a matéria da percepção. Tampouco é fazer passivamente o registro de impressões sensíveis, contrariamente ao que afirma o empirismo: a própria ideia de sensação pura é uma abstração que não corresponde de maneira alguma à nossa experiência. "A sensação não é sentida", e os defensores da teoria da forma têm razão de considerar que o que se dá a nós na percepção é uma totalidade, um conjunto constituído.

Mas esta forma tampouco é uma forma objetiva independente da atividade do ser que percebe: na percepção nós damos um significado subjetivo aos acontecimentos percebidos. Perceber uma coisa é dar-lhe um sentido por si.

O sujeito vivo, que Merleau-Ponty denomina o "corpo próprio", constitui o centro ativo da percepção: o mundo é repleto de nós mesmos, ele reflete nossos sentimentos, ponto de vista e, contudo, é a léguas de distância do mundo objetivo que a ciência atua.

• *A recusa do dualismo*

A fim de explicar a experiência vivida, Merleau-Ponty chega a recusar todo dualismo: o sensível e o espiritual são indiscerníveis, não existe a matéria de um lado e o espírito de outro, mas sim uma unidade.

Com efeito, é como **corpo próprio** que eu percebo. O corpo próprio, centro da percepção, consciência encarnada, não se reduz a um pedaço de matéria, mas designa o corpo que eu sou, não o corpo que eu tenho. Assim, em lugar de opor corpo e espírito, é preciso compreendê-los em sua união.

• *A carne*

Por seu corpo, o homem está vinculado ao tecido do mundo, ele o habita e lhe dá sentido. Consequentemente, ele é solidário ao mundo. "O corpo próprio está no mundo como o coração está no organismo: ele mantém constantemente em vida o espetáculo visível, o anima e o nutre interiormente, formando com ele um sistema."

Não existe de um lado o sujeito e, de outro, o objeto, mas um entrelaçamento incessante pelo qual o homem se inscreve no mundo da mesma forma que o mundo se inscreve nele. Esse entrelaçamento forma **a carne** do mundo. O corpo próprio não é tocado senão porque toca: corpo e mundo são indissociáveis e a carne designa essa textura do ser que manifesta o quiasma[1].

• *História*

Na época de Merleau-Ponty o marxismo é visto com fascínio: ele dá sentido aos acontecimentos, tornando a história uma totalidade orientada. Mas os acontecimentos levam Merleau-Ponty, inicialmente favorável ao comunismo sob a forma teórica, a tomar suas distâncias com o comunismo real que se revela cada vez mais repressivo.

Ele chegou à conclusão de que os acontecimentos são imprevisíveis e que a contingência é o fundo sobre o qual se desenha a história (veja o texto abaixo).

Uma obra-chave: *Sinais*

• *Contexto*

Esta obra é um agrupamento de artigos. "O homem e a adversidade", de onde essas linhas foram extraídas, é uma conferência sobre o conhecimento do homem no século XX.

• *Extrato*

O progresso não é necessário por uma necessidade metafísica: pode-se dizer, simplesmente, que, com muita probabilidade, a experiência acabará por eliminar as falsas soluções e por se identificar impasses. Mas a

1. Quiasma: entrelaçamento, cruzamento.

que preço, com quantos desvios? Nem mesmo está excluso, em princípio, que a humanidade, como uma frase que não chega a se completar, encalhe no meio do caminho.

Claro que o conjunto de seres conhecidos pelo nome de homens e definidos pelas características físicas que conhecemos têm em comum também uma luz natural, uma abertura ao ser que torna as aquisições culturais comunicáveis a todos eles e somente a eles. Mas esse lampejo que encontramos em tudo que é dito humano se vê tanto nas formas mais cruéis de sadismo quanto na pintura italiana. É exatamente ele que faz com que tudo seja possível por parte do homem, e isso até o fim. O homem é absolutamente distinto das espécies animais, mas justamente pelo fato de não ter nenhum equipamento original e por ser o lugar da contingência, tanto na forma de uma espécie de milagre, no sentido com que se falou do *milagre grego*, quanto na de uma adversidade sem intenções. Nossa época está igualmente distante de uma explicação do homem pelo inferior quando de uma explicação pelo superior, e pelas mesmas razões. Explicar por meio de alguma moção divina de que Leonardo da Vinci tenha sido o instrumento ou por alguma natureza humana capaz de beleza, é sempre ceder à ilusão retrospectiva, é sempre realizar com antecedência o legítimo – é sempre ignorar o momento humano por excelência, onde uma vida tecida de acasos se volta sobre si mesma, se reencontra e se exprime ("L'homme et l'adversité". *Signes*. Paris: Gallimard, 1951).

Chaves textuais

• *A ilusão retrospectiva*

- Conferir um sentido à história, acreditar no progresso, é ceder à ilusão retrospectiva: interpretar o passado à luz do presente.
- O homem dá sentido aos acontecimentos: ele quer acreditar no progresso.

• *A contingência da história*

- Contingência: possibilidade que tem uma coisa de ser ou não ser, de ser assim ou de outra maneira.
- Contingência da história: o fato de os acontecimentos não se darem de maneira necessária obedecendo a um sentido predeterminado.
- O progresso é provável: o homem, dotado de razão, deveria terminar tomando consciência de suas falhas.
- Mas não é necessário: o homem não é movido por um instinto; é o lugar da contingência enquanto ser existente, e é capaz do melhor, como do pior.
- Assim, o futuro é imprevisível. É o homem que age e que dá ao passado seu significado a partir de seu ponto de vista presente.

1926-1984

"O poder está em toda parte" (*A vontade de saber*).

Elementos biográficos

Michel Foucault, normalista, licenciado em psicologia, estudou com Louis Althusser (fundador do marxismo estruturalista) e de Georges Canguilhem (filosofia das ciências).

Historiador e *agregé* de filosofia, interessa-se pela psicologia e a psiquiatria. Em sua tese de doutorado, *História da loucura na Idade Clássica* (1961), ele trata do fenômeno da loucura, considerada por ele como um fato da civilização. Sua obra provoca paixões e críticas e inspirará a antipsiquiatria.

• *Um militante que luta contra a exclusão*

Homossexual, Foucault se dedica à análise da marginalidade e das formas que a discriminação pode assumir: sua reflexão recai sobre o asilo, a prisão, a sexualidade.

Em 1970 é nomeado professor no Collège de France, e os estudantes se acotovelam para ouvir seus cursos. Ele aproveita de sua notoriedade para denunciar as condições carcerárias e funda o Grupo de Informação sobre as Prisões. Milita ainda pela defesa dos imigrantes, dos dissidentes soviéticos, dos antifranquistas e dos homossexuais.

Ele é considerado, hoje, um dos maiores representantes do estruturalismo e um dos mais importantes filósofos franceses do século XX. *As palavras e as coisas* (1966), *A arqueologia do saber* (1969) e *Vigiar e punir* (1975) são suas obras principais.

Teses essenciais

Michel Foucault procura definir "os discursos em si, os discursos enquanto práticas que obedecem a regras" (As palavras e as coisas). Trata-se de evidenciar as ***condições de formação dos discursos****, eventos completos em si. Tal* ***arqueologia do saber*** *visa fazer a genealogia de conceitos com a loucura, a sexualidade, a delinquência e o poder.*

• *O problema da loucura*

Michel Foucault dedica as primeiras pesquisas à questão da loucura. A loucura aparece como um problema somente para aquele que não lhe está submetido. O louco é um marginal em quem se exprime a "besta" associal que existe adormecida em todo ser humano, que deve que ser reprimido e excluído da sociedade, ou seria uma vítima que precisa de cuidados?

As respostas a essas questões variaram ao longo da história e através da *História da loucura na Idade Clássica*, Foucault desvela as estruturas antropológicas a partir das quais se erige um discurso da razão sobre a desrazão que faz sentido. Ele analisa igualmente as práticas que acompanham esses discursos.

A evolução dos discursos sobre a loucura

Da Idade Média ao século XVII faz-se a **experiência trágica** da loucura. Considerado como lugar da manifestação de forças obscuras ameaçadoras, o louco é excluído das cidades, mas a loucura não é necessariamente reconhecida em sua especificidade.

No século XVII os loucos, considerados culpados por sua condição, são trancafiados com os criminosos, para não perturbarem a ordem pública. A razão, norma tirânica, exclui absolutamente e reprime a desrazão. É a **experiência moral** da loucura. As Luzes trazem um olhar mais esclarecido sobre o fenômeno da loucura, e empreendem a defesa dos direitos daqueles que não têm condições de se defenderem por si mesmos.

Nos séculos XIX e XX faz-se a **experiência científica** da loucura: ela se torna objeto científico, a razão almeja classificar e domesticar as diferentes formas de doença mental, fazendo do louco um objeto de investigação racional (e não um sujeito) mais do que de verdadeira compreensão: "Em nossa época, a experiência da loucura se faz na calma de um saber que, de tanto conhecê-la, a esquece".

Um discurso científico fonte de alienação

Longe de representar um progresso, contrariamente ao que admite a opinião comum, a forma como a Modernidade trata da loucura, legitima uma nova forma de exclusão ao trancar o "louco" nos centros especializados, marginalizando-o por causa de sua "anormalidade".

Fonte de poder, o discurso científico sobre a loucura mantém sua influência sobre o indivíduo e o aliena. A razão é fonte de discriminação e de alienação.

Arqueologia das ciências humanas

A questão é saber em que condições o ser humano tornou-se um objeto de conhecimento para si mesmo. Fenômeno bastante recente, as ciências humanas resultam de uma mudança de *epistème*. A *epistème* (termo grego) designa o conhecimento implícito, a base estrutural no qual se articulam todos os conhecimentos em determinado período, os "quadros mentais" de uma época.

Desde o século XIX o homem tornou-se objeto de um conhecimento positivo e de investigação científica. As ciências humanas como a psicologia, a sociologia, desenvolvem-se graças à emergência do conceito do humano concebido tanto como sujeito conhecedor quanto como objeto do saber. Esse conceito, Foucault prediz, está fadado a desaparecer: "O homem é uma invenção cuja arqueologia de nosso pensamento revela facilmente a data recente. E, talvez, o fim próximo" (*As palavras e as coisas*).

• *Arqueologia do poder*

Foucault analisa ainda as condições do exercício do poder por uma reflexão sobre os sistemas disciplinares.

O poder não é apanágio do Estado, mas está em toda parte; ele "se produz a cada instante, em todos os pontos, ou melhor, em toda relação entre um ponto e outro" (*A vontade de saber*). A sociedade desenvolve a instrução e o controle dos indivíduos. É o reino da norma que se instaura.

Não se procura tanto punir o criminoso, mas readequá-lo, enquadrá-lo ou, pelo menos, normalizar sua conduta. A prisão, sistema que se generaliza, visa à eficácia, o controle permanente do delinquente.

Interiorizada, a vigilância onipresente do indivíduo torna-se o meio de sujeitá-lo a ele mesmo. Os mecanismos pelos quais o poder invisível é exercido são múltiplos: a prisão, a escola, os hospitais, as casernas... todos esses mecanismos visam otimizar o controle dos indivíduos, controle ainda mais forte por ser invisível.

Uma obra-chave: *As palavras e as coisas*

• *Contexto*

Foucault propõe uma "arqueologia das ciências humanas" (subtítulo da obra), que permita mostrar como e em que condições o homem tornou-se por si mesmo um objeto da ciência.

• *Extrato*

O trabalho [...] – isto é, a atividade econômica – somente surgiu na história do mundo no dia em que os homens se perceberam numerosos demais para poderem se alimentar dos frutos espontâneos da terra. Não tendo mais como subsistir, alguns morreram, e muitos outros teriam morrido se não se tivessem posto a cultivar a terra. E na medida em que a população se multiplicava, novas faixas de floresta tinham que ser derrubadas, desbravadas e cultivadas. A cada instante de sua história, a humanidade trabalha somente sob ameaça de morte: toda população, se não encontra novos recursos, é votada a se extinguir; e, inversamente, na medida em que os homens se multiplicam, eles empreendem trabalhos mais numerosos, mais distantes, mais difíceis, menos imediatamente fecundos. O peso da morte fazendo-se mais temível na proporção em que os meios de subsistência necessários são mais inacessíveis, o trabalho, inversamente, precisa crescer em intensidade e utilizar todos os meios de se tornar mais prolífico. Assim, o que torna a economia possível, e necessária, é uma perpétua e fundamental situação de escassez: diante de uma natureza que, por si mesma, é inerte e, salvo por uma minúscula parte, estéril, o homem corre risco de vida. Não é mais nos jogos de representação que a economia encontra seu princípio, mas ao lado dessa região perigosa onde a vida enfrenta a morte. [...] O *homo oeconomicus* não é aquele que imagina suas próprias necessidades, e os objetos capazes de satisfazê-las; é, sim, aquele que passa, e usa, e arrisca sua vida escapando da iminência da morte (*Les mots et les choses*. Paris: Gallimard, 1966).

Chaves textuais

• *A origem do trabalho*

- Trabalho: atividade pela qual o ser humano transforma a matéria para preencher suas necessidades e escapar do risco da morte.
- O trabalho é uma necessidade para viver.

• *A penúria está no centro da economia*

- Teoria da escassez: porque as matérias-primas são insuficientes, o ser humano precisa produzir riquezas.
- A multiplicação da população gera uma multiplicação e uma complexificação do trabalho.

Índice analítico*

---

* Os números remetem às fichas dos autores, e não às páginas. Os asteriscos (*) indicam noções do programa.

Índice onomástico*

---

* Os números em negrito remetem às fichas dos autores. Os outros números remetem a fichas ou páginas em que o autor é citado.